Manage Dich selbst und nutze Deine Zeit!

W0020732

Soft Skills

Marion Schröder
Heureka, ich hab's gefunden
Kreativitätstechniken, Problemlösung & Ideenfindung

Christina Stoica-Klüver, Jürgen Klüver, Jörn Schmidt
Besser und erfolgreicher kommunizieren!
Vorträge, Gespräche, Diskussionen

Andrea Schlaffer
Bewerben – aber richtig!
Von der richtigen Strategie bis zu den fertigen Unterlagen

IT lernen

Andreas Albuschat
Tabellenkalkulation mit Microsoft Excel

Andreas Albuschat
Praktische Projektplanung mit Microsoft Project

Heide Balzert
Webdesign & Web-Ergonomie
Websites professionell gestalten

Zu vielen dieser Bände gibt es »E-Learning-Zertifikatskurse« unter www.W3L.de.

Erwin Hoffmann

Manage Dich selbst und nutze Deine Zeit!

W3L-Verlag | Herdecke | Witten

Autoren:
Dr. Erwin Hoffmann
E-Mail: ErwinHoffmann@gmx.de

Bibliografische Information Der Deutschen Bibliothek:
Die Deutsche Bibliothek verzeichnet diese Publikation in der Deutschen Nationalbibliografie. Detaillierte bibliografische Daten sind im Internet über http://dnb.ddb.de/ abrufbar.

Der Verlag und der Autor haben alle Sorgfalt walten lassen, um vollständige und akkurate Informationen in diesem Buch und den Programmen zu publizieren. Der Verlag übernimmt weder Garantie noch die juristische Verantwortung oder irgendeine Haftung für die Nutzung dieser Informationen, für deren Wirtschaftlichkeit oder fehlerfreie Funktion für einen bestimmten Zweck. Ferner kann der Verlag für Schäden, die auf einer Fehlfunktion von Programmen oder ähnliches zurückzuführen sind, nicht haftbar gemacht werden. Auch nicht für die Verletzung von Patent- und anderen Rechten Dritter, die daraus resultieren. Eine telefonische oder schriftliche Beratung durch den Verlag über den Einsatz der Programme ist nicht möglich. Der Verlag übernimmt keine Gewähr dafür, dass die beschriebenen Verfahren, Programme usw. frei von Schutzrechten Dritter sind. Die Wiedergabe von Gebrauchsnamen, Handelsnamen, Warenbezeichnungen usw. in diesem Buch berechtigt auch ohne besondere Kennzeichnung nicht zu der Annahme, dass solche Namen im Sinne der Warenzeichen- und Markenschutz-Gesetzgebung als frei zu betrachten wären und daher von jedermann benutzt werden dürften.

© 2007 W3L GmbH | Herdecke | Witten | ISBN 978-3-937137-25-4

Alle Rechte, insbesondere die der Übersetzung in fremde Sprachen, sind vorbehalten. Kein Teil des Buches darf ohne schriftliche Genehmigung des Verlages fotokopiert oder in irgendeiner anderen Form reproduziert oder in eine von Maschinen verwendbare Form übertragen oder übersetzt werden. Es konnten nicht sämtliche Rechteinhaber von Abbildungen ermittelt werden. Wird gegenüber dem Verlag die Rechtsinhaberschaft nachgewiesen, dann wird nachträglich das branchenübliche Honorar gezahlt.

Gesamtgestaltung: Prof. Dr. Heide Balzert, Herdecke

Lektor: Prof. Dr. Helmut Balzert, Herdecke

Herstellung: M.Sc. Kerstin Kohl, M.A. Andrea Krengel, Witten

Satz: Das Buch wurde aus der E-Learning-Plattform W3L automatisch generiert. Der Satz erfolgte aus der Lucida, Lucida sans und Lucida casual.

Druck und Verarbeitung: bücher buch dd ag, Birkach

Vorwort

Selbstmanagement ist in den letzten zwanzig Jahren eines der wichtigsten Themen im Bereich der sogenannten Soft Skills geworden. Die Fähigkeit, sich selbst angemessen zu organisieren und seine (Arbeits-)Zeit effizient zu nutzen kann dem Einzelnen helfen, den immer größer werdenden Anforderungen und der rapide steigenden Veränderungsgeschwindigkeit zu begegnen, ohne dabei – stressbedingt – im wahrsten Sinne »auf der Strecke« zu bleiben.

Die Beherrschung einschlägiger Zeitplaninstrumente scheint hierzu die geeignete Basis zu sein, und gerade in den Arbeitsbereichen und Branchen, in denen der Grundsatz gilt, **Zeit ist Geld**, sind die Erwartungen an entsprechende Bildungsangebote sehr hoch.

Interessanterweise werden die benötigten Fähigkeiten jedoch i.d.R. immer noch nicht in der normalen Berufsausbildung vermittelt, und auch die Curricula akademischer Ausbildungen, die vielfach die Basis für die Übernahme von Managementfunktionen in Betrieben darstellen, lassen das Thema (wie auch andere Themen im Bereich der sogenannten Soft Skills) vermissen. Die sich auftuende Lücke zwischen den in Schule und Ausbildung erlernten Fähigkeiten und den zusätzlich notwendigen Fähigkeiten für die Arbeitswelt versucht man seit zwei Jahrzehnten durch entsprechende Weiterbildungsangebote zu schließen. Immerhin: Selbst- und Zeitmanagement als Sammelbegriff für lern- und anwendbare Techniken liegt nun seit Jahren als abrufbarer Wissensstoff in Büchern, Aufsätzen, Hörbüchern und in Form internetbasierter Lerneinheiten vor und ist eigentlich jedem zugänglich. Das Thema ist zudem Standard in jedem Portfolio mittlerer und größerer Seminaranbieter.

Betrachtet man die anhaltende Verbreitung stressbedingter Erkrankungen, muss man jedoch nach der Wirksamkeit der Nutzung dieser Angebote fragen. Vielleicht reicht es einfach nicht aus, etwas über Zeitmanagement zu »wissen« und Einsicht in die Wichtigkeit des Themas zu haben. Vielleicht gibt es aber immer auch gute Gründe, bisherige Verhaltensweisen einfach beizubehalten, statt sein Verhalten mühsam zu ändern, ohne genau zu wissen, ob es »etwas bringt«. Vieles hängt hierbei von der ganz persönlichen Einstellung und der jeweiligen persönlichen Lebenssituation ab.

Das vorliegende Buch soll daher nicht nur bewährte Techniken zum Umgang mit der Zeit vorstellen, die nützlich für die eigene Selbstorganisation sind, sondern es soll dem Leser – im Sinne eines (Selbst-)Coachings – ermöglichen, seine persönliche Situation zum Thema »Umgang mit der Zeit« zu reflektieren, die Ist-Situation mit der Soll-Vorstellung abzugleichen, um darauf aufbauend den ganz persönlichen Nutzen aus den vorgestellten Techniken zu ziehen.

Ihr Nutzen   Mit Hilfe des Buches werden Sie Ihre Selbstorganisationsfähigkeit verbessern, um erfolgreicher zu sein im Beruf und in Ihren anderen Lebensbereichen:

■ Zum einen wird es darum gehen, die eigenen Vorstellungen von Erfolg zu analysieren: **Wann sind Sie erfolgreich?** Wann haben Sie das Gefühl, Ihr Leben und Ihren Berufsalltag im Griff zu haben? Nach welchen Zielen und Prioritäten leben und arbeiten Sie? Für diese Analyse stehen neben den theoretischen Darstellungen immer verschiedene Übungen zur Verfügung, mit denen Sie den Inhalt auf Ihre eigene Situation übertragen können.

■ Außerdem werden die jeweiligen persönlichen Rahmenbedingungen ins Auge gefasst werden, die so oft für die Undurchführbarkeit von Veränderungen verantwortlich gemacht werden. Mit diesem **systemischen Ansatz** soll der

»anything goes – wenn man nur will« – Mentalität entge-
gengewirkt werden, die in einigen Veröffentlichungen zu
den Themen Selbst- und Zeitmanagement aggressiv oder
zwischen den Zeilen vertreten wird. Hiervon will sich der
Verfasser ebenso distanzieren wie von der »Glaubensrich-
tung«, die man als »Neuen Egoismus« bezeichnen könnte,
dessen Vertreter ihre Leser oder Zuhörer auffordern, ihre
Ziele um jeden Preis durchzusetzen.

■ Sie erhalten vor allem im zweiten Teil des Buches eine Fül-
le an Hinweisen und Tipps zum Selbstmanagement und
zum **effizienteren Umgang mit der Zeit.** Sie werden
feststellen, dass sich viel Zeit (wieder-)gewinnen lässt und
bestehender Stress eingedämmt werden kann, wenn bestimmte Instrumente sinnvoll angewandt werden. Für die
Nachhaltigkeit Ihres neuen Selbstmanagements finden Sie
auch ein Kapitel zum Thema **Beharrlichkeit in der Umsetzung** und zum Umgang mit dem »**Inneren Schweinehund**«.

■ Den Schluss des Buches bilden **drei Exkurse** zu bestimmten Situationen, in denen Selbstmanagement besonders
gebraucht wird, nämlich als Projektleiter, als Lernender in
der Vorbereitung größerer Prüfungen und bei der beruflichen Umorientierung.

Das vorliegende Buch soll Sie auf Ihrem Weg begleiten, als
Fach- oder Führungskraft oder als Student, Ihre Lebens- und
Arbeitszeit so zu nutzen, dass Sie das für die Erreichung der
eigenen Ziele Möglichste herausholen. Neben zahlreichen
Beispielen und Übungen finden Sie immer wieder auch wichtige Zitate berühmter und erfolgreicher Menschen. Diese sollen Ihnen zeigen, dass bestimmte Ideen des Selbstmanagements in der Gegenwart und der Vergangenheit gedacht und
gelebt wurden.

Die Idee für dieses Buch und den Online-Kurs »Manage Dich
selbst und nutze Deine Zeit«, entstand durch meinen Kon-

takt mit Herrn Professor Dr. Helmut Balzert anlässlich eines Vortrages zur W3L-E-Learning-Plattform. Schnell war uns die Verbindung zwischen den Themen Selbstmanagement und effiziente Zeitnutzung und dem E-Learning – als effiziente Möglichkeit der Wissensaufnahme – klar. Wer sich effizienter Methoden der Wissensaneignung bedient, wird möglicherweise auch in anderen Bereichen nach solchen Instrumenten suchen.

Als langjähriger Personal- und Management-Trainer und -Coach für das Thema Selbstmanagement, wollte ich meine Inhalte und die vielen Anregungen meiner Seminarteilnehmer einem größeren Publikum zur Verfügung stellen.

In das Buch fließen auch meine ganz persönlichen Erfahrungen mit der effizienten Gestaltung der zur Verfügung stehenden Zeit ein: Als ehemaliger berufstätiger Fernstudent mit einer fast 13jährigen »Doppel- und Dreifachbelastung« schloss ich vier akademische Ausbildungen nebenberuflich ab. In dieser Zeit nutzte ich selbst viele bewährte Instrumente des Selbstmanagements und kann daher auch aus eigener Erfahrung zu deren Anwendung raten – getreu dem Zitat, welches dem Heiligen Augustinus zugeschrieben wird: »In Dir selbst muss brennen, was Du in anderen entzünden willst.«

Aktualität des Themas

Darüber hinaus ist es (trotz oder gerade wegen der Flut an Büchern zum Thema Selbstmanagement) an der Zeit, angesichts des Anstiegs psychosozialer Erkrankungen, bedingt durch Stress und Burn-out, das Thema wieder, aber mit einer anderen praktischeren und realistischeren Konzeption, in das Bewusstsein der Öffentlichkeit zu bringen.

Mein besonderer Dank gilt Herrn Professor Dr. Helmut Balzert, der mich motivierte das vorliegende Buch zu schreiben. Außerdem möchte ich dem gesamten W3L-Team für Ihre gute und freundliche Unterstützung danken. Mein größter Dank gilt aber meiner Ehefrau Amina und meinen Kindern. Auch dieses Projekt wäre ohne ihre Unterstützung nicht möglich gewesen.

Um den Lesefluss des Textes nicht zu unterbrechen, wird durchgängig die männliche Form verwendet. Natürlich wendet sich der Text aber immer an weibliche und männliche Personen.

Ich wünsche Ihnen einen guten Einstieg, einen interessanten Weg und eine nachhaltige Wirkung für Ihr neues Selbstmanagement und Ihren Umgang mit der Zeit!

CARPE DIEM![1]

Ihr Erwin Hoffmann

---

[1]Carpe diem (zu deutsch: Nutze den Tag), lateinische Redewendung, die dem römischen Dichter Horaz (65 v. Chr. – 8 v. Chr.) zugeschrieben wird.

Hinweise des Verlags

zum Aufbau
des Buches Dieses Buch besteht aus **Kapiteln** und **Unterkapiteln**. Jedes Unterkapitel ist im **Zeitungsstil** geschrieben. Am Anfang steht die Essenz, d.h. das Wesentliche. Es kann Ihnen zur Orientierung dienen – aber auch zur Wiederholung. Anschließend kommen die Details. Die **Essenz** ist grau hervorgehoben.

Sternesystem Jedes Kapitel und Unterkapitel ist nach einem **Sternesystem** gekennzeichnet:
* = Grundlagenwissen
** = Vertiefungswissen
*** = Spezialwissen
**** = Expertenwissen

 Übungen ermöglichen eine Selbstkontrolle und Vertiefung des Stoffs. Sie sind durch ein Piktogramm in der Marginalspalte gekennzeichnet. Tests und Aufgaben einschließlich automatischer und manueller Korrekturen finden Sie in dem zugehörigen (kostenpflichtigen) E-Learning-Zertifikatskurs.

Beispiel **Beispiele** helfen Sachverhalte zu verdeutlichen. Sie sind in der Marginalspalte mit »Beispiel« gekennzeichnet. Der Beispieltext ist mit einem Grauraster unterlegt.

Tipps /
Hinweise Hilfreiche **Tipps**, **Empfehlungen** und **Hinweise** werden durch einen grauen, senkrechten Balken hervorgehoben.

englische
Begriffe *kursiv* Für viele Begriffe – insbesondere in Spezialgebieten – gibt es keine oder noch keine geeigneten oder üblichen deutschen Begriffe. Gibt es noch keinen eingebürgerten deutschen Begriff, dann wird der englische Originalbegriff verwendet. Englische Bezeichnungen sind immer *kursiv* gesetzt, so dass sie sofort ins Auge fallen.

Damit Sie referenzierte Seiten schnell finden, enthalten alle Querverweise absolute Seitenzahlen.

Querverweise

Das in der nebenstehenden Marginalspalte dargestellte Piktogramm verwendet der Autor immer dann, wenn es um die systemische Sichtweise geht, bei der die Perspektiven anderer in den Blick geraten bzw. wenn Abstimmungen mit anderen getroffen werden sollen.

Das in der nebenstehenden Marginalspalte dargestellte Piktogramm verwendet der Autor immer dann, wenn es um andere Lebensbereiche außer dem beruflichen geht bzw. wenn die Themen die *Work-Life-Balance* berühren.

Ergänzend zu diesem Buch gibt es den kostenlosen Mini-E-Learning-Kurs »Tipps zum Zeitsparen«, der einige Tests enthält, mit denen Sie Ihr Wissen überprüfen können. Sie finden den Kurs auf der E-Learning-Plattform www.W3L.de. Klicken Sie auf den Reiter Online-Kurse und gehen Sie bei Erst-Kunde? auf den Link Zur W3L-Registrierung. Gehen Sie nach der Registrierung auf TAN einlösen und geben Sie folgende Transaktionsnummer (TAN) ein: 1852960130.

kostenloser E-Learning-Kurs

Zusätzlich gibt es zu diesem Buch einen umfassenden, gleichnamigen Online-Kurs mit Mentor-/Tutorunterstützung, der zusätzlich zahlreiche Tests und Aufgaben enthält, und der mit qualifizierten Zertifikaten abschließt. Sie finden ihn ebenfalls unter www.W3L.de.

kostenpflichtiger E-Learning-Kurs

Viel Freude beim Lesen wünscht Ihnen

Ihr W3L-Verlag

Inhaltsverzeichnis

1 Selbstmanagement für Ihre Situation *

Erfolg in der Beschäftigung mit den Themen Selbstmanagement und Zeitnutzung hängt entscheidend von der eigenen aktuellen Motivationslage und von der Einsicht in die Machbarkeit von Veränderungen ab. Neben dem Wollen ist dabei das Tun die zweite wesentliche Herausforderung für das eigene Selbstmanagement.

Ein paar Fragen gleich vorweg:

- Warum interessieren Sie die Themen Selbstmanagement und Zeitnutzung?
- Gibt es einen aktuellen Grund?
- Wer oder was hat Sie veranlasst, sich gerade jetzt mit dem Thema zu beschäftigen bzw. diesen Text zu lesen? Ist es nur latentes Interesse? Gibt einen speziellen Grund?
- Vielleicht haben Sie ja das Gefühl, Ihre Zeit eigentlich noch effizienter nutzen zu können?
- Vielleicht möchten Sie das Maximum aus der Ihnen zur Verfügung stehenden Zeit »herausholen«?
- Suchen Sie nach Tipps, Tricks und Instrumenten, nach einer »Zeitmanagement-Toolbox«, um sich das für Sie passende herauszupicken?
- Haben Sie gar entsprechende Hinweise von »außen« bekommen – von Ihren Kollegen oder Ihrem Vorgesetzten – dass Sie sich dringend um dieses Thema kümmern sollten?

Möglicherweise gehören Sie ja zu den vielen Menschen, die das Gefühl haben, dass Ihnen die Zeit »wegläuft«. Sie fühlen sich gehetzt, überfordert und fragen sich, ob Sie Ihre Zeit »richtig« nutzen. Gerade Menschen, die über die Maßen in

Arbeitsprozesse eingespannt sind, als Führungskräfte, spezialisierte Fachkräfte oder aber »Doppelbelastete« mit nebenberuflichen Weiterbildungen oder alleinerziehende Berufstätige haben oft das Gefühl, dass sie zu wenig Zeit haben. Dieses Gefühl kann entstehen, wenn für notwendige Arbeitsschritte immer weniger Zeit zur Verfügung zu stehen scheint – oder anders ausgedrückt – wenn die Arbeit in Relation zu der zur Verfügung stehenden Zeit immer weiter zunimmt und alle vorhandenen Kapazitäten erschöpft zu sein scheinen. Hierzu gehört auch der Komplexitätsgrad der Aufgaben und die immer höhere Änderungsgeschwindigkeit bei den Rahmenbedingungen der eigenen Arbeit sowie bei rechtlichen und technologischen Entwicklungen. Man beginnt schlicht, die Übersicht zu verlieren.

Stress   Stress ist dann die Folge der subjektiv als überfordernd empfundenen Situation. Die erwiesene eklatante Zunahme von psychischem Stress als Volkskrankheit sowie die Untersuchungen zu den gesundheitlichen Auswirkungen von Stress machen deutlich, wie ernst und verbreitet das Problem der Überforderung mittlerweile ist (vgl. /Asgodom 02, S. 16/).

Viele stellen sich dann die Frage, ob es so weitergehen kann und welche Hilfen es für die Bewältigung der – oft als sehr belastend empfundenen – Situation geben kann. Zeitmanagement erscheint hier als Möglichkeit, der »Mangelware Zeit« beikommen zu können.

die Frage nach dem Sinn   Einen Schritt weiter geht dann schon die Überlegung, einmal nach dem **Sinn des bisherigen Lebensverlaufs** zu fragen:

- Ist das, was man tut, eigentlich richtig?
- Will und darf man so weiter machen, wie bisher?
- Gilt es andere Prioritäten zu setzen?
- Wo liegen die Gefahren und wo die Chancen?

Vielleicht haben Sie auch schon von Fällen gehört, wie dem von dem *ausgepowerten* Manager, der sich nach Jahren nun endlich den ersten wohlverdienten Urlaub nimmt und dann am Strand sitzend am Herzschlag stirbt. Möglicherweise haben Sie aber auch von Konzepten gehört, wie dem *Work-Life-Balance*, mit dem es offenbar gelingen kann, eine größere Zufriedenheit bei gleichzeitiger Zielerreichung im beruflichen Bereich zu erlangen.

Die Frage, warum sich jemand mit dem Thema Selbst- und Zeitmanagement beschäftigt, ist ausschlaggebend für den Nutzen, den er aus entsprechenden Ratgebern herausziehen kann. Diese Frage – also die nach der eigenen Motivation – ist auch eine der ersten, die in Coachingprozessen zum Thema angesprochen wird. Im Coaching wird (nach Steve de Shazer) bei Klienten zwischen »Besuchern«, »Klagenden« und »Kunden« unterschieden:

Coaching

- **Besucher** beginnen, sich in der gegenwärtigen Situation nicht mehr wohlzufühlen (ohne genau einordnen zu können, was ihnen eigentlich Unbehagen bereitet). Sie ahnen, dass eine Veränderung notwendig sein könnte, die Richtung ist ihnen dabei jedoch noch nicht klar. Deshalb fehlt ihnen das konkrete Ziel; i.d.R. wissen sie nur, was sie nicht mehr wollen.
- Der **Klagende** hat bereits eine Idee, in welche Richtung die Veränderung gehen soll und ihm wird klar, was er statt des bisherigen Zustandes will. Ihm fehlt allerdings die Einsicht, wie sein Ziel zu erreichen ist. Angesichts der Unfähigkeit ein anvisiertes Ziel erreichen zu können, fühlen sich Klagende oft als Opfer (der widrigen Umstände, der Rahmenbedingungen, der Mitmenschen etc.)
- Der **Kunde** hat eine Idee, wie er selbst dazu beitragen kann, den Soll-Zustand – also sein Ziel – zu erreichen. Er kann also beginnen zu handeln.

Versuchen Sie selber einmal einzuschätzen in welchem Status Sie sich selbst gerade nach der o.g. Einteilung befinden:

■ Wie viel Druck empfinden Sie bereits?

■ Wie lange haben Sie bereits über bestehende Zeitprobleme, über Stress und das Gefühl der Unausgeglichenheit nachgedacht?

■ Wie oft wurde Ihnen bereits aus Ihrem sozialen Umfeld eine entsprechende Rückmeldung gegeben?

In diesem Buch werden Sie in die Lage versetzt, im Sinne des Selbstmanagements und unter Beachtung der Rahmenbedingungen, Ihre Ziele zu definieren, den Weg dorthin gedanklich abzuschreiten und Ihre Ziele durch eigenes Tun auch zu erreichen. Natürlich hängt es aber letztlich von Ihnen und Ihrem derzeitigen »Motivationsstatus« als Besucher, Klagender oder Kunde ab, ob Sie die entscheidenden Schritte tun. Das reine Wissen um die Durchführbarkeit reicht nämlich *nicht* aus. Merken Sie sich daher:

»Das größte Zauberwort hat nur drei Buchstaben:
T U N«

Der notwendige Schritt von der Einsicht zur Aktion ist dabei oft gar nicht so einfach (vgl. /Kitzmann 94, S. 1/). Die vielen guten Vorsätze am Sylvesterabend, die oft schon in den ersten Tagen des neuen Jahres wieder vergessen werden, zeigen dies überdeutlich. Ein italienisches Sprichwort bringt das Problem auf den Punkt:

»Zwischen dem Wissen und dem Handeln liegt das Meer.«

Werden Sie also – durch Lesen dieses Buches und durch Ihre eigenen nachfolgenden Handlungen – (wieder) zur Ursache Ihres Lebens!

1.1   Verändern Sie sich!? *

Verbesserungen im eigenen Selbstmanagement bedeutet zuallererst, eigene bisherige Verhaltensweisen zu hinterfragen und ggf. zu verändern, sowie neue Vorgehensweisen kennen zu lernen, zu akzeptieren, zu übernehmen und im täglichen (Arbeits-)Leben anzuwenden. Diese Bereitschaft, alte Muster zu entlernen, um neu lernen zu können, ist unabdingbar für nachhaltigen Erfolg.

Veränderung im eigenen Verhalten ist schwieriger als man manchmal denkt. Trotz guter und dringender Gründe für eine Veränderung beharren viele Menschen oft lange in Ihrer bestehenden Arbeits- oder Lebenssituation.

Denken Sie nur an die vielen »guten Vorsätze« die Sie von sich selbst und von anderen zum jeweiligen Jahreswechsel hören können:
»Ich werde dieses Jahr mehr Sport machen.«
»Ich möchte mit dem Rauchen aufhören.«
»Ich will zehn Kilo abspecken.«

Beispiele

Wenn es ernst wird mit den Vorhaben und Vorsätzen bestimmen oft tiefliegende Gewohnheiten, festsitzende Verhaltensabläufe und bestimmte Glaubenssätze und Denkmuster das alte Verhalten und die tägliche Arbeitsgestaltung.

bisherige Gewohnheiten

Die Situation bezüglich des derzeitigen Umgangs mit sich selbst und mit der Zeit ist im Grunde ja auch frei gewählt. Meist gibt es (gute) Gründe dafür, warum die Situation so ist und nicht anders.

Möglicherweise ist dem einen zurzeit der (subjektiv befürchtete) Preis für die Veränderung der Situation zu hoch

Beispiele

(»wenn ich effizienter werden soll, muss ich ja noch schneller arbeiten«). Der andere zieht bestimmte Vorteile aus der bestehenden Situation ohne über Alternativen nachgedacht zu haben (»wenn ich abends länger arbeite, ist mir der Chef gewogen und ich bekomme zu Hause den Stress mit den Kindern nicht mit«). Andere wiederum wissen einfach nicht, wie sie die Situation konkret verändern können und wieder andere kommen einfach nicht gegen ihren »**inneren Schweinehund**« an.

Beispiel: Schwierigkeiten bei Veränderungen

Wer schon einmal grundlegende Veränderungsprozesse in Unternehmen miterleben durfte, wie sie bei Organisationsentwicklungsprozessen, Umstrukturierungen, Qualitätsmanagementprozessen, Unternehmensverschmelzungen u.ä. zu beobachten sind, hat wahrscheinlich auch erlebt, was passiert, wenn man andere Menschen dazu bringen will, sich kurz- oder mittelfristig entsprechend zu verändern, also z.B. schneller oder anders zu arbeiten, effizienter oder kundenfreundlicher zu sein, sich ab sofort mit anderen (unbekannten) Kollegen und Abteilungen abstimmen zu müssen, Neues zu lernen (z.B. neue IT-Systeme), eine neue Unternehmensphilosophie mit zu tragen usw. In dieser Situation gibt es fast immer einen nicht unerheblichen Teil der Belegschaft, bei dem es gar nicht oder nur zeitverzögert zu den entsprechenden Handlungsveränderungen kommt. Stattdessen hört man von den Angehörigen oft Begründungen, warum bestimmte Dinge gar nicht funktionieren können.

Der Düsseldorfer Künstler Klaus Sievers entwirft seit 1998 eigene Buttons mit solchen Erklärungen. Die von ihm »Versager-Buttons« genannten Anstecker für »Entschuldigungen und Verneinungen« spiegeln die Vielfalt möglicher Einwände wider (siehe Abb. 1.1-1).

Abb. 1.1-1: Buttons von Siewert.

Auch in Seminaren zum Thema Selbstmanagement gibt es regelmäßig irgendwann den Zeitpunkt, an dem der eine oder andere Teilnehmer – angesichts der auf ihn möglicherweise zukommenden Veränderungsarbeit – beginnt, laut (!) über die mangelnde Praktikabilität der vorgestellten Instrumente zu reden. Die Begründungen sind dann oft ähnliche wie bei den geschilderten unternehmensinternen Veränderungsprozessen:

»Das passt nicht auf meine Situation.«
»Das ist in unserer Branche nicht möglich.«
»Das haben wir noch nie so gemacht.«
»Da spielt mein Chef (der Kunde, die Unternehmensleitung etc.) nicht mit.« usw.

Beispiel

Erst wenn man selbst bereit ist, die gewohnten Abläufe und die dahinter stehenden Denkmuster in Frage zu stellen, können Veränderungen geschehen. Zugegebenermaßen benötigt man hierzu oft erst einen Anstoß von »außen«, von jemandem, der eine andere Perspektive hat. Aber selbst die dann gegebenen gut gemeinten Ratschläge müssen nicht sofort zur Einsicht und Verhaltensänderung führen (vgl. /von Münchhausen 06, S. 50 ff./ und /Streich 06a, S. 37/).

Beispiel:
Eine
anschauliche
Geschichte
»Der Mann mit
den
Bleischuhen«

Hier sei an die Geschichte von dem Menschen erinnert, der, seit er sich erinnern kann, Bleischuhe an den Füßen trägt. Ihm selbst fiel nie auf, dass die Bleischuhe viel schwerer waren als andere, weil er keine anderen Schuhe kannte und an seine eigenen gewöhnt war. Allerdings merkte er schon, dass die anderen Menschen meistens schneller waren als er. So sehr er sich auch anstrengte – immer war er einer der Letzten und er verstand den Grund hierfür nicht. Als ihm ein anderer auf seine schweren Schuhe ansprach und ihm anbot, andere Schuhe anzuprobieren, kam der Mann ins Grübeln: Soll er die neuen Schuhe ausprobieren? Mit ihnen scheint man schließlich schneller zu sein. Oder soll man doch lieber an den alten Schuhen festhalten? Mit denen kennt er sich schließlich aus, und die Schuhe drücken nicht /Seiwert 02, S. 16/.

Erst wenn sie erkennen, dass eine Veränderung wirklich notwendig ist, sind Menschen (intrinsisch) motiviert, den ersten Schritt zu tun.

»Ratlosigkeit und Unzufriedenheit sind die ersten Vorbedingungen des Fortschritts.« (Thomas Alva Edison)

Wenn Sie beim Nichtstun bleiben, sollten Sie die Konsequenzen bedenken. Falls Sie die Alternative wählen, zwar alles zum Thema Selbstmanagement zu lernen, ansonsten aber alles beim Alten lassen, verschwenden Sie im Grunde Ihre Zeit. Bedenken Sie:

Wenn Sie das tun, was Sie bisher getan haben, werden Sie das bekommen, was Sie bisher bekommen haben.

Bitte überlegen Sie einmal, wie wichtig das Thema Selbst- und Zeitmanagement für Sie ist und welchen Nutzen Sie aus der Lektüre dieses Buches ziehen wollen. Was soll sich durch Ihre Weiterbildung zum Thema für Sie verändern?

Beantworten Sie bitte folgenden Fragen schriftlich:

■ Wie wichtig ist mir das Thema Selbst- und Zeitmanagement?

■ Für wen ist meine Beschäftigung mit dem Thema noch wichtig?

■ Was würden die anderen sagen, wenn Sie Ihr Selbst- und Zeitmanagement verändern/verbessern würden?

☐ Ihre Familie

☐ Ihre Freunde

☐ Ihre Kollegen, Ihre Mitarbeiter

☐ Ihre Vorgesetzten

☐ Ihre Kunden, Geschäftspartner

☐ weitere

■ Mit welchen (konkreten) Zielvorstellungen gehen Sie an dieses Buch? Welche Veränderungen möchten Sie konkret erleben?

■ Wie schätzen Sie Ihre Bereitschaft ein, durch eigene Einsicht in die Sinnhaftigkeit neuer Ansätze auch Verhaltensänderungen in Ihrem bisherigen Leben zu bewirken?

■ Gehören Sie eher zu denen, die sich schnell verändern, oder zu denen, die lange an Verhaltensweisen fest halten?

Wenn Sie die Fragen beantwortet haben, werden Sie eine erste Vorstellung davon haben, wie wichtig Ihnen das Thema in Ihrer augenblicklichen Lebenssituation ist und welche Veränderungsbereitschaft bei Ihnen besteht.

2 Was ist eigentlich Selbst- und Zeitmanagement? *

Jede Zeitvorstellung ist subjektiv und von der persönlichen und kulturell geprägten Wahrnehmung abhängig. Andererseits haben alle Menschen im Jahr die gleiche Zeit zur Verfügung. Da sich die Zeit nicht managen lässt, muss die Frage lauten, wie man sich selbst managen kann, um die begrenzte zur Verfügung stehende Zeit richtig zu nutzen.

Die Befassung mit der angemessenen Nutzung der Zeit setzt eine Vorstellung davon voraus, was denn die Zeit eigentlich ist. Da sich hier aber selbst die Wissenschaft nicht einig ist, soll es hierzu keine theoretische Vertiefung geben. Immerhin: Nach der, Anfang des letzten Jahrhunderts begründeten und in der Folge vertieften, **Relativitätstheorie** glaubt man zu wissen, dass die Zeit gekrümmt und gedehnt werden kann. Möglicherweise ist aber – darauf weisen neuere Forschungen hin – unsere heutige, meist lineare Vorstellung von Zeit nur eine große Illusion (vgl. /Vaas 06, S. 53 ff./ und das Buch von Stephen Hawking /Hawking 05/).

die relative und subjektive Vorstellung von Zeit

Das ganz **persönliche Bewusstsein** für die Zeit und für den Verlauf der Zeit entsteht aus der Verarbeitung verschiedener subjektiver Wahrnehmungen von Veränderungen und der damit verbundenen Emotionen. Erst unser Bewusstsein schafft damit im Grunde die Vorstellung von Zeit. Dieser Vorgang verläuft subjektiv, und deshalb nehmen Menschen die Zeit auch sehr unterschiedlich wahr (vgl. /Kitzmann 94, S. 41/).

Deutlich wird dies bei der Betrachtung unterschiedlicher Kulturen, in denen zum Teil sehr abweichende Phänomene in der Wahrnehmung und im Umgang mit der Zeit

Beispiele

zu beobachten sind. So kommen z.b. der Zeitbegriff und die Begriffe »zu spät« oder »warten« bei einigen Indianerstämmen in Nordamerika im Sprachgebrauch überhaupt nicht vor, während islamische Völker sehr differenzierte Begriffe für die Zeit verwenden. Südeuropäer scheinen durchschnittlich einen »langsameren«, »bedächtigeren« Lebensstil zu pflegen als Nordeuropäer. (So ist z.b. herausgefunden worden, dass Südeuropäer durchschnittlich sehr viel langsamer gehen als Nordeuropäer) (vgl. /Kitzmann 94, S. 36/ und /Geißler 06, S. 17/).

Beschleuni-
gung

Auch hat sich das Verhältnis des Menschen zu der ihm zur Verfügung stehenden Zeit im Laufe der Geschichte geändert. Wesentlicher Motor für die Beschleunigung in den letzten beiden Jahrhunderten war die industrielle Revolution. Der Beschleunigungsprozess und die Veränderungsgeschwindigkeit – vor allem in der westlichen industrialisierten Welt – ist fast jedem offenbar geworden. Dazu kommt die fast unglaubliche Steigerung der Informationsflut, die für viele eine notwendige Steigerung der Informationsverarbeitungsgeschwindigkeit nach sich zieht.

Interessanterweise waren es die Kaufleute, die vor ca. 600 Jahren für die Verbreitung der Uhrzeit sorgten (/Geißler 06, S. 39/).

Beispiele

Die Managementexperten sprechen mittlerweile von einem »Zeitalter des Speed«, und in der Geschäftswelt dominieren mittlerweile nicht mehr die Großen die Kleinen, sondern die Schnellen überholen die Langsamen (vgl. /Seiwert 02, S. 7/). Gewinnt man in diesem Rahmen ein größeres Bewusstsein für die verstreichende Zeit, kann dies dazu führen, dass man unter zeitlichen Druck gerät, dass man es ständig eilig hat und man sich ständig gehetzt fühlt.

In den USA gibt es mittlerweile eine anerkannte Hetz-Krankheit, die **Hurry-Sickness** und in Japan existiert ein Wort für den Tod durch Stress durch zu viel Arbeit (in zu wenig vorhandener Zeit): **Karoshi.**

Beispiele

Viele Menschen sehnen sich daher mittlerweile nach einer etwas gemächlicheren Gangart und einem angemessenen Umgang mit der Zeit (vielleicht so, wie sie sich die **»gute alte Zeit«** vorstellen) (vgl. /Seiwert 02, S. 11/ und /Tenzer 05, S. 70/).

Die beobachtbare Ruhelosigkeit des modernen Menschen ist im Grunde ein Ausdruck seiner Entkopplung von natürlichen Zeitrhythmen und der Unterwerfung unter den künstlichen Zeitgeber – die Uhr. Bei vielen Menschen haben sich die Körperrhythmen an die künstliche Zeiteinteilung eingestellt (morgens rechtzeitig wach werden, obwohl der Wecker nicht geklingelt hat; Hungergefühle zur Mittagszeit etc.). Andererseits gibt es Menschen, die sich dem unnatürlichen Rhythmus, wenn nicht bewusst, so doch unbewusst durch z.B. Krankheit zu entziehen versuchen.

Ein Zeitmanagement gibt es aber eigentlich gar nicht, weshalb auch versucht wird, den Begriff in diesem Buch zu vermeiden. Zeitmanagement bedeutet nämlich einen Widerspruch in sich; Zeit lässt sich nämlich eigentlich gar nicht managen. Die von jedem beobachtbare Planbarkeit und Kontrollierbarkeit bei technischen Prozessen kann zu der Annahme führen, dass man auch die Zeit beeinflussen könnte. Zeit ist aber kein veränderbarer Gegenstand (auch wenn es nach o.g. wissenschaftlichen Gesetzen durchaus möglich sein könnte, sie zu dehnen und zu krümmen), sondern in der Zeit drückt sich aus, wie wir unsere Umwelt wahrnehmen und auf sie reagieren. Diese Wahrnehmung erfolgt rein subjektiv, was bedeutet, dass die gleiche Zeit von verschiedenen Menschen unterschiedlich empfunden wer-

es gibt kein Zeit-management

den kann. Während für die einen die Zeit wie im Fluge vergeht, sind andere gelangweilt (vgl. /Kitzmann 94, S. 37/ und /Transfer 04, S. 4/).

Das Nicht-Managen-können von Zeit wird deutlich, wenn man die **funktionale Definition von »managen« heranzieht. Dies umfasst ja die Steuerungshandlungen Planung, Organisation, Personaleinsatz, Führung und Kontrolle.** Diese Steuerungshandlungen führen nämlich nicht zu Veränderungen an der Zeit. Die Zeit als konstante Größe verrinnt kontinuierlich und unerbittlich. Auch jetzt in diesen Sekunden und Minuten, in denen Sie den Text lesen. Dieses Vergehen der Zeit lässt sich nicht stoppen oder beeinflussen. Zeit lässt sich auch nicht aufsparen oder zurückholen. Zeit ist nur begrenzt vorhanden und lässt sich nicht vermehren. Niemand kann die Uhr schneller oder langsamer laufen lassen. Zeit kann man nur in dem Augenblick ausgeben, in dem man sie erhält. Vergangene Zeit ist tatsächlich vergangen – unwiederbringlich. Jeder von uns hat pro Tag genau 24 Stunden zur Verfügung stehende Zeit. Nicht mehr und nicht weniger. Das sind 8760 Stunden pro Jahr. Richtig ist allerdings auch, dass uns nicht allen gleich viele Lebensjahre zur Verfügung stehen, und chronischer Stress trägt nicht gerade dazu bei, dass sich diese Lebensjahre vermehren.

 Schauen Sie sich einen Zollstock wie auf der Abb. 2.0-1 an und sehen Sie ihn als grafische Darstellung Ihrer Lebenslinie, die hier mit (dem statistischen Wert) 82 Jahre (= 82 Zentimeter) endet.

Überlegen Sie sich nun, welche Zahl Ihrem jetzigen Lebensalter entspricht. Die Zahlen *links* von diesem Punkt entsprechen der Vergangenheit, die hinter Ihnen liegt: Diese Zeit ist vergangen. Sie können sie *nicht* mehr zurückdrehen oder verändern.

Abb. 2.0-1: »Zollstock der Lebenszeit«.

Die Lebenslinie *rechts* von Ihrer Zahl ist sehr viel wichtiger. Wie groß ist die Entfernung bis zu Ihrem statistischen Verfallsdatum von 82 Jahren? Wie viel Zeit-Kapital haben Sie noch zu Ihrer Verfügung, und was können und möchten Sie in dieser verbleibenden Zeit erreichen? Soll es so weitergehen wie bisher oder soll oder muss sich etwas ändern? **Dies haben Sie in der Hand!** (vgl. /Seiwert 02, S. 18/)

Die restliche Zeit lässt sich, wie oben gesagt, nicht managen, wohl aber der Umgang mit sich selbst, denn Sie können natürlich die benannten Steuerungshandlungen anwenden, um die zur Verfügung stehende Zeit sinnvoll zu verwenden, sie auszuschöpfen für das Erreichen eigener Ziele (vgl. /Seiwert 02, S. 17/):

statt die Zeit zu managen, sich selbst managen!

Sie können sich selbst so **führen** und **organisieren**, dass Sie mit Ihrer Zeit auskommen, und natürlich können Sie auch die Ihnen ggf. anvertrauten Mitarbeiter so führen, dass Sie ihre Arbeitszeit vernünftig nutzen.

Beispiele für grundsätzliche Handlungen im Selbstmanagement

Sie können **Planungstechniken** anwenden, um Ihre Ziele in der zur Verfügung stehenden Zeit zu erreichen.

Sie können versuchen Ihre Person (und wenn möglich andere Personen) so effizient »**einzusetzen**«, dass es den höchst möglichen Nutzen im Sinne von Zeitverwendung erbringt.

Letztlich können Sie auch **Kontrollmechanismen** entwickeln, um sicher sein zu können, dass Ihre Vorstellungen von effizienter Zeitnutzung tatsächlich in der Praxis umgesetzt wurden.

Wir können also durch die beschriebenen Steuerungshandlungen lediglich die Abfolge unseres eigenen Tuns beeinflussen. Statt Zeitmanagement ist »Selbstmanagement« daher eigentlich der richtige Begriff für die Beschäftigung mit der Zeitnutzung. Auch wenn Sie Ihrem Leben nicht unbedingt mehr Tage geben können, Sie können aber durch Selbstmanagement den Tagen mehr Leben geben. Sie können sich selbst dafür entscheiden, mit dem kostbaren Gut Zeit sorgsamer umzugehen, und den von Ihnen selbst beeinflussbaren Bereich besser zu organisieren.

Erinnert sei daher an einen Ausspruch des römischen Philosophen Seneca, der schon vor fast 2000 Jahren sagte:

»Es ist nicht wenig Zeit, was wir haben, sondern es ist viel, was wir nicht nützen.«

 Wenn Sie Ihre Zeit vergeuden, vergeuden Sie Ihr Leben. Es ist übrigens eine Tatsache, dass die meisten Menschen sich von anderen die Zeit vergeuden und stehlen lassen. Statt sich zu wehren, lassen es die meisten Menschen einfach zu! Würde jemand versuchen, Ihnen Ihr Geld zu rauben, so würden diese Menschen sicher versuchen, dies zu verhindern. Beim **Zeitdiebstahl** bekommt der **Zeitdieb** aber eventuell sogar ein Dankeschön dafür.

2.1 Effiziente Zeitnutzung *

Die meisten Menschen haben nie gelernt, effizient zu arbeiten, und so lassen sich beträchtliche Anteile von Ineffizienz und Unproduktivität im Arbeitsalltag nachweisen. Fraglich ist aber, ob ein Leben und Arbeiten nur nach Effizienzgesichtspunkten unter Ausnutzung aller verfügbaren Zeitmanagementtechniken der richtige Weg ist.

Haben Sie eine Vorstellung davon, wie effizient Sie derzeit arbeiten?

Schätzen Sie bitte einmal auf einer Skala von 0 Prozent = völlig uneffizient bis 100 Prozent = sehr effizient (effizienter geht es nicht), wie viel Prozent Sie aus eigener Sicht im Durchschnitt erreichen. Dies soll keine mathematisch korrekte Wiedergabe sein, sondern einfach eine eigene Einschätzung – quasi aus dem Bauch heraus (siehe Abb. 2.1-1).

| 0% | 50% | 100% |

Abb. 2.1-1: Effizienzeinschätzung.

Wenn Sie Ihren Wert gesetzt haben, überlegen Sie doch einmal, welchen Wert bezüglich Ihrer Effizienz Ihre Kollegen und Ihnen unterstellte Mitarbeiter Ihnen zuweisen würden. Was würde Ihr Chef sagen? Würde er Ihre Effizienz höher oder niedriger einschätzen, und was bedeutet eine hohe Abweichung von Ihrer eigenen Einschätzung für Ihre Arbeitsbeziehung?

Was bedeutet der von Ihnen gesetzte Wert nun? Eigentlich sieht das Ergebnis ja gar nicht so schlecht aus, oder? Bei meinen bisherigen Seminarteilnehmern hat sich ein durchschnittlicher Wert von 73 Prozent herauskristallisiert (siehe Abb. 2.1-2).

0%   50%   73%   100%

Abb. 2.1-2: Durchschnittliche Effizienzeinschätzung von Seminarteilnehmern.

Effizienz und Ineffizienz

Was bedeutet dieser Wert? Immerhin: Die meisten schätzen sich offenbar so ein, dass sie aus eigener Sicht zu dreiviertel des Machbaren effizient arbeiten. Andererseits bedeutet die Selbsteinschätzung, dass die Befragten darum wissen, dass sie selbst zu immerhin 27 Prozent ineffizient sind. Da die Selbsteinschätzung anonym und im geschützten Seminarrahmen durchgeführt wurde, wissen die Vorgesetzten, Kollegen und unterstellten Mitarbeiter nichts von diesem Ergebnis, und kaum jemand gibt natürlich ohne weiteres anderen gegenüber gerne zu, dass er einen beachtlichen Teil seiner Arbeitszeit nicht effizient verwendet. Er müsste sich ja möglicherweise wegen Vergeudung von Arbeitszeit rechtfertigen.

Studie zu Arbeitsproduktivität

Mittlerweile gibt es auch empirische Studien darüber, wie viel Zeit im Berufsleben vergeudet wird. Hier die Ergebnisse einer Studie der Beratungsgesellschaft Czipin & Proudfood:

- Nur 68,1 Prozent der Arbeitszeit in deutschen Unternehmen wird produktiv genutzt.
- 32,5 Tage pro Beschäftigtem werden jährlich für Tätigkeiten verschwendet, die das Unternehmen nicht voranbringen.

Ursachen der Arbeitszeitverschwendung

Mindestens genauso wichtig wie die Auswirkungen sind die Ursachen der Arbeitszeitverschwendung, die benannt wurden /Personalmagazin 06a, S. 22/:

■ mangelnde Führung

■ unzureichende Planung und Ergebniskontrolle

■ schlechte Arbeitsmoral

■ unzureichende Ausbildung der Beschäftigten

■ ineffektive Kommunikation

■ IT-Probleme

Die Aufzählung der Gründe macht deutlich, dass es vor allem Managementhandlungen sowie Motivation und Kommunikation sind, deren bessere Ausprägung dafür sorgen könnte, dass weniger Zeit vergeudet wird.

Den meisten Menschen wurde während ihrer Ausbildung leider nicht beigebracht, wie man effizient arbeitet. Dies gilt auch für Führungskräfte. Die Fähigkeit, sich und andere zu organisieren und im Laufe der Arbeit mit Störungen und unvorhergesehenen Ereignissen fertig zu werden, sind i.d.R. weder Inhalte von gängigen Ausbildungen noch von Studiengängen. Hinzu kommt, dass Menschen recht unterschiedlich arbeiten. Es gibt diejenigen, die grundsätzlich ihren Job nicht so ernst nehmen. Dann gibt es die Gewissenhaften und die Überverantwortlichen, die sich um sämtliche anfallenden Tätigkeiten selbst kümmern wollen. Letztere delegieren – auch als Führungskraft – selten und kommen so oft mit der Erledigung der Aufgaben nicht mehr nach. Oft ist hierbei dann auch ein gehöriges Maß an Entscheidungsunfähigkeit zu beobachten. Denn bei all den anstehenden Aufgaben fällt die Wahl der Entscheidung natürlich schwer. So lässt man es lieber gleich (Der Schritt zum **Führungsvakuum** ist dann nicht mehr fern).

Effizienz wird nicht gelehrt

Bei den **Perfektionisten** wiederum gehört Mehrarbeit zur Tagesordnung, weil bei ihnen alles bis in kleinste Detail stimmen muss. Dabei missachten Sie, dass der Aufwand vom guten Arbeitsergebnis zum perfekten Arbeitsergebnis i.d.R. überproportional hoch ist und man sich die Frage stellen müsste, ob und für wen sich der Mehraufwand eigentlich lohnt (bzw. rechtfertigen lässt).

lange zu arbeiten bedeutet nicht immer viel zu arbeiten

Viele Menschen werden nach der Menge Ihrer Arbeitszeit bezahlt. Manche werden darüber hinaus dafür bezahlt, wie sie ihre Arbeitszeit nutzen und welche Leistung sie erbringen. Die jeweilige Unternehmenskultur und die tradierten Glaubenssätze können dabei erheblichen Einfluss darauf haben, wie die Mitarbeiter ihre Zeit nutzen. In vielen Firmen gilt immer noch der Grundsatz, lange zu arbeiten heiße schwer zu arbeiten.

Beispiel

> Diese Annahme kann Stilblüten tragen, wie das Anlassen des Bürolichts nach Dienstschluss, um anderen nach außen zu suggerieren, dass man immer noch arbeitet.

Zu lange Arbeitszeiten können aber gerade die Effizienz und Produktivität beeinträchtigen. Es gilt nämlich der Grundsatz, dass Arbeiten i.d.R. so lange dauern, wie man Ihnen Zeit dafür gibt. Die Arbeit füllt die zur Verfügung stehende Zeit aus bzw. passt sich ihr an. Diese Theorie ist als **Parkinsons Gesetz** bekannt geworden (vgl. /Kreutzmann 06b, S. 11/).

Beispiel

> Wenn Sie sich also z.B. nur eine halbe Stunde Zeit für ein Meeting nehmen, statt wie sonst eine Stunde, besteht die sehr reelle Chance, dass Sie trotzdem alle Punkte Ihrer Agenda erledigt haben werden.
>
> Übrigens: Fast alle Meetings kann man wesentlich verkürzen und trotzdem die gleichen Ergebnisse erzielen.

Wenn man selbst davon ausgeht, dass man sowieso regelmäßig Überstunden macht (oder machen muss), dann kann sich die Erledigung der anstehenden Aufgaben entsprechend hinziehen. Überlegen Sie stattdessen doch einmal, welche vielen Vorteile es für Sie und andere bringen würde, wenn Sie sich zwingen würden, abends pünktlich nach Hause zu gehen (vgl. /Asgodom 02, S. 36 ff./).

Doch zurück zu Ihrer eigenen Einschätzung hinsichtlich Ihrer Effizienz: Die Frage, die sich an Ihre Einschätzung anschließt, ist die, ob eine 100prozentige Effizienz auf Dauer überhaupt optimal ist.

Was bedeutet es eigentlich auf Dauer 100prozentig effizient zu sein? Es kann heißen, dass Sie Ihre Zeit immer nach Kosten- und Aufwandskategorien, im Sinne von produktiver Arbeit leben und bewerten. Jedes Tun, jede einzelne Handlung wird dann möglicherweise nach den Kategorien produktiv bzw. effizient oder unproduktiv bzw. ineffizient bewertet. Vor allem diejenigen, die in ihrer Arbeit aufgehen, bemühen sich zur umfassenden Effizienzsteigerung meist sehr früh um ein gutes operatives Zeitmanagement.

Ist 100-prozentige Effizienz optimal?

Aber Vorsicht: Alles was nach diesem »Scan-Vorgang« als unproduktiv oder ineffizient erscheint, aber nicht getilgt werden kann, kann berufliche Schuldgefühle auslösen und macht unzufrieden.

Operatives Zeitmanagement kuriert meist an den Symptomen der Zeitnot herum, löst aber nie die wahren Ursachen des Problems, da meist der kurzfristigen Effizienz der Vorrang vor der langfristigen Effektivität eingeräumt wird. Natürlich kann man sich mit Terminkalendern, (elektronischen) Organizern, To-Do-Listen und anderen Zeitplaninstrumenten relativ schnell eine erste Entlastung verschaffen und den Arbeitsalltag besser in den Griff bekommen. Meist bedeutet dies aber, dass das jeweils gewählte Zeitplaninstrument mit beruflichen Terminen bis zum Rand (und meist darüber hinaus) gefüllt wird, ohne darauf zu achten, ob dem Besitzer noch Zeit für Erholung bleibt.

Vorsicht mit dem operativen Zeit-management!

Ist ein – mit den entsprechenden Instrumenten – effizient geplanter Sechzehn-Stunden-Arbeitstag tatsächlich notwendig, oder schädigt ein zu langer und bis ins Kleinste durchstrukturierter Arbeitstag nicht auf Dauer die Gesundheit?

»Die Zeit zu nutzen wissen, hat nichts mit hetzen und rennen zu tun: die Produktivsten lieben die Hetze nicht, weil sie wissen, dass sie ihnen schadet.«
(Emil Oesch)

»Workaholics« Die Verwendung eines der o.g. Zeitplaninstrumente kann auch eine gefährliche Nebenwirkung haben: Volle Terminkalender und die Bezeichnung als *»Workaholic«* werden in einer Zeit, in der »keine Zeit haben« eine Mode geworden ist, schnell prestigebildend.

Man kann sich und anderen praktisch täglich beweisen, wie sehr man gebraucht wird. Dahinter steht der Wunsch nach Selbst- und Fremdbestätigung, der Wunsch nach einer großen Bedeutung der eigenen Persönlichkeit und der Wunsch, besser als die anderen sein zu wollen. Menschen, die Ihre Erfolgserlebnisse und ihre Selbstbestätigung ausschließlich über die Arbeit beziehen, haben oft sogar Schwierigkeiten, ihre (noch vorhandene) Freizeit auszufüllen (manchmal dient die komplett verplante Zeit ja auch zur Rechtfertigung, sich nicht mit anderen Dingen beschäftigen zu müssen).

In unserer Leistungsgesellschaft wird der Terminkalender zum Beweisstück Nr.1 für die Wichtigkeit und Leistungsfähigkeit seines Besitzers, gleichzeitig sinkt die Bereitschaft des Einzelnen zur Selbstreflexion – im Sinne von »ist es richtig, so zu arbeiten?«. Je voller der Terminkalender ist, desto höher ist die Anerkennung, die dem Besitzer widerfährt. Der Versuch, das eigene Image (nur) nach diesen Kriterien weiter steigern zu wollen, führt – ohne rechtzeitig betätigte »Notbremse« – zum **Burn-out**.

Wesentlich ist, dass mit der einfachen Anwendung von Terminkalendern und anderen Planungsinstrumenten das eigentliche Problem nicht angegangen wird: das Problem der Prioritätensetzung. Darüber hinaus weisen Kritiker der Zeitplantechniken darauf hin, dass eine zu starke Zeitplanung unsere Handlungsspielräume noch weiter einengt und wir uns dann am Ende noch unwohler fühlen, weil wir auch die Zeit verplanen könnten, die der Entspannung dienen sollte.

Beim Einsatz der bestehenden Zeitplaninstrumente ist also unbedingt darauf zu achten, dass sie auch gerade dafür angewandt werden sollen, um Handlungsspielräume und Zeitfenster zu gestalten, die der **Muße** und der **Entspannung** dienen können.

Von dem amerikanischen Fernsehstar Telly Savalas stammt der Satz:

»Die modernen Sklaven werden nicht mit der Peitsche, sondern mit Termin-Kalendern angetrieben!«

1 Welchen wesentlichen Erkenntnisgewinn brachte mir der vorliegende Text?

2 Welche Schlüsse ziehe ich aus dem Gelernten für meine Situation?

3 Was werde ich in der Zukunft anders machen?

Coaching

3 Selbstanalyse *

Um zu erkennen, welcher Veränderungsbedarf besteht, ist eine Selbstanalyse notwendig, die dem einzelnen aufzeigt, wie er sein (Berufs-)Leben zurzeit erlebt. Aus den erkannten Mängeln lassen sich dann einfache Schritte zum Handeln entwickeln.

Um einen (sichtbaren) Eindruck davon zu bekommen, wie Sie sich selbst derzeit in Ihrem beruflichen Umfeld sehen, sollen Sie Ihre erste Selbsteinschätzung um das Kriterium »**eigene Arbeitszufriedenheit**« ergänzen (siehe Abb. 3.0-1). Bitte bestimmen Sie auch hier einen Wert dafür, wie Sie derzeit die Situation einschätzen, auf einer Skala von 0 Prozent (= sehr unzufrieden) bis 100 Prozent (= sehr zufrieden/zufriedener geht es nicht).

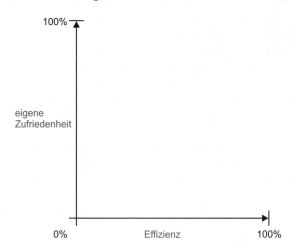

Abb. 3.0-1: Effizienz-/Zufriedenheitseinschätzung.

Und auch bei dieser Abfrage stellt sich die Frage, was der von Ihnen gesetzte Wert nun bedeutet? Was würde es bedeuten, wenn jemand zu 90 Prozent effizient arbeitet und dabei nur 20 Prozent Arbeitszufriedenheit vorweisen kann. Was bedeutet es, wenn jemand nur zu 40 Prozent effizient arbeitet, aber 100prozentige Zufriedenheit erklärt. Vielleicht bedingt ja das eine das andere?

Wechselwirkung zwischen Arbeitsleistung und Motivation

Die Wechselwirkung zwischen Arbeitsleistung und Motivation taucht auch in Untersuchungen zur Unternehmensproduktivität auf. Hier wird die »mangelnde Arbeitsmoral« als einer der maßgeblichen Gründe für die Unproduktivität benannt. Sie können diesen Zusammenhang aber auch selbst in nahezu jedem Unternehmen beobachten: Fast jede Firma hat Mitarbeiter, die nicht besonders durch ihre Leistung auffallen, sehr pünktlich Feierabend machen und offensichtlich kein großes Engagement für Ihre mögliche Karriere zeigen. Oft sind die gleichen Mitarbeiter aber nicht wiederzuerkennen, wenn man sie nach Feierabend erlebt: Sie engagieren sich als Manager für kulturelle oder soziale Projekte oder erbringen in Sportvereinen beachtliche Leistungen. Der Unterschied ist, dass ihnen die Freizeitbeschäftigung Spaß macht, und genau diesen Spaß scheinen sie in ihrem Beruf verloren zu haben. Ihr Erfolg wird daher in der Freizeitbeschäftigung höher liegen als im Beruf.

Bezüglich der o.g. zweiten Abfrage hat sich bei meinen bisherigen Seminarteilnehmern ein durchschnittlicher Wert von 68 Prozent herauskristallisiert (siehe Abb. 3.0-2).

Auch dieser Wert bedeutet, dass bei den befragten Personen offenbar noch ein nicht unwesentlicher Teil zu optimieren ist, wenn man sich die 100prozentige Zufriedenheit als erreichbares Ziel setzen wollte. Die Abweichung von den möglichen Höchstwerten in den Bereichen Effizienz und Zufriedenheit kann erste Aufschlüsse über die derzeitige persönli-

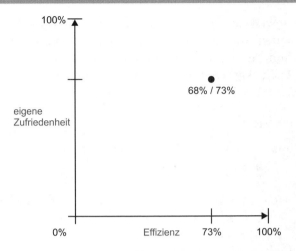

Abb. 3.0-2: Durchschnittliche Effizienz-/Zufriedenheitseinschätzung von Seminarteilnehmern.

che Motivationslage geben (wobei immer zu diskutieren ist, ob der Wert von 100 Prozent tatsächlich der Zielwert sein muss).

Die Frage ist: Was möchte der Einzelne gerne erreichen, und wo steht er zurzeit? An der Höhe der **Abweichung zwischen Soll und Ist** lässt sich grundsätzlich auch eine erste Einschätzung darüber treffen, wie viel (Veränderungs-/Entscheidungs-)Arbeit zu erwarten ist, um sich dem gewünschten Wert nähern zu können. Auch der Veränderungsdruck und die Motivation, sich mit den Themen Selbstmanagement und Zeitnutzung befassen zu müssen, lässt sich oft an der obigen Selbsteinschätzung ablesen oder mit dem Klienten bzw. den Seminarteilnehmern erarbeiten.

Abweichung zwischen Soll und Ist

Im Seminar zum Thema Selbstmanagement werden für die Analyse der Ausgangssituation die Teilnehmer zusätzlich von mir gefragt, welche konkreten Ziele sie mit dem Seminarbesuch verbinden. Die Nennungen geben Hinweise darüber, inwieweit die Teilnehmer bereits eine Vorstellung davon haben, wie die Lücke zwischen Ist-Situation und Soll-Situation (in diesem Fall durch den Besuch eines Seminars zum Thema) geschlossen werden kann. Im Folgenden finden Sie eine typische Aufzählung der Antworten wieder.

Beispiele

Seminarziele:

○ Tipps für Arbeitsabläufe/Arbeitsorganisation erhalten.
○ Überstunden minimieren.
○ Mehr Freizeit.
○ Zwischen wichtig und unwichtig unterscheiden lernen.
○ Hilfen für den Kampf gegen den »inneren Schweinehund« erhalten.
○ Hilfen für den Abgleich meiner Arbeitsweise mit der von anderen.
○ Störfaktoren »regeln« können.
○ Mit dem hohen Arbeitsaufkommen umgehen können.
○ Eigene Arbeitsabläufe optimieren.
○ Bessere Ressourcennutzung.
○ Tipps zur Kommunikation mit anderen (auch um zu zeigen, dass alles auf einmal nicht geht).

Auch für Ihre eigene Analyse der Ist-Situation sollten Sie überlegen, welche Faktoren bestimmend sein könnten, um sich näher mit dem Thema des Selbstmanagements zu beschäftigen. Genauso wichtig wie eine gute berufliche Situation ist die innere Einstellung, mit der Sie im Allgemeinen an die Dinge herangehen. Bearbeiten Sie hierzu den folgenden Fragenkatalog:

Fragen an Sie

Einschätzung der eigenen Arbeitsbelastung

☐ Sehen Sie sich einem ständig wachsenden Leistungsdruck ausgesetzt?
☐ Haben Sie das Gefühl, dass bei all der Zeit und Mühe, die Sie in Ihre Arbeit stecken, mehr herauskommen müsste?

☐ Leiden Sie unter Zeitmangel und haben Sie das Gefühl, dass Ihnen die Zeit davonläuft?

☐ Leiden Sie darunter, dass Sie nicht über die notwendigen Ressourcen für die Erledigung Ihrer Aufgaben verfügen?

☐ Machen Sie oft Überstunden oder arbeiten Sie am Wochenende?

☐ Leiden Sie unter Stress?

☐ Können Sie oft gesetzte Fristen nicht einhalten?

☐ Haben Sie das Gefühl, sich zu viel um Kleinkram kümmern zu müssen?

Motivation

☐ Identifizieren Sie sich mit Ihrem Job?

☐ Beginnen Sie sich zu fragen, ob Sie im Beruf wirklich das erreichen, was Sie wollen?

☐ Gibt es klare Strategien, Zielvorgaben und Zielvereinbarungen an denen Sie Ihre Arbeit orientieren können?

☐ Werden Sie regelmäßig über die für Sie wichtigen Dinge ausreichend informiert?

☐ Werden Absprachen eingehalten?

☐ Wird Ihre Leistung angemessen gewürdigt?

☐ Ist das Betriebsklima gut, und gibt es in Ihrem Job auch genug zu lachen?

☐ Fühlen Sie sich integriert?

Prioritäten

☐ Fehlt Ihnen für Ihre Arbeit das große, übergeordnete Ziel?

☐ Arbeiten Sie nach selbst gesetzten Prioritäten?

☐ Arbeiten Sie nach lang- und kurzfristigen Zielen?

☐ Treffen Sie Entscheidungen in einer angemessenen Zeit?

☐ Verfügen Sie über genug Selbstdisziplin bei der Umsetzung Ihrer Vorhaben?

☐ Lassen Sie sich bei Ihrer Arbeit oft ablenken oder stören?

☐ Neigen Sie dazu, Aufgaben hinauszuschieben, die Sie nicht mögen?

☐ Arbeiten Sie zu viel an Routineaufgaben?

Das Verhältnis zu anderen im Beruf

☐ Halten Sie sich oft für unentbehrlich in Ihrem Job?

☐ Nehmen Sie angemessen Rücksicht auf die Motive Ihrer Kollegen und Mitarbeiter?

☐ Delegieren Sie nur selten oder nie Aufgaben, weil Sie denken, Sie könnten es selbst besser und schneller erledigen?

☐ Steht Ihre Tür jedem und immer offen?

☐ Werden Sie bei Ihrer Arbeit oft unterbrochen?

☐ Können Sie gut Nein sagen?

☐ Besteht bei Ihnen der Wunsch, es möglichst allen recht zu machen?

☐ Haben Sie Probleme in der Zusammenarbeit mit Kollegen, Mitarbeitern und/oder Ihrem Chef?

Arbeitstechnik

☐ Arbeiten Sie eher unsystematisch und ohne Zeitvorgaben?

☐ Haben Sie oft das Gefühl, dass Sie täglich zu wenig erledigen?

☐ Haben Sie oft das Gefühl, dass Sie einige Dinge zu spät erledigen?

☐ Nehmen Sie sich für wichtige Aufgaben regelmäßig auch Zeit für die Vorbereitung?

☐ Planen Sie regelmäßig mit Pufferzeiten?

☐ Bemerken Sie manchmal bei sich die Unfähigkeit, etwas zu beenden?

☐ Machen Ihnen auftretende Probleme zu schaffen?

☐ Fällt Ihnen auf, dass bei Besprechungen, an denen Sie teilnehmen, Zeit vergeudet wird?

Informationsverarbeitung

☐ Bekommen Sie viele Informationen, die Sie eigentlich gar nicht brauchen?

☐ Leiden Sie unter zu viel Papierkram?

☐ Sammeln Sie alle Eingänge überwiegend auf Ihrem Schreibtisch?

☐ Fassen Sie zu bearbeitende Papiere mehrmals an?

☐ Haben Sie Schwierigkeiten den Inhalt von Schriftstücken schnell zu erfassen, und würden Sie gerne schneller lesen und dabei mehr behalten?

☐ Finden Sie schnell benötigte Daten in Ihrer Ablage?

☐ Vergessen Sie hin und wieder wichtige Informationen?

Sozialkontakte

☐ Merken Sie, dass Ihre Familie und Freunde zu kurz kommen?

☐ Haben Sie lediglich im Job soziale Kontakte?

☐ Hat sich Ihr privater Freundeskreis schon zurückgezogen?

☐ Hat sich Ihr Partner von Ihnen zurückgezogen und redet er kaum noch mit Ihnen?

☐ Gehen Ihre Kinder lieber ihre eigenen Wege und reden sie kaum noch mit Ihnen?

☐ Müssen Sie Ihren Bekannten und Freunden oft absagen, weil Sie keine Zeit haben?

☐ Müssen Sie familiäre Termine oft absagen, weil beruflich etwas »dazwischen gekommen« ist?

Ihr Verhältnis zu sich selbst

☐ Beurteilen Sie Ihr Leben als ausgewogen und harmonisch?

☐ Sind Sie rundum glücklich mit Ihrer jetzigen Lebenssituation?

☐ Haben Sie genug Zeit und Muße, Ihr Leben beruflich und privat zu reflektieren?

☐ Würden Sie gerne mehr Zeit haben für das, was Sie immer schon mal tun wollten?

☐ Vernachlässigen Sie oft eigene Bedürfnisse?

☐ Schlafen Sie schlecht und fehlt Ihnen morgens der Elan?

☐ Leiden Sie unter zu wenig Bewegung und machen Sie kaum oder gar keinen Sport?

☐ Ist Ihre Ernährung unausgewogen?

☐ Trinken Sie regelmäßig Alkohol, um abschalten zu können?

☐ Brauchen Sie regelmäßig »Muntermacher«?

Literatur /Sieck 04, S. 9/, /Peseschkian 06, S. 95 ff./, /Dietze 04, S. 14/

Fazit Wenn Sie mit Ihrer derzeitigen Situation in den verschiedenen Feldern unzufrieden sind, sollten Sie darüber nachdenken, was genau Sie stört. Nur so können Sie entscheiden, was Sie in Zukunft ändern wollen. Es kann sowohl im privaten Bereich als auch im Berufsleben Aufgaben und Probleme geben, die Sie angehen müssen, um Ihr inneres Gleichgewicht wiederzuerlangen. Vielleicht schrieb Oskar Wilde deshalb folgende Zeile:

»Unzufriedenheit ist der erste Schritt zum Erfolg.«

Coaching **1** Welchen wesentlichen Erkenntnisgewinn brachte mir der vorliegende Text?

2 Welche Schlüsse ziehe ich aus dem Gelernten für meine Situation?

3 Was werde ich in der Zukunft anders machen?

3.1 Die Folgen der Arbeitssucht *

Wenn die Arbeit zum alleinigen Lebensinhalt wird, spricht man von Arbeitssucht. Die grobe Vernachlässigung der anderen Lebensbereiche bei gleichzeitigem Anstieg von beruflich bedingten Stress können bei den Betroffenen zum Burnout führen.

Nach Arbeit süchtig sein? Wer nicht betroffen ist, kann sich das kaum vorstellen. Viele freuen sich auf den Feierabend oder das Wochenende. Einigen aber geht es da ganz anders – und ihre Zahl wird offenbar immer größer. Es sind Menschen, die neben der normalen Arbeitszeit auch noch einen Großteil – oder im Extremfall auch ihre ganze Freizeit mit Arbeit füllen. Betroffen sind vor allem Selbstständige, Manager und Personen, die in helfenden Berufen arbeiten, die also mit Herz und Seele in ihrem Job aufgehen. Dabei steht am Beginn meist eine Berufstätigkeit, die richtig Spaß macht. Man sieht den Sinn in der Arbeit, hat Erfolg und genießt das Gefühl, wichtig zu sein und gebraucht zu werden. Dass Arbeit Spaß macht, ist kein Problem – im Gegenteil, das ist mehr als wünschenswert. Aber wenn die Arbeit zum einzig und alleinigen Lebensinhalt wird, kann das unangenehme Folgen haben (vgl. /Linneweh 06c, S. 123 ff./).

Arbeitssucht bedeutet ein übersteigertes Verlangen nach Arbeit, Leistung und Erfolg, wobei der Bezug zu anderen Lebensbereichen wie Freunde, Familie, Freizeit verloren zu gehen droht. Allerdings lässt sich nicht genau sagen, ab wann genau das leistungsorientierte und ehrgeizige Engagement für die Arbeit zu einem Suchtphänomen wird, denn die Grenze ist hier fließend (vgl. /Hussendörfer 03, S. 24 ff./).

Die Arbeitssucht zeigt sich z.B. beim ständig gehetzten Manager, der alles allein erledigen will und das Gefühl hat, das ganze Unternehmen würde ohne ihn zusammenbrechen.

Margin notes: Arbeitssucht? · Beispiel

Sie zeigt sich auch bei der Geschäftsfrau, die es vermeidet, nach Hause zu gehen, weil ihr dort die Decke auf den Kopf fällt, und die sich deshalb in die Arbeit stürzt. Arbeitssucht zeigt sich auch beim Rentner, der am Ende seines Arbeitslebens vollkommen den Lebenssinn zu verlieren scheint.

Arbeitssucht erkennen und verstehen

Der Schlüssel zum Verständnis des Phänomens Arbeitssucht liegt in der Einstellung der jeweiligen Person zur Arbeit. Wenn man beginnt, sich ausschließlich über die Arbeit zu definieren, ja, sogar die eigene Daseinsberechtigung allein über das Engagement im Job abzuleiten, bekommt die Arbeit im Leben ein zu großes – und damit sehr häufig ungesundes – Übergewicht. Sehr oft führt das zu einem Gefühl von Wertlosigkeit, wenn man nicht genug leistet und damit zu einem stetig steigenden Anspruch an sich selbst, der in eine Arbeitsspirale führt, an deren Ende i.d.R. der Zusammenbruch steht (vgl. /Kitzmann 94, S. 63 f./).

Arbeit ist natürlich nichts Schlechtes und wer viel arbeitet, ist gut angesehen. Deshalb ist es auch gar nicht so leicht, hier die Grenze zu ziehen, von der man aus erkennen kann, wann es zu viel des Guten wird.

Beispiel

Ein Beispiel hierfür ist der Fall, wenn jemand, der in seiner Freizeit mit dem Malen beginnt, um einen Ausgleich zur Arbeit zu finden, sehr schnell zu überlegen beginnt, wo er die Bilder verkaufen kann o.ä.

Das macht den Suchtcharakter deutlich: Ein Hobby kann *nicht* mehr um seiner selbst genossen werden, sondern muss durch einen »Erwerbscharakter« mit einer Berechtigung versehen werden.

Typisch für *Workaholics* ist also, dass zunehmend nur noch das Sinn macht, was unter Arbeit fällt, anderes wird als sinnlos oder wertlos angesehen. Es ist also weniger der Stellenwert der Arbeit im Leben das Bedenkliche, als vielmehr die Tatsache, dass die Arbeit zum alles bestimmenden Element des Lebens werden kann.

Arbeitssucht wird erstaunlicherweise von den Betroffenen erst dann bemerkt, wenn die Folgen überdeutlich werden, so dass auch sie nicht mehr daran vorbeischauen können.

Und mögliche Folgen gibt es viele: Eine angeschlage- **Beispiel** ne Gesundheit durch die chronische Überarbeitung und Selbstausbeutung, dauerhafte Stresssymptome, Erschöpfung, Burnout, ein Gefühl der Überforderung und der Eindruck, immer weniger wirklich gewachsen zu sein, eine immer geringer werdende Leistungsfähigkeit, mangelnde Konzentration und Aufmerksamkeit, Vernachlässigung von Familie, Freunden und anderen Aktivitäten, Verlust von sozialen Kontakten, Einsamkeit, Isoliertheit, Schwinden des Interesses am Leben und damit Schwinden der Lebensfreude u.ä. (vgl. /Seiwert 02, S. 27/).

Der erste Schritt ist – wie so oft – Einsicht. Sich selbst ein- **Einsicht** zugestehen, dass man zu viel arbeitet, ist für Betroffene unendlich schwer. Genau das macht nun einmal das Wesen eines suchtähnlichen Phänomens aus. »So viel arbeite ich doch gar nicht.« »So viel ist es doch gar nicht.« »Letzte Woche habe ich kaum Überstunden gemacht.« »Ich arbeite nur das Nötigste, du übertreibst maßlos.« »Es muss ja schließlich gemacht werden, die Arbeit erledigt sich ja nicht von selbst.«

Das alles sind Sätze, die vor allem Angehörige hören, wenn sie den Betroffenen auf sein Arbeitspensum ansprechen. Auch vor sich selbst wird derjenige unzählige Entschuldigungen, Beschwichtigungen und Ausreden finden. Je nach Leidensdruck und Persönlichkeit wird der eine früher, der andere später erkennen, dass er betroffen ist. Ohne sich selbst ehrlich einzugestehen, dass man zum **Workaholic** geworden ist, wird man kaum etwas verändern.

Burn-out-Syndrom

Dieser erste, und dabei vielleicht schwierigste Schritt, eröffnet aber erst den Weg zu Veränderungen.

Arbeitssucht kann zum Burn-out-Syndrom führen (engl. *to burn out* = ausbrennen). Dahinter verbirgt sich die totale Erschöpfung von Körper und Geist.

Stress

Der Vorläufer hiervon ist regelmäßiger Stress. Wenn Sie Anzeichen dafür an sich selbst bereits bemerken, sollten Sie Ihr bisheriges Lebenskonzept umgehend überprüfen. Ständiger Zeitdruck und lang andauernder Stress sind pures Gift für Körper und Seele. Befindet sich Ihre Balance über einen längeren Zeitraum im Ungleichgewicht, weil Hektik und Zeitdruck Ihnen keinen Raum zum Ausgleich lassen, drohen gesundheitliche Störungen. Jeder Mensch reagiert unterschiedlich auf negativen Stress. Während bei aufbrausenden und nervösen Menschen das Blut unter Hochdruck durch die Adern jagt und sie schlimmstenfalls einen Herzinfarkt erleiden, schlägt Stress denjenigen auf den Magen, die Ärger und Frust immer herunterschlucken. Auch Darmprobleme können hinzukommen. Ein anderer Stresstyp kämpft mit Heißhungerattacken: Das Übergewicht zieht Bluthochdruck, Arteriosklerose und Diabetes magisch an. Wer Genussmittel im Übermaß konsumiert, um auf diese Weise vermeintlich den Belastungen zu trotzen, ist nicht weniger gefährdet. Die Folgen von Nikotin- und Alkoholgenuss sind weitläufig bekannt und müssen an dieser Stelle nicht weiter erläutert werden.

So unterschiedlich die individuellen Reaktionen auf Stress auch sein mögen, eins steht fest: Immer mehr Menschen erkranken, weil sie mit den Überforderungen von Doppel- und Dreifachbelastung nicht fertig werden. Sie haben das Gefühl, ständig gehetzt zu werden und wie ein Hamster im Laufrad immer den gleichen Trott ohne Fortschritte und Erfolge gehen zu müssen. Irgendwann ist dann der Punkt erreicht, an dem die Kraft fehlt, eigenverantwortlich den Teufelskreis zu durchbrechen. Eine große körperliche und seelische Erschöpfung hat bereits lange zuvor begonnen.

»Wenn Du so wie bisher weitermachst ... ohne Dir etwas für Dich vorzubehalten ... Dein ganzes Leben und Erleben völlig ins Tätigsein verlegst und keinen Raum mehr für die Besinnung vorsiehst ... wie kannst Du voll und echt Mensch sein, wenn Du Dich selbst verloren hast?«
(Bernard von Clairvaux in einem Brief an Papst Eugen III, im Jahre 1150 /Geißler 06, S. 65 f./)

4 Die vier Lebensbereiche *

Erfolg zeigt sich nicht nur im beruflichen Bereich. Um zufrieden zu sein, gesund zu leben und der eigenen Verantwortung anderen gegenüber gerecht zu werden, müssen auch die anderen Lebensbereiche in das eigene Selbstmanagement einbezogen werden. Ziel sollte ein ausgewogenes Verhältnis zwischen den Lebensbereichen Beruf, Familie, sonstige soziale Kontakte und der Beachtung des eigenen Ichs sein.

Erfolg ist das was eintritt, wenn man erreicht, was man erreichen wollte.

was ist Erfolg?

Erfolg bedeutet also das Erreichen von Zielen. Die Höhe des Erfolges hängt ab von der Höhe der ursprünglichen Erwartung und dem Grad der Zielerreichung. Je anspruchsvoller die eigenen Ziele sind und je mehr von Ihnen in der Praxis umgesetzt werden konnten, desto stärker nimmt man den Erfolg war und desto zufriedener ist man.

Soll Erfolg aber immer an beruflichen Kategorien, an der Erreichung von Kennzahlen oder sonstigen betriebswirtschaftlichen oder verwaltungstechnischen Zielen oder am eigenen beruflichen Aufstieg festgemacht werden? Natürlich ist nichts dagegen einzuwenden, wenn man den eigenen Lebensschwerpunkt in die berufliche Tätigkeit gelegt hat. Die meisten Menschen, die sich mit dem Thema des Selbst- und Zeitmanagements befassen, suchen ja gerade für ihren Arbeitsalltag nach entsprechenden Instrumenten, um hier noch erfolgreicher sein zu können.

Ein Erfolg in einem der Lebensbereiche – wie dem der Berufswelt – hat aber immer einen Preis.

der Preis des Erfolgs

Beispiel Wenn Sie sehr viel arbeiten, werden Sie i.d.R. weniger Freizeit haben. Andererseits: Wollen Sie viel Zeit mit Ihrer Familie, Ihren Freunden oder in Ihrem Hobby verbringen,
müssen Sie möglicherweise Ihre berufliche Karriere zu-
rückstellen.

Die Frage ist also, *wo* Sie Erfolg haben wollen, wo es Ihnen
also wichtig ist, Ihre Ziele zu verwirklichen. Dies hat auf der
einen Seite mit Entscheidungen hinsichtlich Ihrer Interes-
senlagen zu tun, auf der anderen Seite gehört die Beachtung
verschiedener Lebensbereiche auch zur ausgewogenen und
gesunden Lebensführung. Sie verringert Stress und erleichtert das Setzen von Prioritäten. Die Summe der Erfolgserlebnisse in den wichtigen Lebensbereichen ist die Basis für das
menschliche Selbstwertgefühl. Misserfolg – also die Nichter-
füllung von Bedürfnissen – kann zur Frustration führen.

Die Vier Lebensbereiche
Wie bereits oben angedeutet, spielen auch andere Lebensbereiche in die eigene allgemeine Zufriedenheit hinein.

Beispiel Wer Kummer zu Hause hat, kann dadurch Schwierigkeiten haben, sich während der Arbeit zu konzentrieren. Wer
im Berufsalltag überfordert ist, kann möglicherweise auch
zu Hause nicht »abschalten« oder überträgt seinen beruflichen Stress gar auf die Familie. Es fällt heutzutage vielen
Menschen schwer, ein ausgewogenes Verhältnis zwischen
Leben und Beruf zu finden, wobei es selbstverständlich
nicht immer leicht ist, die Anforderungen des Jobs mit den
eigenen Bedürfnissen und denen der Familie in ein ausgewogenes Verhältnis zu setzen.

 Trotzdem, oder gerade deshalb, setzen Konzepte, wie das
sogenannte *Work-Life-Balance* genau hier an. Es geht darum,
die wesentlichen Bereiche, die den Menschen und sein Leben

ausmachen zu identifizieren und im eigenen Lebenskonzept angemessen zu würdigen.

Den meisten Menschen ist ja bereits bewusst, dass sie eigentlich mit ihrem Leben noch etwas anderes anfangen wollen, als ausschließlich zu arbeiten. Hierzu ein Zitat von dem US-amerikanischen Zeitmanagementexperten Steven R. Covey:

»Wer bedauert auf dem Sterbebett, dass er nicht mehr Zeit im Büro verbracht hat?«

Interessanterweise ergab übrigens eine Untersuchung von hochbegabten Pensionären, die alle ein sehr erfolgreiches Wirtschaftsleben hinter sich hatten, dass diese im nachhinein die Befriedigung, die sich für sie aus einer Partnerschaft und einer Familie ergeben hatte, häufig höher bewerteten als die Befriedigung, die sich aus der Berufsausübung ergab (vgl. /Kitzmann 94, S. 62/).

Seit Jahren beobachten Sozialwissenschaftler einen tiefgreifenden Wandel in der Einstellung zur Arbeit und zum Leistungsdruck. Alternative Arbeits- und Lebensformen werden gewählt, und auch immer mehr Unternehmen kommen den Wünschen ihrer Mitarbeiter nach einer anderen Lebenszeitnutzung durch Konzepte wie *Work-Life-Balance* und konkret mit »Arbeitszeitkonten« und »Sabaticals« entgegen (vgl. /Kitzmann 94, S. 71/ und /Asgodom 02, S. 16/).

Natürlich sollte der ausgeübte Beruf interessant sein, wenn man sich dort engagieren will, aber auch die Familie und die Freunde sollen zu Ihrem Recht kommen. Dabei geht es nicht nur um Freizeitgestaltung, um Erholung und Genuss sondern auch um den Wunsch, das eigene Leben in seiner ganzen Vielfalt in den Griff zu bekommen – es zu gestalten. Selbstbestimmung und Individualität haben nach wie

Lebens-
gestaltung

vor eine erhebliche Bedeutung für die Lebensgestaltung, wie zahlreiche Studien belegen.

Mittlerweile gibt es zahlreiche verschiedene Ansätze, Lebensbereiche im Sinne des *Work-Life-Balance* zu definieren und darzustellen. Die Bereiche, die sich für mich als die für die aktive und nachhaltige Lebensgestaltung wichtigsten herauskristallisiert haben, sind der »Beruf«, die »Familie«, die »sonstigen Sozialkontakte« und das eigene »Ich« (siehe Abb. 4.0-1).

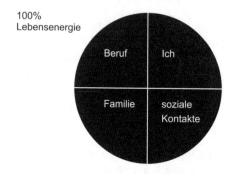

Abb. 4.0-1: Die vier Lebensbereiche.

die Berücksichtigung anderer Sichtweisen

In Ergänzung aber auch in gewisser Abgrenzung zu anderen Konzepten habe ich diese vier Bereiche gewählt, weil hier immer **Personen oder Institutionen zu beachten** sind, denen gegenüber man ein gewisses Maß an **Verantwortung** hat (vgl. dagegen die Aufteilung bei /Seiwert 02, S. 22 ff./, bei /Peseschkian 06, S. 110 f./ und bei /Frädrich 05, S. 19 ff./ sowie das Rollenkonzept von /Streich 06b, S. 131/).

Offenbare Verantwortung gegenüber den Anderen macht Planungen i.d.R. verbindlicher. Im Beruf ist es die Verantwortung gegenüber dem Unternehmen als Institution, dem jeweiligen Vorgesetzten, den Kollegen, den unterstellten Mitarbeitern, den Kunden (und natürlich allen anderen beruflichen *Stakeholdern* gegenüber, mit denen man je nach Hierarchiestufe und Funktion zu tun hat, wie Lieferanten, Sponsoren, Pressevertretern, *Shareholder* etc.).

Im Bereich der Familie ist es vor allem die Verantwortung gegenüber dem Ehepartner, den Kindern und den eigenen Eltern. Im sonstigen sozialen Bereich kommen Verantwortlichkeiten in den Beziehungen zu Freunden, Bekannten, Nachbarn und Vereinskameraden hinzu.

Auch dem eigenen Ich sollte man sich verantwortlich gegenüber fühlen. Hier geht es um die angemessene Behandlung der eigenen Psyche, der eigenen Werten, der körperlichen Verfassung und der Gesundheit, und letztlich geht es um Fragen nach dem Sinn des Lebens, nach zukünftigen Lebenszielen und -konzepten, was z.b. die aktuelle Frage, wie das eigene Selbstmanagement zukünftig beschaffen sein soll, einschließt (vgl. /Streich 06a, S. 52 ff./).

Der weitere wesentliche Vorteil der vorgenommenen Einteilung in diese vier Bereiche ist der, dass sich hier immer auch Ressourcen finden lassen, die für die Überwindung des »Inneren Schweinehundes« als Helfer, Förderer und »Erinnerer« aktiviert werden können. Wie bereits gesagt, ist es nicht leicht, schnell grundsätzliche Verhaltensänderungen herbeizuführen und durchzuhalten. »Hilfe von außen« ist dann immer willkommen. Nicht umsonst werden für solche Prozesse im Unternehmensbereich Berater als »*Changemanager*« engagiert. Im persönlichen Bereich sind es dann Trainer, Coaches und Therapeuten, die solche persönlichen Veränderungsprozesse begleiten bzw. diese für die Nachhaltigkeit der Wirkung begleiten müssen.

Vorteile der Betrachtungsweise

4.1 Aktuelle Gestaltung der vier Lebensbereiche *

Für die vier einzelnen Lebensbereiche sollte geprüft werden, inwieweit die derzeitige Situation zufriedenstellend erscheint oder eher nicht. Wo liegen Prioritäten und wo Gefahren, wo haben sich Nachlässigkeiten und Überbetonungen eingeschlichen?

Der berufliche Bereich

 Mit Ihrer beruflichen Tätigkeit verdienen die meisten Menschen ihren Lebensunterhalt. Er hat daher eine hohe Priorität im Leben. Zum beruflichen Bereich gehören die Beziehungen zu Mitarbeitern, Kollegen, Vorgesetzten, Kunden, Lieferanten usw.

Leistung Der Bereich wird bestimmt vom Leistungsbegriff. Es geht um die Erreichung von wirtschaftlichen und anderen Zielen, um die Effizienz und Effektivität der Arbeit, um die eigene Arbeitsorganisation und um die Art der Mitarbeiterführung. Es geht aber auch um das Arbeitsklima, um die eigene Arbeitsmoral, um den Grad der eigenen Identifikation mit dem Beruf und die Integration in das jeweilige Arbeitsteam. Natürlich brauchen Sie einen Job, der zu Ihnen passt und der Ihnen Freude bereitet. Die Arbeitszeit ist schließlich ein großer Teil Ihrer Lebenszeit und soll gut genutzt werden. Allerdings werden Sie nicht täglich Ihr Bestes geben können, wenn Sie um jede Minute Freizeit kämpfen müssen.

Zur beruflichen Bereich gehört aber auch die Frage nach der Entlohnung. Mit dem Gehalt müssen die eigenen Ausgaben bestritten werden – die monatlichen und die langfristigen, wie die zusätzliche Altersvorsorge, das Eigenheim, den Zahnersatz.

Auch die Frage der Arbeitsbelastung gehört in den beruflichen Bereich: Burn-out-Syndrom und ständiger Stress samt Magengeschwür sind nach wie vor in vielen Unternehmen und Branchen zu beobachten. Ansätze, wie das o.g. *Work-Life-Balance* (»Die vier Lebensbereiche« (S. 39)) oder das von US-amerikanischen Forschern geprägte Prinzip *»Downshifting«* (= herunterfahren) sollen für eine ausgeglichenere Arbeitsbelastung sorgen, denn man hat herausgefunden, dass ein Mensch, der ständig gefordert wird, letztlich weniger leistet als jener, der seine Ressourcen schont.

Arbeitsbelastung

Wichtige Fragen für den Lebensbereich Beruf sind:

☐ Sind Sie allgemein mit Ihrem Beruf zufrieden?
☐ Haben Sie Ihren Beruf freiwillig gewählt (oder wurden Sie »hineingezwungen« / oder war nichts anderes da)?
☐ Sind Sie mit Ihrem Karriereverlauf zufrieden?
☐ Arbeiten Sie nur, um Geld zu verdienen oder ist Ihr Beruf auch Sinnerfüllung und »Berufung«?
☐ Kennen Sie die (übergeordneten) Ziele Ihrer Tätigkeit?
☐ Sind Ihre Ziele mit Ihren Kollegen, Ihren unterstellten Mitarbeitern und Ihrem Chef abgestimmt?
☐ Nutzen Sie Ihren Entscheidungsspielraum?
☐ Interessieren Sie sich für die Aufgaben, die Ihnen gestellt werden?
☐ Planen Sie Ihre Aufgaben?
☐ Haben Sie jederzeit einen Überblick über anstehende Aufgaben?
☐ Setzen Sie regelmäßig die richtigen Prioritäten?
☐ Erledigen Sie Ihre Aufgaben immer rechtzeitig?
☐ Haben Sie Konflikte im beruflichen Bereich?
☐ Werden Sie über- oder unterfordert?
☐ Machen Sie regelmäßig Überstunden?
☐ Arbeiten Sie regelmäßig an den Wochenenden?
☐ Geraten Sie öfter unter Druck?

☐ Schieben Sie Aufgaben vor sich her?

☐ Erhalten Sie oft Rückfragen oder Reklamationen? (vgl. auch /Leicher 06, S. 76/)

Familie

Die Familie besteht aus den engsten Verwandten: dem Partner, den Kindern, Eltern und den Geschwistern. Hinzu kommen die Großeltern, Tanten und Onkels. Für Führungskräfte spielt die Familie eine Schlüsselrolle für die Frage, ob sie sich genügend Zeit für die lebenswichtigen Aspekte ihres Daseins lassen. Oft ist es so, dass der Haussegen schief hängt, weil der beruflich sehr engagierte Partner nur noch zum Schlafen heimkommt.

glückliche
Familie

Hier sollte man sich fragen, was denn eine »glückliche Familie« ausmacht, wenn dies als ein erstrebenswerter Zustand angesehen wird (was wohl kaum jemand verneinen wird). Was bedeutet es, ein guter Vater/ eine gute Mutter zu sein? Welche Tätigkeiten und welcher Zeitaufwand stehen hinter der Aufgabe, seine eigenen Kinder auf das Leben vorbereiten zu wollen? Was bedeutet eigentlich ein »ordentliches Zuhause« zu haben.

Fragen für diesen Bereich sind:

☐ Haben Sie eine glückliche Familie?

☐ Nehmen Sie Rücksicht auf die Familie?

☐ Haben Sie genug Austausch mit Ihrem Lebenspartner?

☐ Unternehmen Sie gemeinsame Freizeitaktivitäten mit Ihrem Lebenspartner?

☐ Haben Sie einen guten Kontakt zu Ihren Kindern, und wissen Sie, wofür sich Ihre Kinder interessieren?

☐ Nehmen Sie sich regelmäßig Zeit für Familienaktivitäten?

☐ Legen Sie Wert auf einen offenen Meinungsaustausch innerhalb der Familie/der Partnerschaft?

☐ Wie ist das Verhältnis zu den weiteren Verwandten?

Sonstige Sozialkontakte

Neben der Familie gibt es das weitere soziale Umfeld, welches aus Freunden und Bekannten besteht. Dieses Umfeld wird auch dadurch bestimmt, wie und wo man lebt (Nachbarn) und wie man seine Freizeit verbringt (Vereinskollegen).

Auch hier stellt sich die Frage, inwieweit die bestehenden Kontakte gepflegt werden und was passiert, wenn man es (z.B. zugunsten des beruflichen Bereiches) nicht mehr tut. Die Sozialkontakte haben eine ausgleichende Funktion, auch wenn nicht alle Menschen gleichermaßen für Sie wichtig sein werden. Selbst- und Lebensmanagement bedeutet jedoch auch, bewusst Zeit für die Pflege der bestehenden Beziehungen einzuplanen, die Ihnen besonders am Herzen liegen.

Kontaktpflege

Fragen Sie sich für diesen Bereich:

☐ Haben Sie ein gutes soziales Umfeld?
☐ Welche Menschen sind Ihnen wichtig und wie viel Zeit verbringen Sie mit ihnen?
☐ Welche Bedeutung haben Sie selbst für das Leben anderer? Welchen Nutzen stiften Sie für andere?
☐ Haben Sie Freunde, auf die Sie sich verlassen können?
☐ Haben Sie genügend Bekannte?
☐ Leben Sie gerne dort, wo Sie leben?
☐ Mit welchen Menschen gestalten Sie Ihre Freizeit am liebsten?
☐ Sind Sie kontaktbereit und gesellig?
☐ Haben Sie möglicherweise Ängste, Vorurteile oder Aggressionen gegenüber einzelnen Personen oder Gruppen?
☐ Haben Sie oder Ihr (Ehe-)Partner gerne Gäste im Haus?
☐ Nehmen Sie sich genug Zeit für Ihre Freunde?
☐ Planen Sie mit Ihren Freunden und Bekannten feste Termine ein, die Sie auch einhalten?

□ Sind Sie auch für andere da, wenn Sie gebraucht werden?

□ Versuchen Sie Menschen, die Ihnen nicht gut tun, aus dem Weg zu gehen?

Ich

Körper, Seele und Geist

Das Ich umfasst ein ganzes Bündel von Einstellungen und Gegebenheiten, die das eigene Wesen körperlich, seelisch und geistig ausmachen. Es geht um den Umgang mit der eigenen Psyche, den eigenen Werten, der körperlichen Verfassung und der Gesundheit. Auch Fragen der Religiosität, nach Lebenssinn und nach den eigenen Lebenszielen gehören hierzu. Viel zu oft kommt bei beruflich sehr eingespannten Menschen, die unter Stress stehen, das eigene Ich zu kurz und die Auswirken zeigen sich dann oft sowohl im körperlichen (Magengeschwür) als auch im seelischen (Depressionen) und geistigen Bereich (Unkonzentriertheit).

Fragen für diesen Bereich sind:

□ Wer sind Sie und wozu sind Sie da?

□ Was ist der Sinn Ihres Lebens? Welche Bedeutung hat für Sie das Leben?

□ Welche Werte haben Sie?

□ Leben Sie nach Ihren Werten oder müssen Sie dauernd Kompromisse eingehen und sich »verbiegen«?

□ Welche konkreten Ziele verfolgen Sie in Ihrem Leben?

□ Sehen Sie persönliche Entwicklungsmöglichkeiten?

□ Nehmen Sie sich ausreichend Zeit für körperliche Bedürfnisse wie Schlaf, Nahrung, Bewegung und Sport, Sexualität, Körperkontakt und Gesundheit?

□ Nehmen Sie sich ausreichend Zeit für geistige Bedürfnisse wie Ästhetik, Sinn- und Wertfragen, Religion und Weltanschauung?

□ Welche Beziehung haben Sie zum musischen Bereich: Kunst, Malerei, Musik und Literatur?

□ Welchen Hobbys gehen Sie nach?

☐ Wie steht es um Ihre Gesundheit?

☐ Schlägt sich Ihr Ärger auf die Organe nieder?

☐ Haben Sie ungesunde Essgewohnheiten, verbunden mit Gewichtszunahme oder -abnahme? Neigen Sie zu erhöhtem Genussmittelkonsum, zum Beispiel Alkohol oder Zigaretten?

☐ Brauchen Sie regelmäßig »Muntermacher«?

☐ Bewegen Sie sich ausreichend?

☐ Gehen Sie regelmäßig einer Sportart nach?

☐ Schlafen Sie ausreichend?

☐ Fehlt Ihnen häufig die Selbstdisziplin und lassen Sie sich gehen?

1 Welchen wesentlichen Erkenntnisgewinn brachte mir der vorliegende Text?

2 Welche Schlüsse ziehe ich aus dem Gelernten für meine Situation?

3 Was werde ich in der Zukunft anders machen?

Coaching

4.2 Ausgleich der Lebensbereiche *

Der Ausgleich der eigenen Lebensbereiche beruht auf ganz persönlichen Vorstellungen vom Erfolg. Es ist wichtig, sich ganz persönlich darüber im Klaren zu werden, welche Aufteilung der vier Lebensbereiche das eigene Leben bestimmen soll und wo die Prioritäten liegen müssen. Hierzu müssen Sie sich die eigenen Lebensprioritäten bewusst machen und über etwaige konkurrierende Prioritäten anderer nachdenken.

Ideal wäre es, wenn Ihre vier Lebensbereiche in einem stimmigen Verhältnis bezüglich des eigenen inneren Engagements zueinander stehen würden. Es wird nämlich deutlich, dass alle vier zusammenspielen, sich ergänzen und ineinan-

stimmiges Verhältnis der Lebensbereiche

der wirken. Sie geben Energie, nehmen aber natürlich auch unsere Energie in dem Maße in dem sie zueinander gut ausbalanciert sind (vgl. /Sieck 04, S. 20 ff./).

Allerdings wird unser Kulturkreis eher durch die Leistungsgesellschaft dominiert. Sehr viele Menschen arbeiten zu viel und haben zu wenig Zeit zum Leben. Familie, Freunde, die eigene Gesundheit, Hobbys, Zeit zum Nachdenken und für die Entspannung bleiben oft auf der Strecke. Sie sind jedoch notwendig, um neue Energie aufzutanken. Die Überbetonung des Leistungsstrebens im Beruf zieht verschiedene Wechselwirkungen in den anderen Lebensbereichen nach sich.

Beispiel

So ist zu beobachten, dass in Fällen, in denen der Beruf überbewertet wird, zunächst die Freizeitgestaltung und die Freundschaften leiden: Hobbys werden nicht mehr ausgeübt, die Freunde nicht mehr angerufen oder eingeladen. Danach ist i.d.R. die Partnerschaft dran und schließlich die Familie, selbst wenn diese sich versuchen zu wehren. Schleichend müssen Bestandteile des Ichs dran glauben, und dieser Prozess gipfelt schließlich in körperlichen Erscheinungsformen, wie Erschöpfungszuständen, psychosomatischen Störungen und Krankheiten. Eine Folge der verlorengegangenen psychischen und physischen Stabilität kann die rapide Abnahme der eigenen Leistungsfähigkeit sein, was wiederum zur vermehrten Anstrengung im Berufsbereich und damit zu einer weiteren Verschärfung des persönlichen Ungleichgewichtes führen kann. Es kann Ihnen natürlich auch passieren, dass Sie eines Morgens aufwachen und Ihr gesamtes bisheriges Leben, die tägliche Jagd nach dem beruflichen Erfolg und den ständigen Kampf gegen die Zeit grundsätzlich in Frage stellen (vgl. /Kitzmann 94, S. 21 ff./).

Auch ein Extrem in anderen Bereichen kann fatale Folgen haben: Der nur noch nach Sinn Suchende, der sich permanent auf dem »Bewusstseins-Trip« befindet, kann geistig und seelisch in einer Sackgasse oder in dubiosen Sektengemeinschaften enden.

Wer sich komplett ins Privatleben zurückzieht und den Beruf vernachlässigt, lebt genauso wenig ausgeglichen. Gerade Frauen, die anlässlich einer Schwangerschaft den Beruf aufgegeben haben, um sich ganz den Kindern zu widmen, erkennen oft nach einiger Zeit, dass diese Rolle allein sie nicht zufrieden macht. Die Folgen können von latenter Unzufriedenheit bis zu ständigen schwerwiegenden Konflikten mit dem Partner reichen.

Beispiel

Es muss noch darauf hingewiesen werden, dass die Grenzen zwischen den vier Lebensbereichen im Alltag fließend sein können. Vielfältige Verwerfungen und Überschneidungen machen es zuweilen schwer, die Bereiche eindeutig auseinander zu halten.

fließende Grenzen zwischen den Lebensbereichen

So gibt es Menschen, die Ihr persönliches Hobby zum Beruf gemacht haben. Diese Menschen verwirklichen sich selbst im Beruf; die Gefahr besteht jedoch, dass durch den Spaß an der Arbeit, die beiden anderen Lebensbereiche komplett ausgeblendet werden. Andere Beispiele für die genannten Überschneidungen sind Berufskollegen, die man gleichzeitig als Freunde betrachtet oder Leistungssportler, bei denen Beruf und Teile des Ichs miteinander verschmelzen.

Beispiel

Sie können sich die vier Bereiche auch als ein **Kleeblatt** vorstellen: Wenn alle vier Blätter dieses Kleeblattes – also die vier Lebensbereiche – harmonisch angeordnet sind, sollten Sie Ihr Kleeblatt als einen Glücksbringer betrachten. Sollten Sie sich allerdings immer nur auf einen oder zwei Bereiche konzentrieren und dafür andere vernachlässigen, wird das Kleeblatt zwar ein oder zwei sehr große Blätter haben, von Lebensglück fehlt dann aber jede Spur.

Der Schlüssel zum Erfolg liegt also in der quantitativen und qualitativen Zeit- und Energie-Balance zwischen allen vier Lebensbereichen.

 Nehmen wir nun einmal an, die Summe aller vier Lebensbereiche betrage 100 Prozent. Versetzen Sie sich jetzt gedanklich in Ihre Lebenssituation; d.h. betrachten Sie nicht die Wunschsituation, sondern die tatsächliche Ist-Situation (siehe Abb. 4.2-1). Wie viel Prozent Ihrer Energie und Ihrer Prioritäten widmen Sie dem beruflichen Bereich? Wie viel Prozent investieren Sie in den Bereich Familie? Wie viel Prozent widmen Sie dem Bereich sonstige Sozialkontakte und zu wie viel Prozent beschäftigen Sie sich mit dem Bereich des »Ich«? (vgl. /Asgodom 02, S. 122 ff./)

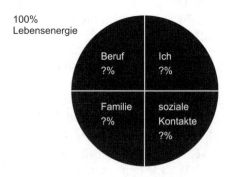

Abb. 4.2-1: Wie ausgeprägt leben Sie Ihre Lebensbereiche?

 Wenn Sie Ihre derzeitige Aufteilung vergegenwärtigt haben, lade ich Sie zu einer weiteren kleinen Aufgabe ein, die der Reflexion dienen soll (siehe Abb. 4.2-2). Sie sehen hier einen Glasbehälter. Dieser ist mit großen Steinen und kleineren Steinen (Granulat) gefüllt worden. Wie Sie sehen, ist der Behälter übervoll. Die großen Steine schauen über den Rand hinaus.

Abb. 4.2-2: Wie passen die großen Steine in die Schale?

Was müssen Sie tun, damit alle Steine, die großen und die kleinen hineinpassen?

Richtig, Sie müssen zuerst die großen Steine in den Behälter befördern und dann erst die Kleineren, so dass letztere sich zwischen den großen verteilen können (siehe Abb. 4.2-3).

Was bedeutet das für Ihre Lebensbereiche? Stellen Sie sich vor, der Glasbehälter ist Ihre zur Verfügung stehende Lebenszeit und die großen Steine sind jeweils die großen wichtigen und die vielen kleinen die oft unwichtigeren Dinge, die es zu tun gibt.

Was sind die großen Steine in Ihrem Leben? Ihre Träume, Ihr beruflicher Erfolg, Ihre Kinder, Ihr Partner, Ihre Gesundheit, Zeit für sich selbst? Welche großen Steine finden Sie derzeit in Ihren einzelnen Lebensbereichen? Was ist wich-

die großen
Steine im Leben

Abb. 4.2-3: Die Lösung: erst die großen, dann die kleinen Steine.

tig und was unwichtig? Denken Sie daran, immer zuerst die großen Steine in Ihr Leben zu bringen!

Gibt es aktuell viele unwichtige Dinge, die dafür sorgen, dass die Ihnen wichtigen Dinge zurzeit nicht mehr in Ihr Leben passen? Welche Prioritäten sollten Sie setzen und mit welchen großen Steinen in Ihren Lebensbereichen sollten Sie beginnen sich zu beschäftigen?

 Schauen Sie sich nun noch einmal Ihre Aufteilung an. Sind Sie damit zufrieden? Überlegen Sie in einem weiteren Schritt, wie die Aufteilung in drei, in fünf und in zehn Jahren aussehen wird, wenn Sie (jetzt) nichts verändern.

Der nächste Schritt wäre es, sich zu überlegen, wie die Aufteilung nach Ihren Wünschen aussehen sollte. Wie viel Prozent sollen die vier Lebensbereiche in naher und ferner Zukunft haben? Patentrezepte hierfür gibt es nicht und kann es nicht geben, da Menschen unterschiedlich sind, unterschiedliche Prioritäten und eigene Vorstellungen vom Erfolg haben. Für den einen ist es das höchste Glück, wenn er zu Hause mit seinen Kindern spielt, der andere fühlt sich überglücklich, wenn er berufliche Projekte vorantreiben kann, andere wiederum finden ihre Befriedigung in der Erledigung von Routineaufgaben und wieder andere, wenn sie jeden Abend einen Spaziergang mit dem Partner machen können.

Prinzip Selbstverantwortung

Trotz der Unterschiede in den Vorstellungen von einem ausgeglichenen Leben gibt es grundsätzliche Ansätze, wie der Einzelne seine Lebensbereiche ausbalancieren kann. Die erste wesentliche Voraussetzung hierfür ist die Selbstverantwortung. Die Balance für Ihr Leben fällt nicht vom Himmel. Sie können und müssen sie selbst (wieder-)herstellen. Damit einher geht die Vorstellung, dass man sein Leben und seine zukünftige Lebensgestaltung grundsätzlich selbst in der Hand hat.

Ihr bisheriger Lebensablauf beruht auf vielen eigenen persönlichen Entscheidungen und auch die augenblickliche Situation ist damit im Grunde frei gewählt. Deshalb kann sie auch wieder abgewählt werden. Trotz aller tatsächlichen oder vorgestellten Abhängigkeiten, Rahmenbedingungen und Sachzwängen ist Veränderung möglich.

eigene freie Entscheidungen

Natürlich gibt es Widerstände, die unüberbrückbar scheinen, oft ist aber auch nie der Versuch unternommen worden, diese vermeintlichen Widerstände einmal anzugehen. Ein schönes Sprichwort hierzu lautet:

»Nicht wie der Wind weht, sondern wie wir die Segel setzen, bestimmt wohin wir fahren.«

Versuchen Sie also, in Ihren jeweiligen Lebensbereichen auszuloten, wo Sie die Zustände zu Ihren Gunsten verschieben können. Wo müssen Sie mehr an die großen Steine für Ihr Leben denken? Wo sind Ihnen die Steine anderer im Weg? Wo müssen Sie mit den anderen über Ihre wichtigen Vorhaben sprechen, und wo müssen Sie etwas über die Zielvorstellung der anderen in Erfahrung bringen?

Tipp | **Beachten Sie: Die eigenen großen Steine ohne Rücksicht auf Verluste ins Rollen zu bringen wird Ihnen Ärger einbringen und Sie isolieren.**

Nach einer bekannten Spruchweisheit sollte das Ergebnis der Abstimmung in den Lebensbereichen zum Ziel haben, zu erkennen, was zu ändern und was hinzunehmen ist, das zu ändern, was zu ändern ist und das hinzunehmen, was nicht zu ändern ist.

Coaching **1** Welchen wesentlichen Erkenntnisgewinn brachte mir der vorliegende Text?
2 Welche Schlüsse ziehe ich aus dem Gelernten für meine Situation?
3 Was werde ich in der Zukunft anders machen?

4.3 Eigene Werte **

Mithilfe eines Wertesystems können Sie den roten Faden für Ihr Leben finden. Diese grundsätzlichen Werte lassen sich durch verschiedene kreative Übungen finden. Ein Leben, an persönlichen Werten orientiert, hat den Vorteil, dass Sie keine Ziele verfolgen, die Ihren Wertvorstellungen widersprechen.

was ist Ihnen wichtig? Eine weitere Voraussetzung zur Veränderung Ihrer Ist-Situation ist eine genaue Bewusstwerdung darüber, was

Ihnen wirklich wichtig ist. Viele Menschen können diese Frage nur schwer beantworten (vgl. /Dietze 04, S. 160/ und /Kitzmann 94, S. 15 ff./).

Es ist die Frage danach, warum man bestimmte Dinge besitzen möchte und von welchen Bedürfnissen das eigene Denken und Handeln gesteuert wird – es geht also um die Werte.

Vielleicht haben Sie bereits bemerkt, dass einige Dinge aus bestimmten Lebensbereichen nun schon seit längerer Zeit zu kurz kommen. Das Erkennen der für Sie wichtigen Gesichtspunkte innerhalb der jeweiligen Lebensbereiche und die Gewichtung der Lebensbereiche zueinander führt dazu, dass sich die für Sie wesentlichen Werte für Ihr Leben herauskristallisieren. Dabei ist die Ermittlung der eigenen Werte ein Vorgang, der Zeit erfordert. Diese grundsätzliche Frage kann man nicht eben mal zwischen zwei Terminen beantworten. Zur Beantwortung der Frage sollte man sich daher eine Auszeit nehmen, um sozusagen eine Vision vom künftigen Leben zu entwickeln. Bei der Entwicklung dieser Lebensvision sollten Sie sich nicht von vornherein selbst beschränken. Es spielt zunächst einmal keine Rolle, ob etwas auf den ersten Blick machbar und realistisch erscheint oder nicht. Viele große Leistungen und Karrieren in der Geschichte hätte es niemals gegeben, wenn sich alle Menschen von vornherein immer von diesem Gedanken hätten leiten lassen. Dies soll nicht heißen, dass alles machbar ist; aber man sollte nicht zu früh alle nur denkbaren Widrigkeiten antizipieren. Die Widerstände werden Sie noch früh genug erleben.

Ein gutes Instrument für die Entwicklung einer Lebensvision sind sogenannte **mentale Traumreisen.** In ihnen träumt man nicht mit »geschlossenen«, sondern mit »offenen« Augen und mit wachen Sinnen z.B. am eigenen Schreibtisch und schreibt dabei seine Gedanken und Assoziationen nie-

»mentale Traumreisen«

der. Mit dieser Suche nach Ihrer Vision unternehmen Sie eine Reise zu sich selbst (vgl. /Dietze 04, S. 162/).

»die Wunderfrage«

Als hilfreich für die Entwicklung der Vision hat sich auch die sogenannte **Wunderfrage** erwiesen. Mit der entsteht ein Bild der Lösung in der Zukunft, es zeigt sich, was man will und wie sich das Leben ändert, wenn eine Lösung bestehender Probleme eingetreten ist. Es zeigt auch Auswirkungen und Vernetzungen. Die Wunderfrage ist eine hypnotische Induktion eines Lösungszustandes.

Stellen Sie sich vor, Sie wachen morgens auf und über Nacht ist ein Wunder geschehen. Sie haben plötzlich die Lebenssituation, die Sie schon immer wollten. Woran werden Sie konkret erkennen, was sich geändert hat? »Was ist anders als vorher?« Lösen die Bilder, die vor Ihrem geistigen Auge entstehen, positive Gefühle in Ihnen aus? Sind sie so attraktiv, dass Sie sagen: »Ja, dafür lohnt es sich zu leben? Dann gehören sie auf jeden Fall zu Ihrer Lebensvision.«

»Wenn das Leben keine Vision hat, nach der man strebt, nach der man sich sehnt, die man verwirklichen möchte, dann gibt es auch kein Motiv, sich anzustrengen.« (Erich Fromm)

Regelmäßig wiederholte Traumreisen führen zur allmählichen Konkretisierung der Lebensvision, da im eigenen Kopf ein immer konkreteres und klareres Bild vom künftigen Leben entsteht. Aus diesem Bild lässt sich dann ableiten, was – bezogen auf alle vier Lebensbereiche – wirklich wichtig ist. Anschließend müssen Sie sich noch fragen, was Sie eigentlich tun müssen, damit Sie diese Situation erreichen? Hierzu gehört dann eine konkrete Zielsetzung, die sich auf bestimmte Teilbereiche und Zeiträume beziehen kann, eine konkrete Planung zur Zielerreichung und die Abstimmung mit den persönlichen Bezugspersonen im beruflichen und privaten Bereich.

Um mehr Zeit für die Familie zu haben, könnten Sie sich beispielsweise das Ziel setzen, Ihre Arbeitszeit bis zum nächsten Jahr um 10% zu reduzieren. Danach sollten Sie darüber nachdenken, wie Sie dies mit Ihrem Arbeitgeber und Ihren Kollegen abstimmen und wie Sie die gewonnene Zeit konkret mit Ihrer Familie nutzen wollen.

Beispiel

Für die Gewichtung Ihrer Ziele aus den jeweiligen Lebensbereichen sollten Sie ebenfalls strukturiert vorgehen.

Auch hierzu ein Instrument: Listen Sie Ihre Lebensziele auf und gewichten Sie diese dann mit Wertungen auf einer Skala von 1 (unwichtig) bis 15 (sehr wichtig). Für diese Einschätzung hinsichtlich der Wichtigkeit sollten Sie sich fragen, welche Ziele für Sie absolut unverzichtbar sind, was Sie wirklich unglücklich machen würde, wenn Sie es nicht bekommen oder erreichen könnten? Außerdem sollten Sie eine Vorstellung davon haben, bei welchen Zielen, die Ihnen zwar wichtig sind, es aber auch irgendwie gehen würde, wenn Sie sie nicht bekommen können. Letztlich wird es ggf. auch Ziele geben, die zwar anzustreben, letztlich aber trotzdem verzichtbar sind (siehe Tab. 4.3-1) (vgl. /Transfer 04, S. 8/ und /Kassorla 84, S. 12 ff./).

Mit dieser Bewertung kristallisieren sich Ihre wichtigsten Lebensprioritäten heraus. Dies sind die **»Lebens-Baustellen«**, in die Sie Ihre Energie setzen sollten.

»Lebens-Baustellen«

Eine andere – sehr praktische – Methode für die Wertefindung und die Ableitung von Zielen ist die bekannte **Übung »80ster Geburtstag«**. Auch diese Übung kann Ihnen dabei helfen, Ihr persönliches Wertesystem klarer zu erkennen. Sie schauen dabei aus anderen Perspektiven auf Ihr Leben. Hierzu sollen Sie sich die Situation Ihres eigenen 80sten Geburtstages vorstellen, bei dem es eine große Feier zu Ihren Ehren geben wird. Stellen Sie sich – ruhig bildlich – vor, wie Sie am

»80ster Geburtstag«

Lebensziele	Punkte
Viel Geld verdienen	
Spitzenposition im Berufsstand erreichen	
Stets die Beziehung zu Freunden pflegen	
Viel Zeit für die Beziehung zum Partner nehmen	
Viel Zeit mit der eigenen Familie verbringen	
Ein guter Vater sein	
Viele Traumurlaube machen	
Sehr auf die Gesundheit achten	
...	

Tab. 4.3-1: Lebensziele und Ihre Gewichtung.

Tisch mit Ihren Gästen sitzen und sich darüber freuen, dass so viele Menschen Ihrer Einladung gefolgt sind. Sie sind der Mittelpunkt des Tages. Die Gäste sitzen nach dem Festessen zufrieden und gesättigt da und vier von ihnen möchten nun eine kleine Rede zu Ihren Ehren halten, über Ihr Leben, über das, was Sie ausmacht und was Sie in ihrem Leben erreicht haben. Die vier Festredner, die wichtige Bezugspersonen sein sollten, können z.B. sein:

- Ihr Partner,
- Ihr Kind,
- ein guter Freund,
- ein Arbeitskollege oder Ihr Chef.

Wichtig ist jetzt, dass Sie sich überlegen müssen, was diese Personen über Sie sagen sollen. Was möchten Sie von diesen – Ihnen wichtigen – Personen hören? Dabei geht es also nicht um Ihr Einschätzung, was diese Menschen ggf. derzeit über Sie denken, sondern um eine Wunschvorstellung. Was möchten Sie von diesen Menschen an Ihrem Lebensabend hören? Was sollen sie von Ihnen denken, wenn Sie 80 Jahre alt sind? Schreiben Sie die Reden der von Ihnen gewählten vier Personen wörtlich auf. Gut wäre es, wenn Sie bei der Formulierung darauf achten, dass Ihre vier Redner Dinge ansprechen, die recht konkret beobachtbar oder erlebbar waren.

Beispiele

Statt z.b. für den Freund zu formulieren, »Er war hilfsbereit«, wäre die Aussage »Wenn ich in Not war, hat er sich Zeit für mich genommen und sich um mich gekümmert«, sehr viel konkreter.

Aus den aus den gemachten Aussagen gewonnenen Wertvorstellungen können Sie im Anschluss direkt (Lebens-)Ziele ableiten. So könnten Sie es sich – um im Beispiel zu bleiben – ganz konkret zum Ziel machen, hilfsbereit zu sein, indem Sie sich vornehmen, sich in der Nachbarschaftshilfe zu engagieren, oder ab jetzt der Hilfe für einen Freund höchste Priorität in Ihrer Terminplanung einzuräumen (vgl. /Sieck 04, S. 11 ff./).

Es gibt viele ältere Menschen, die auf Ihr Leben zurückschauen und sich dann wünschen, sie hätten in Ihrem Leben einiges völlig anders gemacht. Sie haben nun mit dieser Übung die Chance, die Weichen dafür zu stellen, ab morgen und mit 80 zufrieden und stolz auf sich und Ihr Leben sein zu können. Mithilfe eines Wertesystems können Sie den roten Faden für Ihr Leben finden. Sie schaffen selbst die Voraussetzungen, um Rückschläge und Krisen zu überwinden bzw. durch proaktives Handeln zu vermeiden. Der Vorteil der beschriebenen Zielableitung liegt darin, dass Sie in Ihrem Leben keine Ziele verfolgen, die Ihren Wertvorstellungen widersprechen.

Coaching

1 Welchen wesentlichen Erkenntnisgewinn brachte mir der vorliegende Text?

2 Welche Schlüsse ziehe ich aus dem Gelernten für meine Situation?

3 Was werde ich in der Zukunft anders machen?

5 Prioritäten bilden und Ziele setzen **

Menschen, die täglich versuchen, zu viel Arbeit in der zur Verfügung stehenden Zeit zu erledigen, setzen meist keine oder die falschen Prioritäten. Die genaue Unterscheidung, was wirklich wichtig und was (nur für andere) dringend ist, hilft bei der eigenen Prioritätensetzung und bei der effektiven und effizienten Zeitnutzung.

Sehen Sie sich die Abb. 5.0-1 mit den zwei Flaschen und dem Glas an und versuchen Sie die folgende Frage zu beantworten: Wie bekommen Sie den Inhalt der zwei Flaschen in das Glas?

Die Lösung lautet natürlich: Es geht nicht!

Was sollte diese Aufgabe? Die Flaschen stehen symbolisch für die Menge an Arbeit, die wir täglich zu erledigen haben, alle einzelnen Aufgaben. Das Inhaltsvolumen des Glases soll die verfügbare Zeit darstellen. Das ist genau die Situation, in der viele Menschen stehen: Es gibt immer mehr Aufgaben und Aktivitäten als wir zeitlich schaffen können.

Viele versuchen trotzdem den Flascheninhalt irgendwie in die Gläser zu bekommen also das Pensum eines 16-Stunden-tages in 10 tatsächliche Arbeitsstunden hineinzupacken, oder sie holen sich dann weitere Gläser hinzu, was dann i.d.R. Überstunden oder Nachtarbeit bedeutet. Außerdem nehmen sie sich diese Zusatzgläser (= Ihre Zeitreserven) i.d.R. aus Lebensbereichen, die selbst Ihre Ansprüche haben (Familie, Freunde etc.) Wenn dann das Arbeitspensum irgendwie geschafft wird, gibt es meist ein interessantes Phänomen. Plötzlich haben Sie noch mehr Aufgaben und Aktivitäten vor sich als vorher, weil diejenigen, die bemerkt

Abb. 5.0-1: Wie passt der Inhalt in das Glas?

haben, dass Sie es wieder irgendwie geschafft haben, Ihnen nun einfach weitere Arbeit übergeben. Je mehr man arbeitet, desto größer wird die Sogwirkung für noch mehr Arbeit.

delegieren und »Nein« sagen

Es gilt also andere Wege zu gehen: So kann man zum einen im übertragenen Sinne die Aufgaben (= die Flaschen) weggeben und von anderen erledigen lassen, wie z.B. Kollegen, unterstellten Mitarbeitern oder externen Dienstleistern. Dies nennt man dann »**delegieren**« (siehe hierzu das entsprechende Kapitel »Delegieren« (S. 206)).

Eine andere Möglichkeit ist es, eine der Flaschen einfach »zurückgehen zu lassen«. Das Prinzip dahinter heißt »**Nein sagen lernen**«. Es erbringt in der Regel den größten Zeitgewinn (siehe hierzu später das Kapitel »Zeit gewinnen durch

Nein sagen« (S. 192)). Zum Nein-sagen gibt es eine schöne alte chinesische Lebensweisheit, die lautet

»Wenn du loslässt, hast du zwei Hände frei.«

Eine dritte Möglichkeit ist die Frage an sich selbst, ob hier eigentlich die **richtigen Flaschen** stehen. Müssen Sie möglicherweise die Flaschen austauschen, um die wichtigen »Champagner-Aufgaben« machen zu können, während Sie vielleicht einige der unwichtigeren »Wasser-Aufgaben« stehen lassen sollten? Natürlich kann man nicht den ganzen Tag Champagner trinken. Auch das Tagesgeschäft muss erledigt werden. Trotzdem muss man sich immer wieder in Erinnerung rufen, was denn im Augenblick die wirklich wichtigen Aufgaben sind, und dabei ist zu bedenken, dass dringend *nicht* unbedingt auch wichtig bedeutet.

Prioritäten
setzen

Abb. 5.0-2: Die »Champagner-Aufgaben«.

Das wahre Kernproblem des Zeitmanagements liegt darin, dass man in der Dringlichkeit des Arbeitsalltags schnell in operative Hektik verfällt und so seine eigentlichen (Lebens-, Jahres-, Monats- und Tages-)Prioritäten leicht aus dem Auge verliert. Dabei sind die dringenden Angelegenheiten oft nur für andere dringend (vgl. /Seiwert 02, S. 20 ff./, /Koenig, Roth, Seiwert 01, S. 29 ff./ und /Kitzmann 94, S. 10 f./). Leider lässt man sich aber zu häufig dazu verleiten, die subjektive Dringlichkeitsannahme anderer widerstandslos zu übernehmen und sich zu eigen zu machen. Oft wollen die Anderen alles sofort oder – noch besser – schon vorgestern, und sie verstehen es gekonnt, uns hierfür einzuspannen. Man selbst versucht dann meist, die eigenen wichtigen Dinge irgendwann zu erledigen, wenn man Zeit dafür hat, mit dem Ergebnis, dass es dieses persönliche Zeitfenster doch nicht geben wird. Wichtigere Dinge fallen dann oft unter den Tisch: Strategische Planungen, Mitarbeiterführung, Kundenbindungsaktivitäten, Weiterbildung und Kontrollaktivitäten.

Auch das Bewusstsein für die eigenen, persönlichen Zielsetzungen kann dabei verloren gehen, weil man die Befriedigung aus der momentanen Erledigung bestimmter aktueller sichtbarer Vorgänge schöpft. Das menschliche Bewusstsein ist vermutlich so konstruiert, dass man sehr stark durch das, was man im Augenblick sieht und vor sich hat, beeinflusst wird. Der unmittelbare Sinneseindruck beschäftigt einen viel stärker als weitgesteckte Ziele, seien sie auch noch so wichtig (Das ist übrigens auch ein Grund dafür, warum dazu geraten wird, den Schreibtisch möglichst »frei« zu halten, außer dem, was gerade zu tun ist; denn alles was sich darauf befindet, lenkt von den wichtigen Aufgaben ab).

Ein weiteres Problem besteht in der Überbewertung von häufig nebensächlichen Vorgängen. Jeder wird schon einmal einem Mitarbeiter begegnet sein, der eine offenkundig nebensächliche Angelegenheit dermaßen aufgebauscht hat, dass man sich wirklich fragt, ob dabei noch die Relationen stimmen. Man neigt vermutlich in bestimmten Situationen dazu, sich so in einen Vorgang hineinzusteigern und ihn für so wichtig zu halten, dass man die bedeutungsmäßige Einordnung dieses Vorgangs gar nicht mehr einschätzen kann. Man sollte sich daher immer wieder die Frage stellen, welche Bedeutung es für die eigenen Ziele hat, was man im Augenblick tut.

»Menschen, die keine Zeit haben, wissen nicht genau, was sie wollen!« (Reiner Kreutzmann)

Prioritäten setzen

Priorisierungen werden i.d.R. nach den beiden Kriterien **Wichtigkeit** und **Dringlichkeit** durchgeführt.

Hierzu gibt es die berühmte Geschichte vom Waldarbeiter, der – mühselig damit beschäftigt einen Baumstamm mit der Säge zu zerteilen – von einem vorbeikommenden Spaziergänger darauf hingewiesen wird, dass er mit einer stumpfen Säge sägt. Als der Spaziergänger den Rat gibt, die Säge erst einmal zu schärfen, antwortet der Waldarbeiter, dass er dafür keine Zeit habe, da er ja schließlich sägen müsse. Das es wichtiger wäre erst mal die Säge zu schärfen, kommt dem Arbeiter nicht in den Sinn, weil er das Weitersägen für dringender hält /Kreutzmann 06b, S. 47/.

Beispiel

Nur zu oft setzt man sich selbst dadurch unter Druck, dass man sich zu viele Dinge vornimmt und dabei oft »dringend« und »wichtig« verwechselt, so dass dann für die wichtigen Dinge keine Zeit mehr bleibt. Hat man sich erst einmal in eine solche Situation gebracht, so besteht die Gefahr, dass man durch die schnellen »Abhilfe-Maßnahmen« in einen Teufelskreis gerät. Der Berg der unerledigten wichtigen Dinge wird sich immer weiter vergrößern. Daher soll-

»wichtig« und »dringend«

ten Sie sich dazu zwingen, sich die Prioritätenfrage immer wieder bewusst zu machen (vgl. /Transfer 04, S. 31/).

Was nun im Einzelnen wesentlich ist, hängt natürlich auch von dem jeweiligen Lebensabschnitt ab.

Beispiel

Jemand, der gerade in das Berufsleben eingetreten ist, wird wohl eher sein berufliches Fortkommen und seine Karriere für wichtig halten. Jemand, der kurz vor der Pensionierung steht, wird die Überlegungen für sehr wichtig halten, durch die er sich einen interessanten und sorgenfreien Ruhestand ermöglichen kann.

Prioritäten setzen heißt, sich *für* etwas und gleichzeitig *gegen* etwas anderes zu entscheiden

Prioritäten setzen, bedeutet daher auch immer, sich zu entscheiden, abzuwägen und zu Ergebnissen zu kommen. Die Einschätzung der Wichtigkeit ist auch insofern immer subjektiv, als sie abhängt von Erziehung, Alter, Geschlecht und sozialem Umfeld. So werden Sie es auch immer wieder erleben, dass gleiche Sachverhalte verschiedenen Prioritäten zugeordnet werden. Hier kommt es auf die Sichtweise an. Für die eigene Planung – sei es für das gesamte Leben, die einzelnen verschiedenen Lebensbereiche oder für bestimmte kurz- und langfristige Zeiträume – ist es wichtig zu wissen, wie Sachverhalte nach Ihrer Wichtigkeit auch von anderen eingeschätzt werden, zu denen irgendeine Beziehung besteht, um sich auf Hindernisse und Risiken einstellen zu können, aber auch um Förderer und Chancen zu erkennen und zu nutzen.

Letztlich muss die Prioritätenfrage auch vor dem Hintergrund der eigenen Endlichkeit gesehen werden. Viele würden vermutlich einiges an ihrem Verhalten schlagartig ändern, wenn Sie eine größere Bewusstheit für die Begrenztheit ihrer Lebenszeit entwickeln würden.

Auch hierzu eine kleine Übung (die durchaus nicht makaber gemeint ist). Was würden Sie tun, wenn Sie heute erfahren würden, dass Sie nur noch ein Jahr zum Leben haben, dabei weiter vierzig Stunden pro Woche arbeiten müssten und die restlichen Stunden frei einteilen könnten. Wie würden Sie Ihr Leben fortsetzen? Mit welchen Menschen würden Sie die Zeit verbringen? Was würden Sie noch konkret unternehmen? Wo würden Sie die Zeit verbringen? (vgl. /Kassorla 84, S. 21 f./)

Es wurde bereits im Kapitel zum Thema Werte (= Lebensprioritäten) einiges zu den Prioritäten gesagt (siehe »Eigene Werte« (S. 56)). Mit dem Erkennen der eigenen Wertvorstellungen für die jeweiligen Lebensbereiche können Sie grundsätzliche Weichenstellungen für Ihr weiteres Leben vollziehen. Wenn Sie herausgefunden haben, was Sie in Ihrem Leben erreichen wollen und was wirklich wichtig für Sie ist, können Sie Ihr Leben um diese Dinge herum organisieren. Lassen Sie dann die anderen, unwichtigeren Dinge nach und nach aus Ihrem Leben verschwinden. Sie werden diesen Schritt nicht bereuen.

Prioritätensetzung im Arbeitsalltag
Die Prioritätensetzung sollte auch Teil des normalen Arbeitsalltages werden, gerade um sich nicht von Nebensächlichkeiten ablenken zu lassen und so über die Tagesprioritäten letztlich an den langfristigen Prioritäten zu arbeiten. Die Voraussetzungen sind gut: Wer sich darüber im Klaren ist, wohin er in seinem Beruf und im Privatleben langfristig will und welche Werte ihm wichtig sind, der ist auch in der Lage, für die täglichen Verrichtungen Prioritäten zu setzen. Lassen Sie sich also nicht von kurzfristigen Ereignissen im Arbeitsalltag überrollen, sondern setzen Sie bewusst Prioritäten zugunsten langfristiger Ziele, und halten Sie sich daran (vgl. /Kitzmann 94, S. 8 ff./).

Es kommt auf die Ergebnisse der Arbeit an

Es gibt Arbeitnehmer, die darüber klagen, wie viel sie in der vergangenen Woche gearbeitet haben, wie viele Termine sie wahrgenommen habe und wie viele Kilometer sie auf der Autobahn zurückgelegt haben. Nun müsste man dies doch eigentlich mit einem dicken Lob würdigen, oder etwa nicht? Müsste man nicht viel eher die Frage stellen, was in der Zeit eigentlich erreicht wurde? Welche Ergebnisse liegen nach der entsprechenden Woche vor, welche (Unternehmens- oder Teil-)Ziele wurden erreicht? Es kommt ja nicht so sehr darauf an, ob Sie 8 oder 16 Stunden in Ihrem Büro sitzen, sondern was Sie in der Zeit erreichen.

Beispiel

Um es mit einem beliebten Witz unter Verkäufern zu sagen: Treffen sich zwei Verkäufer sagt der eine: »Ich habe in dieser Woche viele gute Gespräche gehabt.« Darauf der andere: »Ja ja, ... ich habe auch nichts verkauft.«

Coaching

1 Welchen wesentlichen Erkenntnisgewinn brachte mir der vorliegende Text?

2 Welche Schlüsse ziehe ich aus dem Gelernten für meine Situation?

3 Was werde ich in der Zukunft anders machen?

5.1 Instrumente zur Prioritätensetzung ***

Einige Managementvordenker haben die theoretischen Grundlagen gelegt und praktikable Instrumente entwickelt, auf deren Basis es für jeden möglich ist, die Menge an eigenen anstehenden Aufgaben nach Prioritäten zu sortieren. Die Festlegung von Prioritäten nach solchen oder anderen Konzepten gehört zur regelmäßigen Planungsarbeit.

Für die tägliche berufliche Prioritätensetzung kann man auf grundsätzliche Überlegungen von Managementvordenkern in der Geschichte zurückgreifen:

Die Frage der Wichtigkeit ist eine Frage der Effektivität. Effizienz heißt, die Dinge richtig tun. Effektivität heißt, die richtigen Dinge tun. Der amerikanische Managementexperte **Peter F. Drucker** forderte bereits in den sechziger Jahren, sich vornehmlich auf die entscheidenden Prioritäten zu konzentrieren (»*First Things First*«).

Schon viel früher, nämlich im 19. Jahrhundert, legte der italienische Volkswirtschaftler **Vilfredo Pareto** (1848-1923) die Grundlage für das Prioritäten-Prinzip, welches später als das »Pareto-Prinzip« oder die »80:20-Regel« bekannt wurde (siehe Abb. 5.1-1). Es besagt ganz allgemein, dass innerhalb einer gegebenen Menge einige wenige Bestandteile einen weitaus größeren Wert aufweisen, als dies ihrem relativen, größenmäßigen Anteil an der Gesamtmenge in dieser Gruppe entspricht (vgl. /Koenig, Roth, Seiwert 01, S. 35 f./).

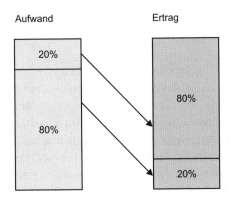

Abb. 5.1-1: Das Pareto-Prinzip.

Einige Beispiele hierzu aus der betrieblichen Praxis:

○ 80 Prozent einer erwünschten Wertschöpfung werden durch nur 20 Prozent des Einsatzes erzielt.

○ 20 Prozent der Wertschöpfung verschlingen 80 Prozent des Einsatzes.

○ 20 Prozent der Kunden (oder der Produkte) bringen 80 Prozent des Umsatzes bzw. Gewinns,

○ 80 Prozent der Kunden (oder der Produkte) bringen 20 Prozent des Umsatzes bzw. Gewinns.

○ 20 Prozent der Fehler verursachen 80 Prozent des Ausschusses,

○ 80 Prozent der Fehler verursachen 20 Prozent des Ausschusses.

○ 20 Prozent der Produkte erzeugen 80 Prozent der Fertigungskosten,

○ 80 Prozent der Produkte erzeugen 20 Prozent der Fertigungskosten.

○ Von 20 Prozent der Mitarbeiter stammen 80 Prozent der Fehltage.

○ Von 80 Prozent stammen die restlichen 20 Prozent der Fehltage.

Die Übertragung dieser beobachteten Gesetzmäßigkeiten auf die eigene Arbeitssituation kann bedeuten, dass man bereits mit 20 Prozent der aufgewendeten Zeit 80 Prozent der gewünschten Leistung erzielt, während die restlichen 80 Prozent der aufgewendeten Zeit dann nur noch 20 Prozent der Gesamtleistung ausmachen. Auf einer Liste mit zehn Aufgaben kann also die Erledigung bereits von zwei Aufgaben zu 80 Prozent den Gesamterfolg sichern. Die wesentliche Aufgabe, die sich ergibt, ist das Bestimmen der entsprechenden wichtigen und effekt-bringenden Aufgaben.

ABC-Prioritäten-Analyse

Um die Prioritäten-Analyse ein wenig differenzierter vornehmen zu können, sollte man die Gesamtheit der Aufgaben nach ihrem Anteil am Gesamtergebnis nicht nur in zwei, sondern in drei Kategorien – A, B und C – aufteilen (vgl. /Kitzmann 94, S. 12 ff./). Welche der eigenen täglichen, wöchentlichen und monatliche Tätigkeiten sind also

- A-Aufgaben,
- B- Aufgaben oder
- C-Aufgaben? (siehe Abb. 5.1-2)

In der sogenannten ABC-Analyse wird die Rangfolge der zu erledigenden Aufgaben wie folgt gesehen:

☐ A-Aufgaben sind sehr wichtige Aufgaben, die nicht delegierbar sind. Sie machen 15% der Menge aller Aufgaben aus, und ihre Erledigung erbringt 65 Prozent der Zielerreichung.

☐ B-Aufgaben sind durchschnittlich wichtige Aufgaben, die aber grundsätzlich delegierbar sind. 20 Prozent der Menge aller Aufgaben sind B-Aufgaben und ihre Erledigung erbringt 20 Prozent der angestrebten Zielerreichung.

☐ Die C-Aufgaben sind weniger wichtige Aufgaben, die in der Regel Routinearbeiten sind. C-Aufgaben umfassen 65% der Menge aller Aufgaben, und sie haben nur einen 15-prozentigen Wert für die Zielerreichung. Beachten Sie jedoch: C-Aufgaben sind nicht unbedingt entbehrliche Aufgaben. Neben wichtigen und durchschnittlich wichtigen Aufgaben sind auch eine Vielzahl von (weniger) wichtigen Vor-, Nach- und Routinearbeiten nötig, die ebenfalls getan werden müssen (vgl. /Sieck 04, S. 49 f./ und /Koenig, Roth, Seiwert 01, S. 37 ff./).

Das Prioritäten-Prinzip anwenden bedeutet, darüber zu entscheiden, welche Aufgaben erstrangig, zweitrangig etc. und welche nachrangig zu behandeln sind.

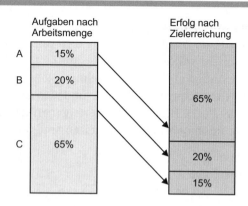

Abb. 5.1-2: Die ABC-Analyse.

Ganz praktisch heißt das, täglich zu unterscheiden, welche A-Aufgaben heute erledigt werden müssen, welche B-Aufgaben danach noch heute erledigt oder delegiert werden sollten und wann die C-Aufgaben, deren Erledigung wünschenswert wäre, umgesetzt werden. Mit dieser Vorgehensweise, werden vorrangig die Aufgaben erledigt, die zur Erreichung von Zielen erforderlich sind. Durch die Festlegung der Reihenfolge schaffen Sie die Möglichkeit, sich immer nur auf eine Aufgabe konzentrieren zu müssen. Die Tagesanalyse wird dabei nicht mehr als zehn Minuten betragen, aber Sie haben zum Ende des Tages mindestens die wichtigsten Dinge erledigt, d.h. den größten Tages-Erfolgsanteil gesichert. Das macht zufriedener, schaltet den Stress aus und motiviert für den nächsten Arbeitstag.

Eisenhower-Prinzip
Das sogenannte Eisenhower-Prinzip stammt von dem berühmten US-General **Dwight D. Eisenhower**. Nach seiner Methode kann man eine besonders effiziente Aktivitätenplanung betreiben. Auch bei dieser Methode werden alle Aktivitäten auf ihre Wichtigkeit und Dringlichkeit hin untersucht und in vier Kategorien eingeteilt (siehe Abb. 5.1-3):

■ Aufgaben, die sowohl wichtig als auch dringlich ist: Diese werden sofort selbst erledigt.

■ Wichtige aber nicht dringende Aufgaben: Sie werden in einem Zeitplaninstrument mit einem Erledigungstermin notiert.

■ Aufgaben, die zwar dringend, aber nicht sonderlich wichtig sind: Diese werden mit klaren Vorgaben und gleichzeitiger Kompetenz- und Verantwortungsübertragung delegiert.

■ Aufgaben, die weder wichtig noch dringend sind: Sie sollten entweder abgelegt oder dem Papierkorb anvertraut werden (vgl. /Sieck 04, S. 48 f./ und /Caunt 00, S. 21 ff./).

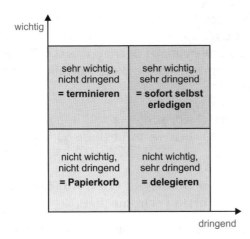

Abb. 5.1-3: Das Eisenhower-Prinzip.

Es ist eigentlich relativ einfach, sich Prioritäten für den Arbeitsalltag zu setzen. Man muss nur klare Ziele haben. Priorität haben dann all jene Aufgaben, mit denen man den vorher formulierten Zielen näher kommt. Allerdings ist es leider bei vielen so, dass sie viel lieber an Aufgaben arbeiten, die sie mögen oder im Augenblick interessanter finden, obwohl sie wissen, dass sie im Hinblick auf ihre Ziele andere Dinge tun müssten.

hochleistungs-
motivierte
Personen

Zu unterscheiden sind zwei grundsätzliche Arbeitstypen. Die einen arbeiten an allen Aufgaben gleich hart, egal, ob es sich um neue Aufgaben, sehr schwierige Aufgaben, leichte Aufgaben oder Routinearbeiten handelt. Hochleistungsmotivierte Persönlichkeiten differenzieren ihren Arbeitseinsatz wesentlich stärker. Sie arbeiten quasi auf Sparflamme bei Routineaufgaben und schöpfen erst dann ihr volles Potential aus, wenn sie sich herausfordernden Aufgaben gegenübersehen.

Tipp

> Konzentrieren Sie also Ihre Kräfte und Energie auf Ihre lohnenswerten Ziele, und vernachlässigen Sie Nebensächliches. Sie sollten immer überlegen, was schlimmstenfalls passieren wird, wenn Sie diese Aufgabe jetzt nicht tun würden.

Beispiel

Welchen Unterschied würde es z.B. in einem Monat oder in einem Jahr machen, wenn Sie diese Aufgabe heute nicht erledigen?

Allen Menschen (Kollegen, Chef, Kunden, ...) können Sie es sowieso nicht recht machen.

Coaching

1 Welchen wesentlichen Erkenntnisgewinn brachte mir der vorliegende Text?

2 Welche Schlüsse ziehe ich aus dem Gelernten für meine Situation?

3 Was werde ich in der Zukunft anders machen?

5.2 Ziele setzen *

Mit der Zielsetzung setzen Sie einen konkret gedachten Zustand in die Zukunft, um einen Anlaufpunkt für Ihr weiteres Handeln zu erhalten. Ohne Zielsetzung ist alles Handeln im wahrsten Sinne ziellos und führt i.d.R. nicht zu gewünschten Ergebnissen.

Wer nicht weiß, wohin er will, muss sich nicht wundern, wenn er ganz woanders ankommt.

Die Welt und die Rahmenbedingungen ändern sich ständig – und in den letzten Jahrzehnten schneller, als je zuvor. In diesen turbulenten Zeiten ständiger Veränderung kann man sich besser orientieren, wenn eigene Ziele den Weg weisen. Mit klaren Zielen vor Augen weiß man viel eher, wann man sich in die richtige und wann man sich in die falsche Richtung bewegt. So fallen Entscheidungen viel leichter. Man weiß auch, wann es gilt sich anzustrengen und wann man gelassen sein kann.

die Veränderung der Umwelt

Ziele wirken also wie ein Wegweiser im eigenen Leben: Ohne klare Ziele besteht dagegen viel eher die Gefahr, dass die Richtung des eigenen Lebens von den Ereignissen in der Umgebung oder von anderen Menschen bestimmt wird. Ohne Ziele reagieren viele Menschen oft nur auf das, was in ihrer Umgebung passiert und kommen vor lauter Reagieren nicht mehr dazu, nachzudenken, was sie wirklich wollen. Sind Sie sich aber darüber im Klaren, was Sie wollen, können Sie viel bestimmter Ihren eigenen Weg gehen.

Ziele = Wegweiser im eigenen Leben

Ziele sind auch die Voraussetzung für das tägliche Priorisieren von Aufgaben, die Sie insgesamt, für verschiedene Lebensbereiche oder für bestimmte Zeitabschnitte verfolgen. Die Zielsetzung und Zielformulierung steht am Anfang jedes Planungsprozesses. Die eigene Lebensvision kann man als sehr allgemein definierte Zielvorstellung sehen. Hiervon lassen sich dann wiederum thematische oder zeitliche (Teil-)Ziele ableiten.

<table>
<tr><td>Beispiel</td><td>Wenn es z.B. Ihr Ziel wäre, auf Ihrem 80. Geburtstag von einem Festredner zu hören, dass Sie erfolgreich die Karriereleiter in Ihrem Berufsfeld hochgeklettert sind, dann könnten Sie ableiten, was Sie in den nächsten zehn Jahren erreicht haben müssten (Teilziel), um sagen zu können, dass Sie »auf dem richtigen Weg« sind (vgl. /Transfer 04, S. 8 ff./).</td></tr>
</table>

Zwischenziele setzen

Sich nur auf die langfristigen Ziele zu konzentrieren, kann entmutigend sein. Es ist wie das Besteigen eines Berges. Während Sie sich durch die ersten Steigungen kämpfen, sehen Sie noch die ganze Zeit den Berg vor sich. Setzen Sie sich stattdessen mehrere Zwischenziele. Auch wenn Sie dann einige davon nicht erreichen, werden Sie aus dem, was Sie tatsächlich geschafft haben, innere Befriedigung schöpfen. Seine Ziele zu erreichen heißt schließlich erfolgreich zu sein.

»Ziele sind unser Brennglas, die Kraft unsere Energien zu bündeln « (Jörg Löhr)

Ziele sind keine wechselnden Wünsche, sondern fest formulierte Absichten. Sie haben (selbst-)verpflichtenden Charakter. Ohne Ziele lebt man in den Tag hinein und vergeudet möglicherweise sein Leben. Die Zielsetzung – ob nun lang- oder kurzfristig – dient der Selbstentwicklung.

»Hochsprung-effekt«

Darüber hinaus kann die bloße Zielformulierung leistungssteigernd wirken. So ist auch im Berufsalltag der sogenannte **Hochsprungeffekt** zu beobachten, der besagt, dass Hochspringer mit einer aufgelegten Latte (ihrem Ziel) immer einen beträchtlichen Prozentsatz höher springen, als ohne aufgelegte Latte.

Zielsetzung im Beruf

Unabhängig davon, ob Sie sich – wie oben angedeutet – für Ihre Lebensbereiche allgemeine Ziele setzen, brauchen Sie zur Unterstützung Ihrer täglichen, monatlichen oder jährlichen beruflichen Planungen bestimmte spezifische Ziele. Zielsysteme sollten dabei aufeinander bezogen sein, so dass man von allgemeineren Zielen immer kleinere Leistungseinheiten unterteilen kann, um schließlich einzelne Ziele für einzelne Projekte zu definieren. Viele Ihrer Ziele werden Sie dabei – je nach beruflicher Position – mit den Zielen Ihrer beruflichen Bezugspersonen abstimmen müssen, wie z.b. mit der Geschäftsführung, mit Ihren Vorgesetzten, Ihren Kollegen, Ihren Mitarbeitern, ggf. Ihren Zulieferern, Ihren Kunden etc. (siehe hierzu auch »Umfeldorientierung« (S. 87)), auch um damit die Möglichkeiten von Synergien zu nutzen und Verbündete für die Erreichung der eigenen Ziele zu finden.

Für einige Menschen sind Ziele immer noch etwas, das von einem Schleier des Mysteriösen umgeben zu sein scheint. Dabei ist es eigentlich ganz einfach:

die Schwierigkeit der Zielsetzung

Ein Ziel ist die ganz konkrete Beschreibung eines gewünschten Zustandes zu einem festgelegten Zeitpunkt (vgl. /Caunt 00, S. 17 f./).

Von klaren Zielen ausgehend, kann man Aufgaben identifizieren, die zu bewältigen sind, um die Ziele zu erreichen. Ohne klare Zielsetzung dagegen ist gar kein effektives Selbstmanagement möglich. Nur wer klare Ziele hat, kann über seine Prioritäten Entscheidungen treffen. Sie können nicht entscheiden, was Sie heute tun sollen, wenn Sie nicht wissen, was Sie morgen erreichen wollen. Jede gute Zeiteinteilung hängt letztlich davon ab, ob Sie Ihre Ziele kennen, denn Ziele helfen, sich während des Tagesgeschäftes auf das Wesentliche zu konzentrieren und den Überblick zu behalten.

Wer sich selbst konsequent Ziele setzt, erreicht sie meist auch. Allerdings passiert dies nicht, weil die Zielsetzung an sich zum Selbstläufer des Erfolges wird, wie so manche sogenannte Motivationstrainer suggerieren. Vielmehr sind es die von den Zielen strukturiert abgeleiteten Handlungsschritte, die zielbewusste Mitmenschen erfolgreicher machen. Wenn man weiß, was man will, und wenn man es ernst damit meint, dann wird man darauf hinarbeiten. Auf dem Weg zum Ziel öffnet man sich dann mit der gesamten Wahrnehmung für weitere neue Möglichkeiten und Chancen, so dass einen auch das Unterbewusstsein beim Erreichen der eigenen Ziele unterstützt: z.B. greift man im richtigen Moment zum richtigen Buch mit einem entscheidenden Hinweis oder man fragt genau die richtige Person um Rat.

»Das Geheimnis des Erfolgs ist die Beständigkeit des Ziels.« (Benjamin Disraeli)

5.2.1   Zielformulierung **

Um wirklich wirksam zu werden, sollten Ziele immer ausformuliert und niedergeschrieben werden. Dies gehört mit zum schriftlichen Planungsprozess. Orientierungen für abzuleitende Ziele finden Sie meist in den Zielformulierungen des Unternehmens, in dem Sie arbeiten. Für die eigene Zielformulierung sollten Sie darauf achten, dass Sie dies so konkret und verbindlich wie möglich tun.

Ziele
aufschreiben

Viele Ziele werden einem erst richtig bewusst, wenn man sie ausformuliert. Das Aufschreiben ist dabei der erste Schritt, um Absichten – im wahrsten Sinne – nicht aus den Augen zu verlieren (denn im Eifer des alltäglichen Gefechts ist es keineswegs ungewöhnlich, wenn selbst die wichtigsten Vorsätze vorübergehend aus dem Blickfeld verschwinden).

Darüber hinaus dient die niedergeschriebene Zielformulierung der späteren Nachkontrolle, ob das Ziel denn auch wirklich zum entsprechenden Zeitpunkt erreicht wurde (vgl. /Dietze 04, S. 156 ff./).

Genau wie eine fehlende Zielsetzung kann auch eine schlechte Zielformulierung dazu führen, das die falschen Probleme bearbeitet werden, dass nur aktuelle Probleme im Vordergrund stehen und demnach Zukunftsprobleme nicht erkannt werden können (vgl. hierzu /von Münchhausen 06, S. 61 ff./).

Bei Führungskräften kann man beobachten, dass sie sich – auch aufgrund der häufig sehr dringenden, aber eigentlich nebensächlichen und weniger wichtigen Tagesaufgaben zu wenig mit strategischen Problemlösungen – also langfristigen Zielen und Planungen – beschäftigen. Strategische Überlegungen sollten aber für Führungskräfte eine hohe Priorität besitzen und auf der Handlungsskala ganz oben stehen.

Marketingstrategien können so z.B. langwierige Verhandlungen in nicht-lukrativen Märkten überflüssig machen. Strategische Personalentwicklungsplanungen können hektischen »Feuerwehraktionen« zur kurzfristigen Mitarbeiterweiterbildung vorbeugen. *Beispiel*

Natürlich sollten sich aus den ausformulierten strategischen Unternehmenszielen die strategischen Ziele für die Abteilungen, die Führungskräfte und letztlich – im Sinne des Führungskonzeptes *»Management-by-Objectives«* (Führen mit Zielen/mit Zielvereinbarungen) – die Ziele für die Mitarbeiter ableiten lassen.

Als Orientierung für die eigene Zielsetzung kann die ausformulierte Unternehmensstrategie von Vorteil sein. Ein effektives Unternehmen erkennt man daran, dass sie klare Ziele hat, bis hinunter zu den individuellen Zielen, die zwischen

Mitarbeitern und Führungskräften vereinbart werden. Leider ist dieses Ideal nicht immer die Realität.

Wenn Sie aber die folgenden Fragen alle positiv beantworten können, haben Sie zumindest gute Voraussetzungen um die eigene Zielsetzung in Ihrem beruflichen Kontext formulieren zu können:

- ■ Gibt es in dem Unternehmen, in dem Sie arbeiten, klar formulierte Ziele, die Ihnen sinnvoll erscheinen?
- ■ Sind aus diesen Unternehmenszielen auch für Ihre Abteilung Etappenziele abgeleitet worden?
- ■ Können Sie an Zielen arbeiten, die Sie mit Ihrem Chef persönlich vereinbart haben?
- ■ Können Sie von diesen Zielen Ihre Prioritäten für die nächsten drei, sechs Monate und das nächste Jahr ableiten?

Es kann viele Gründe geben, warum Sie diese Fragen nicht positiv beantworten können. Das Unternehmen, für das Sie arbeiten, hat vielleicht keine eindeutig formulierte Strategie. Vielleicht fördert sie aber auch einfach keine offene Kommunikation, so dass eventuell bestehende Ziele im Dunkeln bleiben. Vielleicht befindet sich das Unternehmen aber auch gerade inmitten einer *Change*-Phase, (Umstrukturierungen, Unternehmensverkauf, Fusion etc.) was i.d.R. Unklarheiten in Bezug auf die Prioritäten mit sich bringt. Vielleicht zählt aber auch Ihr Chef zu den Führungskräften, die keine ausgeprägte Stärke im **»Führen durch Ziele«** haben, oder Sie haben mehrere Vorgesetzte, die alle unterschiedliche Zielvorstellungen haben.

Hinweise zur Zielfindung

Normalerweise kann in einem Wirtschaftsunternehmen davon ausgegangen werden, dass zuoberst der wirtschaftliche Erfolg die Maxime des Handelns darstellt. Umsatz und Gewinn spielen in diesem Zusammenhang herausragende Rollen. Daneben stellt die Zukunftssicherung eine wichtige Priorität dar. Weitsichtige Investitionen, Marktbeobachtung und Marktbearbeitung, Vorausplanungen und die Personalentwicklung gehören hierzu. Weitere unternehmerische Prioritäten können Umweltschutz, Arbeitssicherheitsaspekte sowie ethische und juristische Aspekte sein (vgl. /Caunt 00, S. 16 f./).

Wenn Sie bezüglich der Ziele Ihres Unternehmens oder Ihrer Abteilung unsicher sind, sollten Sie umgehend aktiv werden, um ein klareres Bild zu gewinnen. Sie könnten sich bei Ihrem Chef einfach erkundigen und Sie könnten zugängliche Dokumente wie zum Beispiel den Jahresbericht lesen. Sie könnten aber auch Ihre Ziele selbst definieren und Ihren Chef bitten, sie zu bestätigen oder zu ergänzen.

Als Grundlage Ihrer Zieldefinition könnte Ihnen zum Beispiel Ihre Stellenbeschreibung dienen, die Ihnen möglicherweise bei Ihrer Einstellung überreicht wurde oder die letzte planmäßige Beurteilung. Haben Sie nichts dergleichen zur Verfügung, dann sollten Sie für sich einmal kurz zusammenfassen, worum es in Ihrem Job geht. Was sind die Schlüsselfunktionen, die Sie für das Unternehmen zu übernehmen haben? Welche wichtigen Ziele und Kriterien der Zielerreichung können Sie definieren?

Beispiel

Das, was Sie sich vornehmen wollen (bzw. sollen), sollten Sie in einer Liste niederschreiben. Diese Zielliste können Sie in kurz- und langfristige Ziele unterteilen. Für die Zielformulierung sollten Sie sich an bestimmte Vorgaben halten.

Ziele sollen

- spezifisch sein,
- resultatorientiert,
- positiv formuliert,
- attraktiv-motivierend,
- selbst erreichbar,

- konkret messbar,
- fristgebunden und
- ökologisch (vgl. /Kitzmann 94, S. 18 ff./, /Völgyfy 02, S. 34/ und /Caunt 00, S. 18 f./).

spezifische Ziele

Je allgemeiner ein Ziel ist, desto schwieriger ist es, sich auf jene Aufgaben und Aktivitäten zu konzentrieren, die notwendig sind, um es zu erreichen. Daher muss sich das Ziel sehr genau auf Abläufe und Handlungen Ihrer persönlichen Aufgaben beziehen. Hilfreich ist hierfür immer die Frage, ob sich aus dem formulierten Ziel schnell persönliche Arbeitshandlungen ableiten lassen.

resultatorientierte Ziele

Ziele müssen Ergebnisse in der Zukunft zum Inhalt haben, keine Aktivitäten. Eine Formulierung, wie »Ziel ist es, den Privatkundenmarkt auszubauen« ist falsch. Ebenso steht es mit Formulierungen, wie »Ich möchte besser organisiert sein«, oder »Ich nehme mir vor, morgens früher zur Arbeit zu kommen.« Für das erste Beispiel könnte eine resultatorientierte Zielbeschreibung lauten: »Ziel ist es, bis zum Ende des nächsten Jahres den Umsatz im Bereich der Privatkunden um 10% zu steigern.« Für das dritte Beispiel könnte sie lauten: »Ab morgen werde ich täglich um 07.30 Uhr (statt wie früher 08.30 Uhr) mit der Arbeit beginnen.«

positiv formulierte Ziele

Die Formulierung, »in Zukunft weniger Fehler machen zu wollen« belässt das Denken in negativen Kategorien und wirkt eher problem- statt zukunftsorientiert. Für die eigene Motivation ist eine »Hin-zur-Zielsetzung« hilfreicher als eine »Weg-von-Formulierung«.

attraktivmotivierende Ziele

Ebenfalls motivierend sind Ziele, die für Ihr eigenes persönliches Zielsystem attraktiv sind. Dies erfolgt dann, wenn man persönliche Ziele mit beruflich-vorgegebenen Zielen verbinden kann. Fragen Sie sich also, was das Ziel reizvoll für Sie macht? Welches Bedürfnis wäre dadurch erfüllt?

Wesentlich für die Umsetzung ist die realistische Setzung von Zielen. Ziele für den eigenen Arbeitsbereich sollten daher auch durch eigenes Tun erreichbar sein. Beachten Sie also, ob die angestrebte Veränderung in Ihrer Macht/Ihrem Einflussbereich liegt. Natürlich haben Sie das Recht, nach hohen Zielen zu streben, wenn Sie die erforderliche Zeit, das Temperament und die Fähigkeiten dafür besitzen. Wenn aber diese Voraussetzungen nicht gegeben sind, dann sollten Sie Ihre Ziele lieber zurückstecken. Ansonsten besteht die Gefahr, dass Sie durch das Nichterreichen der zu hohen Ziele entmutigt werden. Außerdem können zu hohe Ziele zusätzlichen unnötigen Stress in Ihr Leben bringen. Gegen ehrgeizige Ziele, die auch mit Anstrengungen verbunden sein können, ist nichts einzuwenden, wenn Sie adäquat sind (vgl. /von Münchhausen 06, S. 146 ff./).

selbst erreichbare Ziele

Um Erfolgserlebnisse bei der Zielerreichung verbuchen zu können, sollten Ziele konkret messbar sein. Fragen Sie sich, welche beobachtbaren oder messbaren Veränderungen (wenn möglich in Daten/Fakten) eingetreten sein müssen, damit Sie (und ggf. andere) sagen können, dass die Ziele erreicht sind. Welche Kriterien liegen vor, welche festgelegten Indikatoren sprechen für die Zielerreichung?

konkret messbare Ziele

Ziele müssen eine klare Frist enthalten, bis zu der sie erreicht sein müssen. Dies dient auf der einen Seite einer stufenweisen Planung und erzeugt auf der anderen Seite einen gewissen Druck, der zum Handeln zwingt. Die Frist gibt auch vor, ab wann das angestrebte Ergebnis überprüft werden kann.

fristgebundene Ziele

Bei der Zielsetzung sollten Sie darauf achten, dass in diese auch die systemische Betrachtung der Umfeldbedingungen und der Bezugsgruppen einfließt. Sie sollten sich hierzu fragen, welche erwünschten und unerwünschten Nebenwirkungen das Ziel für andere hat und mit welchen Kon-

ökologische Ziele

sequenzen und Wechselwirkungen gerechnet werden muss. Was also ist der Preis? Ist das Ziel bezüglich der Rahmenbedingungen überhaupt sinnvoll und angesichts der Zielsetzungen Ihrer Bezugspersonen und -gruppen vertretbar? (Diesen Fragen widmet sich ausführlich das Kapitel »Umfeldorientierung« (S. 87)).

Wenn die Zielfindung schwer fällt

Es ist bereits darauf hingewiesen worden, dass es einigen Menschen schwer fällt, überhaupt Ziele zu formulieren. Dies kann für allgemeine Lebens- und Veränderungsziele genauso gelten wie für ganz konkrete und kurzfristige Ziele im eigenen Arbeitsbereich. Es kann daher für diese Personen eine Hilfe sein, zunächst einmal zu formulieren, was sie *nicht* mehr wollen, was *nicht* mehr passieren soll bzw. wie die Zielsituation *nicht* aussehen soll. Hier kommen die Antworten dann meist wie aus der Pistole geschossen. Denn sowenig diese Menschen wissen, was sie sein möchten und wie es zukünftig sein soll, so sehr wissen sie, was sie alles *nicht* sein möchten und wie die Zukunft nicht sein soll. Hier kann es tatsächlich helfen, alles aufzuschreiben, was einem einfällt, wie es nicht sein soll, bis einem schließlich irgendwann die Gedanken zu diesem Thema ausgehen. Auch den negativsten Menschen fällt auf die Dauer nicht nur Negatives ein, so dass man nun im zweiten Schritt in die positiven Formulierungen wechseln kann (vgl. /Kassorla 84, S. 23 f./).

»Wer den Hafen nicht kennt, in den er segeln will, für den ist kein Wind ein günstiger.« (Seneca)

Coaching   **1** Welchen wesentlichen Erkenntnisgewinn brachte mir der vorliegende Text?

2 Welche Schlüsse ziehe ich aus dem Gelernten für meine Situation?

3 Was werde ich in der Zukunft anders machen?

6 Umfeldorientierung *

Veränderungen im eigenen Handeln bewirken regelmäßig Reaktionen im sozialen Umfeld. Das eigene Handeln im »sozialen Mobile« erfordert Fingerspitzengefühl und Rücksichtnahme. In der Abstimmung des zukünftigen eigenen Handelns gilt es den Weg zu finden zwischen Selbstbestimmung und Fremdbestimmung. Viele Anforderungen, die an einen gestellt werden, sowie Wünsche und Bedürfnisse, die man hat, lassen sich heute nur noch äußerst schwer oder überhaupt nicht mehr vereinen.

So ist es zum Beispiel fast nicht zu realisieren, dass beide Lebenspartner eine Topkarriere machen und zugleich auf Dauer ein harmonisches Familienleben (mit Kindern) führen.

Beispiel

Da helfen selbst die besten operativen Zeitplanungsinstrumente im Lebensalltag oft nicht mehr weiter. Denn sie lassen außer Acht, dass die eigene Lebensplanung stets mit anderen Menschen, die einem wichtig sind oder von denen man abhängig ist, abgestimmt werden muss, da diese ebenfalls eigene Interessen und Ziele haben (siehe Abb. 6.0-1).

die Notwendigkeit der Abstimmung mit anderen

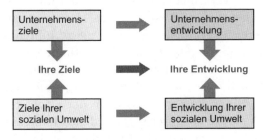

Abb. 6.0-1: Zielabstimmung mit dem Umfeld.

Dieses Problem wird zuweilen in einigen Selbstmanagement-Ansätzen ausgeblendet. Die eigene Zielsetzung wird hier häufig als ein eher technisches Problem betrachtet: Man unterstellt, dass es ein in sich stimmiges und möglicherweise allen bekanntes Zielsystem gibt, an dem man sich orientieren kann (wie z.B. die strategische Planung des Unternehmens, für das man arbeitet). Geplante Handlungen bauen dann aufeinander auf und man weiß, welche Ergebnisse jeweils gewählte Alternativen in bestimmten Situationen erzeugen werden (vgl. /Transfer 04, S. 13/).

Abgesehen von Einzelfällen dürfte im Allgemeinen für das eigene Handeln eher typisch sein, dass diese Bedingungen *nicht* erfüllt sind: Vielleicht kennt man nicht alle Handlungsmöglichkeiten, man hat keine abschließenden Informationen über mögliche zukünftige Ereignisse (und die Wahrscheinlichkeit ihres Eintretens) und die Reaktionen der Beteiligten. Möglicherweise kennt man auch einfach die wesentlichen Zielsysteme nicht, an denen man sich orientieren soll (so z.B. die Unternehmensstrategie).

systemischer Ansatz

Es gibt also genug Gelegenheiten dafür, dass immer wieder »nachjustiert« werden muss. Dieser Tatsache trägt der **systemische Ansatz** Rechnung: Eigene Handlungen sind immer eingebunden in eine (Unternehmens-)Umwelt und in ein Geflecht verschiedener Interessenten und den jeweiligen Beziehungen zu diesen. Solche Interessenten sind im Lebensbereich Beruf beispielsweise die zu führenden Mitarbeiter, die Kollegen, das Management, Kunden und Lieferanten und die Gewerkschaften. Diese Beziehungen können sich als hinderlich oder förderlich für die eigene Zielerreichung erweisen. Hinzu kommt, dass auch der Erfolg regelmäßig aus der Perspektive dieser verschiedenen Interessenten beurteilt wird. Die theoretische Grundlage für die Analyse der Beziehungen bietet die Systemforschung. Diese hat sich als Theorie auch für soziale Systeme in den letzten 30 Jahren durchgesetzt und weiterentwickelt. Eine Grundaussage der Systemforschung ist es, dass das Gesamtsystem der modernen Gesellschaft in Teilsysteme differenziert ist.

Unter einem System (Teilsystem) versteht man

- [ ] eine gegenüber der Umwelt abgegrenzte Ganzheit
- [ ] bestehend aus einzelnen Elementen
- [ ] zwischen denen festgelegte Beziehungen existieren
- [ ] und die bestimmte Funktionen erfüllen.

Die Systemtheorie hat sich unter anderem aus der **Kybernetik** – der Wissenschaft von der Steuerungskunst technischer und sozialer Systeme – entwickelt. »Cybernetes« ist der Steuermann eines Schiffes. Ein Manager übernimmt im Unternehmen also – systemisch gesprochen – in gewisser Weise die Aufgabe des Steuermanns, der das Schiff auf einem geraden Kurs halten soll, die Bedingungen von Wind und Wellen korrigieren muss, also gegebenenfalls gegensteuern oder nachsteuern muss, um den Kurs zu halten (vgl. /Linneweh 06a, S. 12/; eine Einführung in die Systemtheorie bieten die Werke von /Krieger 98/, /Willke 00/, natürlich /Luhmann 02/ und als sehr praktische Einführung das Buch von /Horn, Brick 03/).

Systemtheorie und Kybernetik

Ein »ganzheitliches« (Selbst-)Management integriert alle betroffenen Systeme, womit auch die nichtberuflichen Lebensbereiche eingeschlossen sind. Es berücksichtigt gleichzeitig die Rahmenbedingungen, die Interdependenzen sowie die Zielvorstellungen der in irgendeiner Weise beteiligten Personen und Interessentengruppen.

Ein Mensch, der seine Wertvorstellungen überdacht und Lebensvisionen entwickelt hat, und der sich Ziele gesetzt hat für seine verschiedenen Lebensbereiche und seinen konkreten Arbeitsalltag, tut dies nicht im luftleeren Raum. Er ist selbst eingebettet in verschiedene soziale Systeme, und

soziales Mobile

seine Handlungen erfolgen gewissermaßen in einem »sozialen Mobile«. Derjenige, der dabei ist, für sich selbst »die Sterne vom Himmel zu holen«, löst mit seinen veränderten Handlungen dann Reaktionen und Veränderungen im sozialen System aus (siehe Abb. 6.0-2).

In Anlehnung an die Worte, des aus dem 17. Jahrhundert stammenden Philosophen Spinoza, »Nichts existiert, ohne dass es eine Wirkung zeigt.« kann man für soziale Systeme sagen: »Nichts passiert, ohne dass es eine Wirkung zeigt.«

Abb. 6.0-2: Soziales Mobile.

Auch für Sie selbst wird sich die Frage stellen, was Sie ggf. in Ihren sozialen Beziehungen »anrichten« werden, wenn Sie sich ab nun besser organisieren und besseres Selbstmanagement betreiben wollen.

Fragen Sie sich ruhig einmal:

- Was werden Ihre Kollegen sagen, wenn Sie ab jetzt (noch) effizienter arbeiten? (Werden sie Ihnen vorwerfen, dass Sie mit einer effektiveren und effizienteren Arbeitsweise die »Preise verderben«?)
- Wie wird Ihr Lebenspartner reagieren, wenn Sie plötzlich Ihre Lebensbereiche neu planen? Wie wird die Familie reagieren, wenn Sie nun auf Dauer pünktlich zu Hause sind?
- Wie wird Ihr Vorgesetzter reagieren, wenn Sie beginnen, B- und C-Aufgaben zu delegieren oder auch einmal »Nein« zu Aufgaben zu sagen.
- Werden sich Ihre Mitarbeiter darüber freuen, dass Sie Ihnen Arbeiten weiterdelegieren, die Sie bisher selbst erledigt haben? (vgl. /von Rohr 99, S. 42/)

Ein soziales System kann man als eine Vielzahl von Variablen verstehen, die netzwerkartig miteinander verbunden sind und sich gegenseitig beeinflussen. Zur Umwelt zählen alle sonstigen Einflüsse, die von außen auf eine Person wirken. Die Wechselwirkungen können sich positiv als auch negativ auf Ihr Selbstmanagement auswirken. Jeder Mensch entscheidet tagtäglich, wie er reagiert. Diese »Entscheidungen« werden jedoch in der Regel unbewusst gefällt. So umgeben sich die meisten Menschen fast »automatisch« lieber mit Menschen, die die eigenen Antriebskräfte stärken; und mit denen man sich wohl fühlt. Leider kann man aber oft nicht selbst entscheiden mit welchen Menschen man es zu tun hat.

Wenn Sie erfolgreiches Selbstmanagement betreiben wollen, sollten Sie aber bewusst, proaktiv und systematisch alle Fak-

die Hinderer und Förderer im System

toren, die in einer wichtigen Situation wirken, betrachten. In einem ersten Schritt sollten Sie also die hindernden und fördernden Kräfte aufdecken:

- Wer sind die Menschen, Gruppen und Institutionen, die Sie bei der Durchsetzung Ihrer Ziele voraussichtlich fördern werden?
- Mit welchen Menschen müssen Sie Ihre Zielvorstellungen rechtzeitig vor der weiteren Planung und Umsetzung abstimmen, damit Sie mögliche Risiken für die Zukunft vermeiden?
- Wo ahnen Sie, dass es Widerstand geben wird?
- Wie werden Sie diesem Widerstand begegnen?
- Welche Modifikationen Ihrer Ziele werden Sie vornehmen müssen.

Seien Sie sich gewahr, dass Sie den sichersten Einfluss nur auf sich selbst haben. Auf die Umwelt und auf die Sie umgebenen Menschen können Sie nur begrenzt und zeitlich verzögert Einfluss nehmen. Veränderungen im Denken und Handeln anderer hinzubekommen ist i.d.R. äußerst schwierig und zeitintensiv.

Haben Sie schon einmal versucht, einen Menschen zu ändern? Ein Mensch verändert sich i.d.R. nur dann, wenn er es selbst will; und trotzdem werden dabei Grundzüge seiner Persönlichkeit gleich bleiben, sonst wäre es keine.

»Versuche niemals, jemanden so zu machen, wie Du selbst bist! Du weißt es, und Gott weiß es auch, dass einer von Deiner Sorte genug ist.«
(Ralph Waldo Emerson)

Möglicherweise müssen Sie Verarbeitungsmechanismen entwickeln, die es Ihnen ermöglichen, die Perspektive anderer Menschen zu akzeptieren und sie als Bestandteil ihrer Persönlichkeit anzusehen. Nicht jeder muss sich schließlich freuen, wenn Sie sich entschlossen haben, neue Schwerpunkte in Ihrem (Arbeits-)Leben zu setzen.

Selbst- und Fremdbestimmung

Das eigene Leben steht immer im Spannungsfeld von Selbstbestimmung und Fremdbestimmung. Nicht alles lässt sich durch bewusste Zielsetzung und Planung selbst bestimmen. Es wird immer Bereiche und Situationen geben, auf die Sie keinen Einfluss nehmen können oder wo man bei Menschen auf »taube Ohren« stoßen wird. Viele Menschen ziehen aber gerade ihre offensichtlich dauernde Fremdbestimmung durch andere als Begründung für die eigene Unfähigkeit heran, am eigenen Selbstmanagement arbeiten zu können (vgl. /Kitzmann 94, S. 30 ff./).

So gibt es in jedem Seminar zum Thema Selbstmanagement früher oder später den Zeitpunkt, an dem die nicht veränderbaren Rahmenbedingungen, die sogenannten Sachzwänge, das angewiesen sein auf andere und die herrschenden Hierarchien argumentativ herangezogen werden, um zu begründen, warum die Methoden des Selbstmanagements und der Zeitplanung nicht funktionieren können. »Das geht nicht, weil die Rahmenbedingungen es nicht erlauben, weil der Chef dagegen sein wird, weil die Kunden das nicht möchten, weil man dies den Mitarbeitern nicht aufbürden kann, und, und, und...«

Hier frage ich dann gerne, ob die Teilnehmer ihr Leben leben oder ob sie es von anderen leben lassen. Wer trifft die wichtigen Entscheidungen in Ihrem Leben? Lassen Sie die anderen Menschen in hohem Maße darüber befinden, wie Sie leben? Ist es vielleicht sogar einfacher, die anderen oder einfach das, was sich so ergibt im Leben, über sich entscheiden zu lassen? (vgl. /Kast 02, S. 7 ff./)

Beispiele für Fremdbestimmung

Niemand wäre glücklich, wenn ein anderer für ihn essen, schlafen, trinken und lachen würde. Ebenso wenig würde es Sie glücklich machen, sich von anderen laufend Ihrer Selbstbestimmung berauben zu lassen. Natürlich müssen sich alle Menschen mehr oder weniger aneinander anpassen – auch damit soziale Systeme überhaupt funktionieren. Wünsche und Ziele müssen aufeinander abgestimmt werden; aber der eigene selbstständige Anteil am Denken und Handeln darf nicht verloren gehen. Passiert dies dennoch, werden Menschen depressiv oder aggressiv.

Selbstbestimmung & Fremdbestimmung

Autonom sein zu wollen ist eigentlich ein typisch menschliches Thema. Immer mehr autonom sein zu wollen im Laufe des Lebens, scheint sogar ein Entwicklungsziel zu sein. Selbstbestimmung und Selbstverwirklichung gehören zu den Motiven die auf der bekannten Maslowschen »Bedürfnispyramide« ganz oben stehen. Allerdings leben die meisten Menschen in dem Widerspruch, dass sie gleichzeitig Autonomie *und* Abhängigkeit, Autonomie *und* Beziehung brauchen. Daher wird es in sozialen Systemen immer das Dilemma geben zwischen Selbstbehauptung, Entwicklung von Autonomie und dem Bedürfnis, dennoch dazu zu gehören und enge Bindungen zu haben. Die extern bestimmenden Kräfte sollten dabei nicht zu stark werden. Wenn Sie glücklich und nach Ihren eigenen Maßstäben erfolgreich sein wollen, müssen Sie deshalb selbst Ihr Leben in die Hand nehmen. Machen Sie sich frei von andauernder Bevormundung. Gehen Sie auch Ihren Zielen nach, und klammern Sie sich nicht an die Rockzipfel anderer Menschen (vgl. /Kast 02, S. 66 ff./).

»Nicht wie der Wind weht, sondern wie wir die Segel setzen, bestimmt wo wir hinfahren!«

Ein erster Schritt hierzu ist, dass Sie sich die Frage stellen, was Sie eigentlich daran hindert, unbefriedigende Umstände zu verändern? Denken Sie daran: Diese bestehenden Umstände haben Sie (möglicherweise unbewusst) irgendwann in der Vergangenheit letztlich so gewählt, und Sie können sie auch wieder abwählen.

Viele versuchen noch nicht einmal, bestehende Rahmenbedingungen zu verändern, oder vermeintliche feste Standpunkte der Personen, von denen sie abhängig sind, zu hinterfragen. Sie sollten aber für jeden Lebensbereich – und besonders im beruflichen – nachfassen, wo sich die – bisher als unverrückbar erscheinenden – Sachzwänge doch als porös oder nachgiebig zeigen könnten.

Überlegen Sie einmal:

■ Wo können Sie sich Raum für die eigenen Dispositionen (zurück-)erobern?

■ Wo können Menschen Ihres sozialen Umfeldes überzeugt werden, festgefahrene Einstellungen aufzugeben?

Diese Vorgehensweise verlangt natürlich Aktivität, Hartnäckigkeit und zuweilen Rückgrat in der Vertretung der eigenen Meinung. Sie werden aber schnell erkennen, dass die Rahmenbedingungen nicht so eng sind, wie sie bisher erschienen.

Letztlich dient dieser Schritt dazu, herauszufinden, wo sich Fremdbestimmung abbauen lässt, um anschließend zu entscheiden, wie Sie mit dem übrig gebliebenen Rest von Fremdbestimmung umgehen wollen. Natürlich müssen auch Sie sich unterordnen, denn Vorschriften und Regeln sind unumgänglich, und irgendeine Form von Disziplin wird es immer geben. Sie selber sind es aber mit Ihren Gedanken, Vorstellungen und Annahmen über sich selbst, der sein Leben und seine Zukunft grundsätzlich selbst in der Hand hat. So haben auch Sie die Möglichkeit, selbst zu entscheiden, die Umgebung zu wechseln, wenn Sie sich in der gegenwärtigen nicht wohl fühlen. Lassen Sie es nicht bei der Feststellung bewenden, dass Ihre Umwelt Sie behindert. Tun Sie stattdessen etwas!

6.1 Das Eingehen auf die Umwelt **

Die Umwelt, in der Sie sich befinden und über Ihr Selbstmanagement nachdenken, besteht aus individuellen Persönlichkeiten mit unterschiedlichen Auffassungen davon, was gut und was schlecht ist. Um Risiken für die eigene Zielerreichung zu reduzieren, andererseits aber Unterstützungsmöglichkeiten zu nutzen, sollten Sie auf die Mitmenschen eingehen, gelassen auf andere Meinungen reagieren, bestehende Beziehungen pflegen, Regeln beachten und freundlich sein.

Konstruktivismus

Als sehr hilfreich für den Umgang mit anderen in sozialen Systemen hat sich der Ansatz des sogenannten **radikalen Konstruktivismus** herausgestellt. Der Ansatz berücksichtigt die Perspektivenvielfalt, die aufgrund der Anzahl der Systemmitglieder innerhalb eines Systems herrscht und billigt diesen Perspektiven eine eigene Wahrheit zu. Der radikale Konstruktivismus ist eine erkenntnistheoretische Position und steht für die Auffassung, dass Menschen – als bewusst wahrnehmende Wesen – die Wirklichkeit erfinden (konstruieren). Jeder Einzelne konstruiert sich seine wahrnehmungsbasierte subjektive Realität im eigenen Kopf, wobei die Wahrnehmung vor dem Hintergrund der ganz verschiedenen persönlichen Voraussetzungen und Anlagen und ihrer unterschiedlich verlaufenden Sozialisation und Erziehung geschieht.

Wahrheit und Objektivität?

Was Menschen »erkennen« oder »wissen« hat demnach sehr wenig mit »Wahrheit« und »Objektivität« zu tun. Aus den jeweiligen Perspektiven ist jede Auffassung für sich gesehen »richtig«. Jeder Mensch hat seine eigene Geschichte und seine eigenen Überzeugungen. Deshalb sieht jeder die Welt auf seine eigene Weise. Eigentlich gibt es gar keine objektive Realität, sondern immer nur unterschiedliche Betrachtungsweisen.

Es kommt also tatsächlich auf die jeweilige Perspektive an, aus der Dinge wahrgenommen werden und eine Falschwahrnehmung kann es daher eigentlich nicht geben. Die konstruktivistische Betrachtungsweise ist eng mit der systemischen verbunden.

Das sich Einlassen auf den radikalen Konstruktivismus erleichtert das Zurechtkommen in sozialen Systemen, da man nicht mehr pausenlos nach den Schuldigen und den Bösen suchen muss, die man ggf. noch von der richtigen Meinung überzeugen muss. Menschen haben eben unterschiedliche Vorstellungen, unterschiedliche Einstellungen und unterschiedliche Zielsetzungen und das einzige Mittel, um damit umzugehen, ist das kommunikative Austauschen und Abstimmen der Standpunkte.

Nehmen Sie Rücksicht
Leben in sozialen Systemen bedingt immer Rücksichtnahmen auf die Bedürfnisse anderer. Ohne Rücksichtnahmen, die zuweilen durch Gesetze und Verordnungen in eine verbindliche und justiziable Form gebracht werden, würden soziale Systeme auseinanderfallen. Ganz konkret bedeutet die Rücksichtnahme, Verständnis für andere Sichtweisen und Respekt gegenüber den Rechten der Mitmenschen zu zeigen. Auch die Achtung der Empfindungen und Gefühle Ihrer Mitmenschen gehört hierzu.

Achten Sie aber auch darauf, dass Sie vor lauter Rücksichtnahme auf andere, nicht das eigene Leben und die eigenen Bedürfnisse vergessen. Niemand kann oder muss »everybodys darling« sein, um bestimmte Ziele zu erreichen. Dies gilt insbesondere auch für Führungskräfte. Eine alte – hier passende – Spruchweisheit lautet:

Nimm nicht soviel Rücksicht auf andere, dass Du gegen Dich selbst rücksichtslos wirst.

Seien Sie gelassen

In sozialen Beziehungen, die durch vielfältige unterschiedliche Sichtweisen geprägt sind und in denen Sie nun möglicherweise Ihre neuen Ziele abstimmen wollen, müssen Sie sich möglicherweise ein »dickes Fell« zulegen. Bleiben Sie gelassen bei Anfeindungen und sachlich in Konflikten. Da Sie wissen, dass unterschiedliche Menschen auch unterschiedliche Meinungen vertreten können (die aus deren Sicht alle »wahr« sein können), nehmen Sie sie am besten, so wie sie sind. Der Gelassenheit abträglich sind Neid und Missgunst. Hören Sie also auf, sich dauernd mit Nachbarn, Bekannten oder Kollegen zu vergleichen, wobei gegen einen vernünftigen und fairen Wettbewerb (z.B. im Berufsleben oder im Sportverein) nichts einzuwenden ist. Gelassenheit und Ruhe helfen Ihnen bei schwierigen Entscheidungen und dabei, »Herr der Lage« zu bleiben.

Ein wichtiges Instrument für die Entwicklung bzw. die Beibehaltung von Gelassenheit im Selbstmanagement ist das o.g. Setzen realistischer Ziele.

Diese Gelassenheit wirkt auch dem Stress entgegen. Vergessen Sie aber auch nicht, dass Sie nicht immer Sieger sein können. Es gibt Tage, an denen man eben nicht gewinnt. Manche Umstände sind dem eigenen Einfluss entzogen, und nicht immer geht alles nach dem eigenen Willen. Nehmen Sie also Niederlagen gelassen hin und werfen Sie nicht bei jedem Fehlschlag gleich die Flinte ins Korn. Entwickeln Sie ergänzend hierzu auch eine gewisse Grundzufriedenheit mit dem, was Sie schon erreicht haben (vgl. /Frädrich 05, S. 153 ff./ und /Kreutzmann 06a, S. 41/).

Pflegen Sie bestehende Beziehungen

Viele Menschen denken ständig darüber nach, wie man bestimmte Sachen verbessern kann: die eigene Arbeit, die Beschaffenheit der Produkte, die eigene Effizienz, die Produktivität des Unternehmens etc. Das alles ist wichtig und notwendig. Aber wer oder was entscheidet eigentlich wirklich über unseren Lebenserfolg, von unserem eigenen Tun einmal abgesehen? Es sind die Menschen, mit denen wir zu tun haben. Weil es für uns so selbstverständlich ist, täglich Menschen zu treffen und mit ihnen zu kommunizieren, machen wir uns viel zu wenige Gedanken darüber, die Qualität unserer Beziehungen zu überdenken und ggf. zu verbessern. Immerhin können die Menschen in den Lebensbereichen »Beruf«, »Partnerschaft/Familie« und »sonstige soziale Kontakte« zu maßgeblichen Helfern des eigenen Selbstmanagements werden. Mit ihnen werden Sie in Kontakt treten müssen, wenn Sie Ihre Ziele abstimmen wollen. Wir sind also auf andere Menschen angewiesen und gerade deshalb brauchen wir zu ihnen gute Beziehungen. Ohne sie werden wir voraussichtlich nicht erfolgreich sein – buchstäblich in keiner Beziehung.

Beziehungsarbeit also der gewisse Einsatz, von Zeit und Mühe – hat immer eine Wechselwirkung. Sie merken dies, wenn Sie sich vor Ihrem geistigen Auge die Menschen aus Ihrem beruflichen und privaten Umfeld vorstellen, mit denen Sie eine sehr gute und enge Beziehung haben. Wahrscheinlich genießen Sie das Zusammensein mit diesen Menschen, und sind gerne bereit, sich für sie zu engagieren. Im Notfall würden Sie sofort »einspringen«, und vermutlich ist es so, dass Sie mit Recht annehmen können, dass Sie selbst auch jederzeit auf Unterstützung rechnen können. Solche außergewöhnlichen Beziehungen und die Anzahl *wirklicher* Freunde und Partner sind bei den meisten Menschen einigermaßen überschaubar. Aber auch bei anderen Beziehungen sollten Sie überlegen, wie Sie diese pflegen können. Wie oft sprechen Sie mit Ihren Kollegen, unterstellten Mitarbeitern oder Vorgesetzten. Wie oft melden Sie sich bei Ihren Geschäftspartnern? Wie viel Zeit investieren Sie in die Beziehungspflege mit dem Lebenspartner? Was unternehmen Sie mit Ihren Freunden? Welche alternativen Möglichkeiten gibt es, diese Beziehungen langfristig aufrecht zu erhalten? Die Fähigkeit, Beziehungen zu pflegen, hängt in erster Linie von jedem selbst ab. Von der eigenen Ausstrahlung und der Art, auf andere Menschen zuzugehen. Von der Fähigkeit, andere Menschen als individuelle Persönlichkeiten mit individuellen Vorstellungen und Zielen, Stärken und Schwächen wahrzunehmen und auch so zu behandeln.

Abb. 6.1-1: Auf andere eingehen.

Holen Sie sich bei Ihren Mitmenschen Hilfe, Rat, Ideen und Kraft als Unterstützung für Ihre Zielsetzung. Seien Sie nicht zu stolz, um Hilfe zu erbitten, und sagen Sie »Danke« für erwiesene Dienste. Seien Sie aber auch bereit, den gleichen Dienst den Anderen zu erweisen, sei es im Beruf oder in den anderen Lebensbereichen. Respektieren Sie die Empfindungen und Gefühle der anderen Menschen und schulen Sie Ihren Instinkt, das zu erkennen, was andere glücklich oder traurig macht.

Seien Sie freundlich
Was fällt Ihnen sofort und nachhaltig negativ im Umgang mit anderen auf? Vermutlich erlebte Unfreundlichkeit. Wenn Sie als Kunde unfreundlich behandelt werden, wird Sie das nicht motivieren, dort etwas zu kaufen. Ist man dagegen freundlich zu Ihnen, steigert das Ihre Kaufbereitschaft i.d.R. erheblich. Freundlichkeit ist bekannt als ein mächtiger Beschleuniger für gute Beziehungen – und dazu noch ein völlig kostenloser!

Ein wichtiges »Instrument« im freundlichen Umgang mit anderen ist das eigene Lächeln. Mit einem freundlichen Gesichtsausdruck strahlen Sie Optimismus aus, der ansteckend wirkt. Wissenschaftler, wie der amerikanische Emotionsforscher Paul Ekman, haben herausgefunden, dass ein freundliches Lächeln positive Emotionen bei anderen und auch bei einem selbst hervorruft. Lächeln hemmt Aggressionen und baut Stress ab. Das Schmerzempfinden sinkt, der Blutzuckerspiegel geht nach unten, und beim Lachen wird sogar das Immunsystem aktiviert und Glückshormone (Endorphine) werden freigesetzt. Die bestehenden Spannungen lösen sich im Gesicht und am ganzen Körper. Man fühlt sich einfach glücklicher (vgl. /Frädrich 05, S. 75/).

Amerikanische Psychologen haben entdeckt, dass bereits ein künstlich erzeugtes Lächeln für eine bessere Stimmung sorgte. Allein die Muskelbewegung löst im Gehirn einen Prozess aus, der positive Gefühle hervorruft.

So gibt es Verkäufer, die – wenn Sie sich vor einem wichtigen Termin nicht gut gelaunt fühlen – einen Bleistift quer in den Mund nehmen, diesen ein wenig nach hinten in Richtung Kiefer schieben und für ca. 30 Sekunden dort belassen. Damit wird über die entstehende Mundhaltung für das Gehirn ein Lächeln simuliert, sodass über die anschließende Wechselwirkung die Motivation des Verkäufers steigt.

Zeigen Sie also öfter Ihr Sonntagsgesicht. Dies gilt natürlich gerade auch im Hinblick auf die wichtigen Gespräche zur Abstimmung Ihrer eigenen Ziele mit den Vorstellungen Ihrer sozialen Umwelt.

Bedenken Sie, dass Sie 30 Muskeln anstrengen müssen, um die Stirn zu runzeln aber schon 13 genügen, um zu lächeln.

Achten und setzen Sie Regeln

Analog zur bekannten Grundregel des § 1 der Straßenverkehrs-Ordnung (StVO) könnte man sagen:

Soziale
Grundregel!

»Jeder Teilnehmer am sozialen Leben hat sich so zu verhalten, dass kein Anderer geschädigt, gefährdet oder mehr, als nach den Umständen unvermeidbar, behindert oder belästigt wird.«

Diese allgemeine Verhaltensregel wird in vielen sozialen Systemen umgesetzt durch die Setzung vieler einzelner ausformulierter Regeln oder unausgesprochener Normen, die das soziale Miteinander regeln. Diese bestehenden Normen sollten Sie achten, aber auch auf die Einhaltung durch andere pochen.

Dort, wo Sie auf keine Regeln für das Miteinander treffen, können und sollten Sie in Ihrem Wirkungskreis selbst für (neue) Regeln sorgen, wenn es Ihrer Zielvorstellung dient und zu einem effizienteren und harmonischeren Miteinander führen kann.

○ So könnten Sie beispielsweise Ihren Chef um einen regelmäßigen wöchentlichen Gesprächstermin bitten.

○ Sie könnten mit Teamkollegen vereinbaren, wer Vormittags (in der eher kreativen Arbeitsphase) das Telefon bei eingehenden Anrufen bedient.

○ Sie könnten die Regeln für den effizienteren Ablauf von Meetings definieren und über eine Vereinbarung mit den potentiellen Teilnehmern einvernehmlich regeln (z.B. Agenda einhalten; pünktliches Erscheinen, jeden ausreden lassen etc.).

○ Im privaten Haushalt könnten Sie beispielsweise regelmäßig wiederkehrende Arbeiten aufteilen (Müll rausbringen, Räume fegen, Spülmaschine ein/-ausräumen, Einkaufen etc.), für Regeln bei der Raumnutzung sorgen (z.B. »spielzeugfreie Zonen« schaffen) und Essens- und Schlafenszeiten für die Kinder verbindlich regeln. Stellen Sie dabei für Kinder nur Regeln auf, die Sie auch durchsetzen wollen. Drohen Sie also nur mit Konsequenzen, die Sie auch auszuüben bereit sind.

Beispiele für selbst initiierte Regeln

Hierzu sei das Buch von Julia Rogge empfohlen »Den Alltag in den Griff bekommen« /Rogge 00/.

1 Welchen wesentlichen Erkenntnisgewinn brachte mir der vorliegende Text?

2 Welche Schlüsse ziehe ich aus dem Gelernten für meine Situation?

3 Was werde ich in der Zukunft anders machen?

Coaching

6.2 Kommunikation mit anderen **

Die Kommunikation ist das wesentliche Instrument, um Ihr Selbstmanagement mit der sozialen Umgebung abzustimmen. Damit Ihre eigenen Vorstellungen so in den Köpfen der Anderen ankommen, wie Sie es haben möchten, sollten Sie sich sehr genau auf die Gesprächsteilnehmer einstellen und gleichzeitig Ihre nonverbalen Aussagen beherrschen. Auch wenn die Kommunikation im privaten und beruflichen Bereich unterschiedlich gestaltet werden muss, ist ihre Bedeutung in beiden Bereichen jedoch gleich hoch.

»Sprache ist die Zivilisation selbst. Das Wort erhält den Kontakt – es ist die Stille, die einsam macht.« (Thomas Mann)

Bedeutung der Kommunikation

Ihre Fähigkeit, sich wirkungsvoll mit anderen zu verständigen, kann eines Ihrer wertvollsten Güter für die Verbesserung Ihres Selbstmanagements sein. Eine gute Verständigung ist von enormer Wichtigkeit, wenn es darum geht, persönliche Beziehungen und berufliche Leistungen zu verbessern. Geglückte Kommunikation hängt dabei nicht nur vom guten Willen ab, sondern auch von der Fähigkeit, zu verstehen und zu durchschauen, welche Vorgänge sich abspielen, wenn Menschen miteinander kommunizieren. Da sich die über Jahrzehnte eingeschliffenen Kommunikationsstile nicht über Nacht verändern lassen, ist es sinnvoll, dass man sich rechtzeitig Gedanken darüber macht, wie man seine Kommunikation verbessert.

 Testen Sie doch einmal kurz Ihre kommunikativen Fähigkeiten:

■ Kennen Sie die Grundsätze menschlicher Kommunikation (z.B. Axiome der Kommunikation, Vier-Ohren-Modell,

Grundlagen der Körpersprache, Transaktionsanalyse, NLP u.ä.)?

■ Kommunizieren Sie immer teilnehmerorientiert?

■ Können Sie sich klar und verständlich ausdrücken?

■ Können Sie eine Sache kurz und einfach erläutern?

■ Können Sie Ihren Standpunkt argumentativ gut darlegen?

■ Strukturieren Sie Ihre Gespräche?

■ Verfügen Sie auch über eine differenzierte nonverbale Kommunikationsfähigkeit?

■ Beherrschen Sie Fragetechniken?

■ Kommen Sie gut mit verbalen Angriffen klar?

■ Können Sie in Konflikten gut vermitteln und schlichten?

■ Können Sie gut verhandeln?

■ Beherrschen Sie die Nutzenargumentation für verschiedene Zielgruppen?

■ Beherrschen Sie Einwandbehandlungstechniken?

■ Beherrschen Sie Präsentationstechniken?

■ Sind Sie in der Lage, mit einer kurzen Vorbereitungszeit einen 10minütigen strukturierten Vortrag über eines Ihrer Spezialthemen zu halten?

Falls Sie hier oft mit einem »Nein« oder auch nur zögerlich geantwortet haben, sollten Sie sich intensiver mit dem Thema Kommunikation beschäftigen. Lesen Sie entsprechende Bücher (und natürlich den folgenden Text) und besuchen Sie spezielle Kommunikationstrainings.

Zum Thema Kommunikation sind bereits sehr viele Bücher geschrieben worden. Mit dem vorliegenden Text soll daher das Rad nicht neu erfunden werden, sondern es werden einige ausgewählte Erkenntnisse aus der Kommunikationspsychologie dargestellt. Wer lernen und umlernen will, findet weiteres Rüstzeug in der entsprechenden Fachliteratur. Immer noch grundlegend und für die ganz praktische Umsetzung hilfreich sind die Standardwerke von Paul Watzlawick (/Watzlawik 00/) und Friedemann Schulz von Thun

Literatur zum Thema

(/Schulz von Thun 06/) sowie die Arbeiten zur Transaktionsanalyse nach Eric Berne u.A. (/Harris 75/, /Berne 05/) und zum neurolinguistischen Programmieren (NLP).

Kommunizieren Sie teilnehmerorientiert

»Jeder Jeck is anders«, sagt man im Rheinland. Für die Kommunikation bedeutet diese närrisch wirkende Regel, dass tatsächlich jeder Mensch Informationen, die ihm dargeboten werden, anders wahrnimmt und anders verarbeitet.

Konstruktivismus

Dieser Erkenntnisansatz, der bereits oben unter dem Stichwort »Konstruktivismus« behandelt wurde (siehe Kapitel »Umfeldorientierung« (S. 87)), kann die eigene Kommunikation erleichtern aber auch erschweren.

Erleichtern deshalb, weil man nun weiß, dass man einfach nur »teilnehmerorientiert« kommunizieren muss, damit der andere das Gesagte auch tatsächlich so versteht, wie man es meinte. Erschweren, weil diese teilnehmerorientierte Kommunikation gar nicht so einfach ist und viel Empathie sowie die Bereitschaft und Fähigkeit zum Perspektivenwechsel voraussetzt.

Schwierigkeiten im Kommunikationsprozess

Darüber hinaus kann viel passieren in der Kommunikation, und der eine oder andere wird selbst schon einmal gemerkt haben, dass andere Menschen nicht immer das tun, was man sich von Ihnen wünscht. Denn es gilt:

Gedacht heißt nicht Gesagt
Gesagt heißt nicht Gehört
Gehört heißt nicht Verstanden
Verstanden heißt nicht Einverstanden
Einverstanden heißt nicht Anwenden
Anwenden heißt nicht Beibehalten.

Versuchen Sie also, Ihre Kommunikation auf den Gesprächsteilnehmer einzustellen. Das Hineinversetzen in den Gesprächspartner und die Fähigkeit, Sachverhalte aus dessen

Blickwinkel wahrzunehmen, ist eine sehr hilfreiche Vorgehensweise.

In der modernen Kommunikationsforschung, wie sie vor allem in der Form des neurolinguistischen Programmieren (NLP) betrieben wird, ist hier der Begriff des sogenannten »Rapports« entstanden.

»Rapport« herstellen

Jeder gute Kommunikator weiß, dass er nur dann sein Gegenüber erreicht, wenn er sich zuvor auf ihn »einschwingt«, eben in Rapport mit ihm geht. Hierzu gehört, sich der Vorkenntnisse, der Motivation und – wenn man die Person gut kennt – sich der Lebenshintergründe der Person bewusst zu sein. Während des Gespräches gehört auch der Augenkontakt sowie eine gewisse Harmonisierung der Körperbewegungen dazu.

Die nächste Regel für die teilnehmerorientierte Kommunikation ist, ein »Feedback-System« zu installieren. Hierzu ist es am einfachsten, mit Hilfe gelegentlicher Fragen zu überprüfen, ob der andere noch gedanklich folgt und das Bisherige richtig verstanden hat. Das ist vor allem bei solchen Gesprächspartnern notwendig, die stumm und regungslos vor Ihnen sitzen und noch nicht einmal durch Kopfnicken zu verstehen geben, ob sie noch dabei sind. Doch seien Sie sanft und nicht schulmeisterlich, sonst blocken ängstliche Menschen noch mehr ab.

Feedback

Das perfekte Feedback-System ist natürlich der Dialog, mit dem Sie permanent prüfen können, ob die Kommunikation greift. Sie sollten deshalb immer versuchen, möglichst viele Dialogelemente in Ihre Kommunikation einzubauen.

Beachten Sie die nonverbale Kommunikation!
Der Kommunikationsexperte Paul Watzlawick hat es einmal schön auf den Punkt gebracht:

»Es gibt keine Nichtkommunikation.«

Auch wenn Sie nichts sagen, kommunizieren Sie (immer) durch Ihren Körper. Das Faszinierende daran ist, dass die meisten Menschen durch ihre Körpersprache sehr genau ausdrücken, was sie verbal vielleicht zu vertuschen suchen. Allerdings muss man sich darin üben, diese Signale zu lesen. Oder besser gesagt: Man muss lernen, diese Signale beim anderen bewusst wahrzunehmen und in der Kommunikation mit ihm umzusetzen.

Nonverbale Kommunikation umfasst sowohl Körperbewegungen (Haltungen, Gesten, Lächeln, Augenkontakt und die Benutzung des physikalischen Raumes) als auch nicht-linguistische Eigenschaften der Sprache wie Stimmlage, Sprechgeschwindigkeit und Lautstärke. Wenn die natürliche Sprache auch eine präzisere Kommunikation ermöglicht, so sind doch nonverbale Elemente für einen signifikanten Anteil der gesamten übermittelten Botschaften verantwortlich, wenn zwei Menschen miteinander in Interaktion treten. Die Körpersprache ist jedoch kein Patentrezept, um den Gesprächspartner mittels einer körpersprachlichen Aussage durchschauen zu können! Sie ist vielmehr eine Möglichkeit, bei Gesprächen und Verhandlungen den Partner besser einschätzen und verstehen zu können.

Hinweise zur Interpretation von Körpersprache

- Es muss sich um unbewusste körpersprachliche Aussagen handeln und nicht um gesteuertes Verhalten (Maske).
- Die Körpersprache kann nur bewertet werden, wenn eine gewisse Stresssituation vorhanden ist.
- Es darf sich nicht um eine Angewohnheit des Gesprächspartners handeln.
- Es müssen mehrere (mindestens zwei) körpersprachliche Aussagen zusammenkommen. Diese Aussagen müssen auch in die gleiche Richtung (positiv oder negativ) gehen.

■ Zufällige Aussagen sind durch wiederholtes Beobachten in der gleichen Situation zu verifizieren.

■ Es darf sich nicht um ein körperliches Gebrechen des Gesprächspartners handeln.

■ Körpersprache kann also:

☐ Wahrheit sein

☐ Angewohnheit sein

☐ Zufall sein

☐ Maske sein

Übrigens: Nicht nur Ihr Gegenüber hat eine Körpersprache, Sie auch. Passt Ihre eigene Mimik und Gestik zu Ihren Ausführungen? Wenn Sie Ja sagen wollen, dann machen Sie auch ein Ja-Gesicht! Wenn Ihre verbale Kommunikation wirklich beim anderen ankommen soll, müssen Sie dafür sorgen, dass sie sich mit den Signalen Ihres Körpers deckt. Wenn hier eine erkennbare Dissonanz vorliegt, werden Ihre Botschaften diffus, und der andere wird Ihren Worten nicht trauen. Dann kann Ihnen passieren, dass man Sie nicht ernst nimmt, Ihre Vorschläge ignoriert, Ihren Diskussionsbeitrag übergeht und sogar Ihre Anweisungen nicht ausführt.

Wenn Sie beispielsweise Ihrem Chef erklären, Sie seien sich absolut sicher, dass die von Ihnen vorgelegte Planung innerhalb kurzer Zeit erfolgreich umgesetzt werden könne, dann sollten Sie sich währenddessen möglichst nicht (laufend) an der Nase reiben oder am Ohr zupfen. Denn damit könnten Sie Ihrem Chef signalisieren, dass Sie selbst nicht recht daran glauben.

Beispiel

Hinweise zur Selbstbeobachtung

Erkunden Sie Ihre Körpersprache, vor allem aber Ihre Macken: Greifen Sie sich häufig an die Nase? Fahren Sie sich ständig durchs Haar? Zupfen Sie an Ihrer Kleidung herum? Schieben Sie Ihre Brille (unnötigerweise) dauernd nach oben? Streichen Sie die Haare oft hinters Ohr? Berühren Sie beim Sprechen Ihre Lippen mit der Hand? Achten Sie einmal darauf. Meist sind das kleine – für uns völlig unbemerkbare Gesten. Und an sich ist gegen all diese Gesten nichts einzuwenden. Ihrem Gegenüber im Gespräch fallen sie jedoch sehr deutlich auf. Zum einen lenken sie etwas vom eigentlichen Gespräch ab. Und zum anderen werden sie meist negativ interpretiert.

Tipp

Bitten Sie daher Freunde oder Kollegen, Sie zu beobachten und Ihnen ehrlich zu sagen, wie Sie wirken. Lassen Sie sich auf Video aufnehmen. Proben Sie bestimmte Gesprächssituationen vor dem Spiegel. Nach und nach wird Ihnen dann auch bei *echten* Gesprächen bewusster, wo Ihre »Macken« liegen.

Beispiele: selbstbewusst wirken

Wenn Sie in der Kommunikation z.B. selbstbewusster wirken wollen, können Sie sich an folgenden Kriterien orientieren:

- Aufrechte Körperhaltung und ruhiger fester Gang.
- Mit beiden Beinen fest am Boden stehen gibt Ihnen sicheren Stand und wirkt zuverlässig und ehrlich. (Kopf und Becken in der Mitte des Körpers; Füße etwa schulterbreit auseinander; Schultern leicht zurück).
- Fester Händedruck (aber nicht quetschen).
- Kontrollierte Gestik im »positiven« Bereich (offene, ausholende Armbewegungen zwischen Schultern und Hüftlinie).
- Kopf hoch.
- Schauen Sie Ihrem Gegenüber offen und ruhig in die Augen.
- Ruhige Atmung.
- Klare, ruhige Sprache (ggf. modulieren, um Sachverhalte zu verdeutlichen).

Kommunikation in der Familie und dem sonstigen sozialen Umfeld

Der Grundpfeiler jeder Partnerschaft – und auch jeder Freundschaft – besteht darin, Gespräche zu führen und sich auszutauschen. Tatsächlich jedoch scheitern viele Partnerschaften an einer zu geringen oder mangelhaften Kommunikation. Probleme bleiben jahrelang unausgesprochen. Man sagt dem Partner nicht, womit man unzufrieden ist oder was einen beschäftigt. Auch über Sehnsüchte, Wünsche und Ziele wird nicht mehr geredet. Stattdessen lebt man gestresst nebeneinander her.

Am Ende steht dann der alles beendende Krach oder das große Schweigen (vgl. hierzu die Ausführungen von Seiwert zur Pittsburgh-Studie /Seiwert 02, S. 52/, /Rogge 00, S. 197 ff./ und /Sieck 04, S. 88 ff./). *das große Schweigen*

Um bei all dem Stress im Job, der Arbeit im Haushalt, den Kindern, die versorgt und womöglich Eltern, die betreut werden müssen, die Zeit zum Reden zu finden, sollten feste Gesprächszeiten vereinbart werden (z.B. mehrmals in der Woche 15 Minuten, wenn abends die Kinder ins Bett gebracht wurden). Achten Sie gleichzeitig darauf, dass Sie Ihre Kommunikationsdiebe (passives Fernsehen, Sich-hinter-der-Zeitung-Verkriechen etc.) zugunsten der Gesprächszeit für Ihren Lebenspartner reduzieren. Die Gesprächstermine mit dem Partner sollten einen festen Platz im Kalender einnehmen. Das Gespräch muss dabei nicht zu Hause stattfinden. In einem Restaurant oder bei einem gemeinsamen Spaziergang in der Natur kann die positive Umgebung sich beruhigend auch auf die Gesprächsatmosphäre auswirken (vgl. /Seiwert 02, S. 55/).

Die Gespräche mit Partnern, Kindern und mit Freunden und Bekannten sind für Sie immer auch eine Möglichkeit zu erkennen, wie diese zu Ihren persönlichen Zielen und Vorhaben stehen. Hören Sie genau hin, um zu erkennen, wo es Zustimmung gibt und wo sich die Gesprächspartner eher zurückhaltend geben oder gar ablehnend reagieren. So gesehen sind die Gespräche – als persönliches »Risikofrüherkennungssystems« – ein wichtiger Teil Ihres Selbstmanagements.

Kommunikation im beruflichen Bereich
Im beruflichen Bereich gibt es formellere Anlässe für Gespräche. Der zielorientierten Vorbereitung, Durchführung und Nachbereitung von Kommunikationssituationen mit Kollegen, Vorgesetzten oder zu führenden Mitarbeitern kommt eine hohe Bedeutung zu.

Neben den eher informellen – aber ebenso wichtigen – (Pausen-)Gesprächen, dem Smalltalk und den kurzen Gesprächen beim zufälligen Treffen auf dem Flur sind es vor allem auch die formalisierten Gespräche (Beurteilungen, Kritikgespräche, Zielvereinbarungen, Verhandlungen etc.) sowie Meetings und Konferenzen, die ein wichtiges Gestaltungsinstrument Ihres beruflichen Selbstmanagements sind.

Tipp | Setzen Sie sich für wichtige berufliche Gespräche Ziele und planen Sie den Gesprächsverlauf entsprechend. Überlegen Sie, wie Sie den Partner am Gespräch beteiligen können und wie Sie mit dem Einsatz von Fragetechniken den Verlauf des Gesprächs lenken können.

Übrigens: Eine große Hilfe für die Kommunikation mit anderen, kann es oft (nicht immer!) sein, dass Sie das, was Menschen sagen, genauso auffassen, wie sie es aussprechen (also alle Interpretationen zu unterlassen). Es vereinfacht das Leben, weil Sie ab sofort nicht mehr darüber nachdenken müssen, ob jemand etwas vielleicht ganz anders gemeint hat. Der Verfasser hat die Erfahrung gemacht, dass das soziale Umfeld sich relativ schnell (nach einigen Vor-

würfen der Naivität und Gutgläubigkeit) auf diese Wahrnehmung einstellt und dann tatsächlich so kommunizierte wie
man es dem Verfasser gegenüber meinte. (Hier danke ich
dem Hinweis des Autors Wulfing von Rohr, der offensichtlich ähnliche Erfahrungen gemacht hat; vgl. /von Rohr 99,
S. 19 f./).

6.3 Führung ***

**Führung stellt einen Spezialfall im Umgang mit ande-
ren dar. Führungskräfte stehen im Spannungsverhältnis zwischen den beruflichen und fachlichen Anforderungen einerseits und den Bedürfnissen der unterstellten Mitarbeiter andererseits. Um Mitarbeiter zu
bewegen, eine Leistung zu erbringen und gleichzeitig ihre Bedürfnisse zu beachten, kommt es vor allem auf die zur Verfügung stehende Zeit für die Führungstätigkeit und die Kommunikation an. Motivieren-
de Führung stellt eine erhebliche Anforderung an die
Selbstorganisationsfähigkeit und den Charakter der
Führungskraft dar.**

Sie sollten die Kapitel zu den Themen »Ziele setzen« (S. 77)
und »Umfeldorientierung« (S. 87) gelesen haben.

Was Sie wissen sollten

Ein Spezialfall in der notwendigen Abstimmung mit dem
Umfeld ist die Tätigkeit als Führungskraft, also der Umgang
mit den unterstellten Mitarbeitern. Führungskräfte sind bereits als Gruppe identifiziert worden, die in besonderer
Weise mit Zeitdruck, zunehmender Arbeitsbelastung und
der steigenden Informationsflut zu kämpfen haben (vgl.
/Kitzmann 94, S. 5/ und /Linneweh 06a, S. 8 f./). Das Zeit-
problem ist in nahezu allen Chefetagen bekannt. Dieser Situation wird aber oft mit Zweckoptimismus begegnet und

gerade bei Managern ist eine »*I hope we shall soon return to normal times*«-Haltung! zu beobachten.

Falls Sie bereits Führungsverantwortung haben oder in Zukunft bekommen sollten, sollten Sie für Ihr Selbstmanagement einige zusätzliche Dinge beherzigen. Immerhin wurde von der Beratungsgesellschaft Czipin & Proudfood in ihrer Produktivitätsstudie herausgefunden, dass die zu beobachtende 31-prozentige Unproduktivität in deutschen Unternehmen wesentlich auch auf die schlechte Führungsleistung zurückzuführen ist /Personalmagazin 06a, S. 22/.

Andererseits leiden bereits deutlich mehr als die Hälfte aller Manager unter psychovegetativen Erkrankungen – Schlafstörungen, Schulter-, Rücken- und Kopfschmerzen, was ein überdurchschnittlicher Wert in der Menge aller Berufstätigen ist.

Die Führungskraft, die sich zur Steigerung der eigenen Zufriedenheit Gedanken um das eigene Selbstmanagement und um eine Ausgewogenheit von Lebensbereichen macht, muss sich zusätzlich immer fragen, wie es um die Zufriedenheit der eigenen Mitarbeiter bestellt ist.

Nun wurden die wenigsten Führungskräfte im Zuge ihrer Ausbildung, in der Lehre, Fachschule, Fachhochschule oder Universität systematisch auf ihre Führungsaufgabe vorbereitet. Künftige Führungskräfte erlernen i.d.R. ihr Fachgebiet; sie sind Techniker, Verwaltungsfachleute oder Betriebswirte, sie haben Ingenieur-, Natur-, Wirtschafts-, Sozial-, Verwaltungs- oder Rechtswissenschaften studiert. Dadurch mögen sie auf diesen Fachgebieten gute Kenntnisse erworben haben. Wie man jedoch mit anderen Menschen umgeht, wie man fachübergreifend denkt, koordiniert, strategisch Entwürfe hin auf die Zukunft entwickelt, all dies kam in der Regel zu kurz. Es war nicht Gegenstand der Ausbildung, muss also Teil der Weiterbildung werden. Wer Führungskraft wird, verdankt dies i.d.R. auch nicht einem erfolgreich bestandenen Führungslehrgang oder einer anderen grundständigen Führungsausbildung. Vielmehr erringen die meisten Führungskräfte ihre Positionen, weil sie sich als hervorragende Fachmitarbeiter qualifiziert haben und über eine bestimmte Stehzeit im Unternehmen verfügen (vgl. /Linneweh 06a, S. 23/).

Der vorliegende Text kann natürlich keine grundsätzliche Ausbildung im Führungswesen ersetzen, er soll aber einige grundsätzliche Hinweise geben, um die Arbeit mit unterstellten Mitarbeitern effektiver zu gestalten. (Eine Literaturempfehlung hierzu ist das sehr gute Buch von /Kälin, Müri 98/).

Was aber ist eigentlich Führung?
Führung besteht darin, andere zu veranlassen, eine Leistung zu erbringen.

Damit ist Führung eine zielbezogene Einflussnahme. Die Geführten sollen dazu bewegt werden, bestimmte Ziele, die sich meist aus den Zielen des Unternehmens ableiten, zu erreichen. Konkret kann ein derartiges Ziel beispielsweise in der Erhöhung des Umsatzes, in der Verbesserung des Betriebsklimas oder in der Unterstreichung bestimmter Qualitätsstandards bestehen. Nach diesem Ansatz orientiert sich Führung also immer daran, inwieweit die Führungskraft dazu beiträgt, Ziele zu erreichen bzw. inwieweit sie dazu beiträgt, dass die unterstellten Mitarbeiter im Sinne der übergeordneten Aufgabe wirksam werden. Es geht also um Ergebnisse und weniger um Prozesse.

Vorgesetzte beklagen sich häufig über die mangelnde Einsatzbereitschaft, Engagement, Selbstständigkeit und Verantwortungsbereitschaft ihrer Mitarbeiter. Mitarbeiter beklagen sich ebenso häufig über die fehlenden Freiheitsräume im Unternehmen, um Eigeninitiative, Ideenreichtum und Verantwortungsbereitschaft entfalten zu können. Die häufige Unfähigkeit von Chefs, Vorgesetzten und Mitarbeitern, diese Dissonanzen aufzulösen, bildet eine Ursache für Unzufriedenheit und mangelnde Leistungsbereitschaft.

»People leave managers – not companies«
/Linneweh 06a, S. 14/

Der generelle Weg aus diesem Dilemma verlangt eine angemessene und gleichzeitige (!) Berücksichtigung der ökonomischen bzw. sachbezogenen Ziele des Unternehmens und der Bedürfnisse der Mitarbeiter. Als Führungsstil, der beide Seiten berücksichtigt, hat sich der sogenannte **kooperative Führungsstil** herauskristallisiert. Dieser zeichnet sich aus durch:

- Führung durch Überzeugung und Übereinstimmung.
- Gemeinsame Entscheidungserarbeitung.
- Ausgeprägte Gruppenverantwortung für die Entscheidungen.
- Klare Abgrenzung der Aufgaben zwischen den Mitarbeitern.
- Vorgesetzter steht jedem Mitarbeiter für Fragen zur Verfügung.
- Ergebnis- statt Verhaltenskontrolle.
- Direkte Information ohne bürokratische Vorgaben.
- Besondere Leistungen werden anerkannt und honoriert.
- Verzicht auf Statussymbole jeder Art.
- Rücksichtnahme und das Eingehen auf den Einzelfall.
- Berechenbarkeit und Fairness.

Leider wird deutschen Führungskräfte derzeit mehrheitlich nicht der kooperative, sondern der eher autoritäre Führungsstil von Mitarbeitern bescheinigt. In der o.g. Untersuchung charakterisierten die befragten Mitarbeiter das Führungsverhalten ihrer Chefs folgendermaßen:

- Deutsche Chefs lassen andere Meinungen nicht zu.
- Die Ansichten der Mitarbeiter erscheinen unwichtig.
- Es fehlen Lob und Anerkennung für gute Arbeit.
- Es wird kein Interesse für die Mitarbeiter »als Menschen« gezeigt.
- Die Mitarbeiter wissen nicht, was von ihnen erwartet wird.
- Die Mitarbeiter bekleiden ungewollte Positionen.

Ein wesentlicher Faktor für angemessene Führung ist, sich Zeit für die Mitarbeiter und für die Führungsaufgabe zu nehmen.

Da aber auch Führungskräfte Ihre eigene Befriedigung überwiegend noch aus der eigenen Facharbeit schöpfen, bleibt für Führungsarbeit, also für das Eingehen auf die zu führenden und zu unterstützenden Mitarbeiter, oft zu wenig Zeit.

Zeit für Führung?

Als der römische Kaiser Hadrian (76-138 n.Chr.) von einer alten Römerin um ein Gespräch gebeten wurde, sagte er, er habe keine Zeit.
Drauf entgegnete diese: »Dann sei kein Kaiser.«

Beispiel aus der Antike

Viele Führungskräfte zwängen Ihre Führungsverantwortung irgendwie in die zur Verfügung stehende Arbeitszeit, ohne große Abstriche vom bisherigen Engagement in der Facharbeit zu machen (siehe Abb. 6.3-1). Dies ist aus der Sicht der Betroffenen in gewisser Weise auch nachvollziehbar: In der Facharbeit können sie weiterhin zeigen, welche guten Leistungen sie bringen und ernten Lob und Anerkennung dafür. Führungsarbeit bedeutet dagegen Mehraufwand, unbekanntes Terrain und die Gefahr, immer wieder als Prellbock zwischen die Interessen von Geschäftsleitung und Mitarbeitern zu geraten (vgl. /Linneweh 06a, S. 7/).

Führungsarbeit erhöht damit – als zusätzliche und oft ungewollte Aufgabe – den Umfang der zu leistenden Arbeit, was in den meisten Fällen zur »automatischen« und dras-

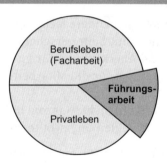

Abb. 6.3-1: Zeit für Führung?

tischen Einschränkung der Freizeit führt, sobald man eine Führungsposition erreicht.

An dieser Stelle kann nur der Appell erfolgen, über die eigenen Prioritäten als Führungskraft nachzudenken. In der Abstimmung mit der Umwelt wird schnell klar werden, dass Führungskräfte gegenüber den zu führenden Mitarbeitern eine große Verantwortung haben, die in der Führungstätigkeit gelebt werden muss. Darüber hinaus steht das Führungsverhalten in direktem Zusammenhang mit der Höhe der in Unternehmen erzielten Gewinne: Einer US-amerikanischen Studie zufolge, lassen sich 39 Prozent der erzielten Gewinne direkt auf weiche Faktoren, wie die Sozialkompetenz des Managements zurückführen (vgl. /Linneweh 06a, S. 13/). Daher sollen nachfolgend einige Hinweise für die Führungstätigkeit gegeben werden:

- **Sich Zeit nehmen für die Mitarbeiter:** Wer sich für Führung keine Zeit nimmt, demotiviert seine Mitarbeiter und erfährt nichts von ihnen.
- **Ziele setzen und Entscheidungen fällen:** Mitarbeiter sollten eine Ahnung davon haben, in welche Richtung es mit dem Team, der Abteilung und mit dem Unternehmen geht, damit sie zielgerichtet daran mitarbeiten können.

Ohne vorgegebene Ziele und Entscheidungen arbeiten die Mitarbeiter quasi im »luftleeren Raum«.

■ **Planungstechniken beherrschen:** Die Führungskraft hat, ggf. zusammen mit seinen Mitarbeitern, den Weg für die Zielerreichung vorzudenken, zu verschriftlichen und zu kommunizieren. Ein Plan gibt den Mitarbeitern einen roten Faden vor, an dem Sie sich auf dem Weg zum Ziel orientieren können.

■ **Wirksames Kommunikationssystem:** Eine wesentliche Ursache für Demotivation von Mitarbeitern ist ihre Uninformiertheit. Informieren Sie Ihre Mitarbeiter über alle für sie geltenden Sachverhalte. Hören Sie Ihren Mitarbeitern aber auch zu und versuchen Sie in Erfahrung zu bringen, was sie bewegt, wie sie mit der Arbeit zurecht kommen und wo sie Hilfe benötigen. Teambesprechungen, Pausen- und Einzelgespräche sowie die Nutzung der gesamten Bandbreite der zur Verfügung stehenden Kommunikationsmedien können und müssen genutzt werden.

■ **Mitarbeiterführung mit 4xM:** »Man *m*uss *M*enschen *m*ögen«, ist eine gute Grundhaltung im Umgang mit anvertrauten Mitarbeitern. Dahinter steht auch die Auffassung, dass man Mitarbeiter als gleichwertige Menschen betrachtet, mit denen auf Augenhöhe kommuniziert wird.

■ **Mitarbeiterführung mit MbO, MbD & Mbwa:** Bei den sogenannten *Management-by-Konzepten* haben sich drei als besonders wirkungsvoll und vereinbar mit dem kooperativen Führungsstil herausgestellt. Beim *Management-by-Objectives* (MbO) führt die Führungskraft durch Ziele und Zielvereinbarungen. Beim *Management-by-Delegation* (MbD) delegiert die Führungskraft möglichst viele und auch höherwertige Aufgaben an die unterstellten Mitarbeiter. Damit werden Mitarbeiter gefördert und gefordert, und die Führungskraft kann sich auf wesentliche Führungsaufgaben konzentrieren. Das *Management-by-Walking-around* (Mbwa) dient dem Kontakthalten mit den

Mitarbeitern. Die Führungskraft ist oft vor Ort, spricht mit den Mitarbeitern, steht für Fragen zur Verfügung und kontrolliert dabei nebenbei den Arbeitsstand (vgl. /Dietze 04, S. 256 ff/).

■ **Mitarbeiterführung durch Vorbild:** Eine wesentliche Funktion der Führungskraft ist die des Vorbildes (vgl. /Linneweh 06a, S. 28 f/). Dabei muss sie den Mitarbeitern nicht unbedingt fachlich immer eine Nasenlänge voraus sein. Vielmehr betrifft dies das allgemeine Verhalten und insbesondere die Selbstorganisationsfähigkeit und Verlässlichkeit. In vielen Seminaren zum Thema Selbstmanagement bekommt man die Aussage zu hören, dass sich die Teilnehmer ja gerne besser organisieren würden, dass dies aber an der mangelhaften (Selbst-)Organisationsfähigkeit und der Unverbindlichkeit des eigenen Chefs scheitern wird.

Denken Sie also daran:

»Ehe Sie andere organisieren, organisieren Sie sich selbst!« (vgl. /Oesch 04, S. 71/)

Coaching   **1** Welchen wesentlichen Erkenntnisgewinn brachte mir der vorliegende Text?
2 Welche Schlüsse ziehe ich aus dem Gelernten für meine Situation?
3 Was werde ich in der Zukunft anders machen?

7 Konzentration der Kräfte und Selbstmotivation **

Der Weg zum Ziel kann beschwerlich und steinig sein. Nicht immer ist jemand da, um Ihnen auf Ihrem Weg unter die Arme zu greifen, Ihnen Mut zuzusprechen und Sie zu motivieren. Es kommt ganz wesentlich darauf an, dass Sie die Fähigkeit zur Selbstmotivation entwickeln um sich selbst immer wieder zur weiteren Leistung anzuspornen.

Sie sollten die Kapitel zu den Themen »Ziele setzen« (S. 77) und »Planung« (S. 131) lesen.

Was Sie wissen sollten

Wenn Sie Ihre gesetzten Ziele mit dem Umfeld abgestimmt haben, können Sie sich daran machen, diese energisch zu verfolgen. Hierzu gehört auch die Fähigkeit sich selbst immer wieder zu motivieren, gerade wenn die Hindernisse zeitweilig unüberwindlich erscheinen. Für Ihre Zukunft sind Sie schließlich im Wesentlichen selbst verantwortlich. Wenn man nur tut, was andere von einem wollen, ist die Motivation geringer: sich am Montag zur Arbeit quälen, für eine Prüfung lernen oder den Abwasch erledigen, weil sonst der Haussegen schief hängt.

Intrinsische und extrinsische Motivation

Psychologen nennen die eine Motivation »intrinsisch« (kommt von innen) und die andere »extrinsisch« (kommt von außen). Wenn Sie Veränderungen in Ihrem Leben wollen, brauchen Sie intrinsische Motivation, Mut und Energie. Und Sie müssen an sich selbst glauben. Dann schaffen Sie es, Ihr Leben nach Ihren Vorstellungen zu führen.

■ Eine hohe Selbstmotivation bedeutet, mit Interesse, Spaß und Freude die Dinge anzugehen und selbst einen Sinn in der Tätigkeit zu sehen.

■ Eine hohe Selbstmotivation bedeutet auch, mit Begeisterung die notwendigen Aufgaben zu erledigen. Es bedeutet nicht, jede Sekunde des Tages motiviert sein zu müssen. Es gibt immer auch Tätigkeiten, die einem mehr und andere, die einem weniger Spaß machen.

■ Letztendlich hat Selbstmotivation viel mit Selbststeuerung und Persönlichkeitsentwicklung zu tun. Je besser Sie sich kennen und wahrnehmen, umso besser können Sie sich auch steuern. Je stärker Sie Ihre Anliegen, Wünsche und Bedürfnisse kennen, desto mehr können Sie für die Erfüllung Ihrer Wünsche tun.

■ Selbstmotivation bedeutet auch, dass man das, was man tut, mit großem Engagement tut. Der Satz: »Tue, was du tust!«, verdeutlicht sehr klar, dass wir umso erfolgreicher sein werden, je mehr wir in einer Aufgabe aufgehen können (vgl. /Kitzmann 94, S. 51/).

»Das möglicherweise wertvollste Resultat jeglicher Erziehung ist die Fähigkeit, sich selbst zu motivieren und das zu tun, was getan werden muss – ganz gleich, ob es einem gefällt oder nicht.« (Thomas Huxley)

Tipps zur eigenen Motivation

Tipp 1: Setzen Sie sich inspirierende Ziele und fragen Sie nach dem Sinn

Ihre Ziele haben Sie sich bereits gesetzt – und das ist gut so, denn: nichts motiviert mehr als ein inspirierendes Ziel. Es gibt genug Geschichten von Menschen, die sich in Ihrer Jugend ein Ziel gesetzt haben und dieses verfolgt haben, bis sie es erreicht haben.

Führen Sie sich also vor Augen, was Sie in diesem Monat, in diesem Halbjahr, in diesem Jahr erreichen wollen. Denken Sie darüber nach, wie Ihr Leben in zehn Jahren aussehen wird. Stellen Sie sich vor, wie Ihr Leben aussieht, wenn Sie diese Ziele erreicht haben. Ziele haben eine gewaltige Motivationskraft. Für Ihre täglichen Aufgaben müssen Sie aus Ihren formulierten Lebens-, Jahres- und Monatszielen kurzfristigere Teilziele ableiten (vgl. /Kitzmann 94, S. 51/ und /Linneweh 06b, S. 73/).

Eine gute Hilfe ist es, Zielvorstellungen für sich selbst zu visualisieren, also eine wirklich bildliche Vorstellung davon zu haben, wie die gewünschte Situation aussehen soll.

Tipp

Ein gewisser Zeitdruck als Zielsetzung ist für manche Menschen eine wichtige Motivation. Setzen Sie sich daher selbst Termine für die Beendigung von Aufgaben und kommunizieren Sie diese mit anderen. Mit sich selbst vereinbarte Termine bewirken i.d.R. von selbst die entsprechenden Handlungen.

Jede Tätigkeit hat irgendeinen Sinn oder Zweck. Häufig verlieren wir aber den Sinn einer Tätigkeit aus den Augen. Wenn Sie sich wieder neu den Sinn einer Tätigkeit vor Augen führen, gewinnen Sie die Energie für die Erledigung der Aufgaben zurück. Fragen Sie sich also, was der Sinn Ihrer Tätigkeit aus einer übergeordneten Perspektive ist bzw. ordnen Sie Ihr Tun in einen Gesamtzusammenhang ein.

Führen Sie sich beispielsweise vor Augen, in welchem Zusammenhang Ihre für die nächste Woche geplanten Kundengespräche mit dem Unternehmenserfolg stehen, oder was Ihre geplante Reduzierung des TV-Konsums für Auswirkungen auf die Gestaltung Ihrer Partnerschaft haben wird.

Beispiel

Tipp 2: Bauen Sie Ihre Demotivatoren ab
Statt nur dahin zu schauen, wie Sie sich selbst stärker motivieren, ist es mindestens genauso wichtig zu erkennen,

was Sie im Moment demotiviert. Meistens hat die Frage nach mehr Selbstmotivation den Hintergrund einer andauernden Demotivation im Job. Dies kann unterschiedliche Ursachen haben.

Beispiele für Demotivatoren

Es kann ein Chef sein, mit dem Sie nicht klar kommen, es kann zu viel Routine in Ihrem Job sein, es kann Ihre eigene Einstellung zur Arbeit sein oder es können auch Arbeitskollegen dazu beitragen, mit denen Sie gerade eine Auseinandersetzung haben. Auch die allgemeinen Arbeitsbedingungen können demotivierend wirken. Wenn Ihr PC fünfmal am Tag abstürzt oder viel zu langsam ist, trägt dies nicht gerade zu einer positiven Einstellung zur Arbeit bei.

Machen Sie sich Ihre Demotivatoren bewusst und entwickeln Sie Maßnahmen diese abzubauen. Dies klingt natürlich leichter als es tatsächlich ist. Es ist jedoch immer wichtiger, die eigentliche Ursache für ein Problem zu erkennen, als nur die Symptome abzubauen. Manchmal kann hier ein Gespräch mit einem kompetenten Coach helfen.

Tipp 3: Unterdrücken Sie negative Gedanken
Warum wollen Sie sich unbedingt das Dasein durch Miesmacherei schwer machen? Für Pessimismus ist kein Platz in Ihrem Selbstmanagement!

Nicht alle Menschen, mit denen Sie zu tun haben, sind selbstsüchtig und gemein, und es ist nicht wahr, dass alles sowieso vorherbestimmt ist. Richtig ist vielmehr, dass Sie selbst Ihr Schicksal bestimmen können. Lassen Sie deswegen alle negativen Gedanken fallen, und betonen Sie ab heute das Positive im Leben. Lachen Sie über Ihre Ängste und Befürchtungen und nutzen Sie die befreiende Macht des Lachens auch, wenn die seelische Anspannung zu groß wird. Machen Sie sich frei von allen Regungen, die zu seelischen Konflikten führen. Vergessen Sie verlorene Schlachten. Schütteln Sie die Erinnerung an alte Niederlagen ab. Auf Ihrem Fahrplan in die Zukunft ist kein Platz für die Verluste und Fehlschläge von gestern (vgl. /Frädrich 05, S. 87 ff./ und /Hofmann 02, S. 20 ff./).

Tipp 4: Reden Sie sich nichts Negatives ein
Manch einer schafft es, sich regelmäßig selbst negativ zu programmieren, indem er sich gedanklich Sätze wie »das kriege ich doch nicht hin« oder »das klappt ja doch nicht« einredet. Damit wird Ihr Denken in unkonstruktive Bahnen gelenkt, so dass Ihr Scheitern tatsächlich wahrscheinlicher wird (die berühmte selbsterfüllende Prophezeiung). Versuchen Sie die negativen Sätze positiv umzuformulieren (vgl. /von Münchhausen 06, S. 34 ff./).

Statt »Ich schaffe das ja doch nicht« sagen Sie »Natürlich schaffe ich das«. Statt »Das wird wieder ein anstrengender Tag«, sagen Sie »Ich freue mich auf die heutigen Herausforderungen«. *Beispiele*

Mit positiven Formulierungen können Sie auf lange Sicht Ihr Unterbewusstsein umprogrammieren.

Viel Selbstmotivation geht auch durch den eigenen »inneren Kritiker« verloren. Viele kennen vielleicht das Phänomen, dass man selbst oft sein schärfster Kritiker ist. Man vergleicht sich ständig mit anderen, und manchmal glaubt man selbst nicht an den eigenen Erfolg. Solche destruktiven inneren Dialoge sind Gift für die Selbstmotivation. Vergleichen Sie sich nicht mit anderen, sondern konzentrieren Sie sich auf Ihre eigenen Entwicklungen und Fortschritte. Erinnern Sie sich häufiger an die Erfolge in Ihrer Vergangenheit. Dies gibt Ihnen Kraft für das Erreichen Ihrer zukünftigen Ziele (vgl. /Kassorla 84, S. 208 ff./).

Tipp 5: Motivieren durch Belohnungen und Feiern
Belohnungen können motivieren. Dies wissen Eltern, Lehrer
und Vorgesetzte. Den meisten Vorgesetzten kommen aner-
kennende Worte aber nur schwer über die Lippen. Machen
Sie Ihre Zufriedenheit mit dem Job daher nicht vom Lob
anderer abhängig. Es zählt nur Ihre Einstellung. Loben Sie
sich also selbst, wenn es sonst niemand tut. Wir sind oft
wenig motiviert, wenn wir nicht ausreichend Anerkennung
bekommen. Da Sie nicht erwarten können, dass Sie immer
von anderen beglückwünscht werden, wenn Sie eine Aufgabe erfüllt haben, sollten Sie für sich selbst Ihre Leistungen
anerkennen und sich damit wertschätzen, um trotzdem motiviert zu sein.

Sie dürfen sich auch ruhig feiern, wenn Sie etwas erledigt haben, das für Sie eine große Herausforderung war. Holen Sie
sich ein Feedback von anderen, indem Sie ihnen von Ihrem
Erfolg erzählen: von Ihren Kollegen, Ihrem Chef und von Ihrem Lebenspartner. Je schöner die Feier, desto mehr werden
Sie sich darauf freuen, es beim nächsten Mal genauso gut zu
machen, eben, um sich wieder selbst feiern zu können (vgl.
/Kassorla 84, S. 146 f./).

Überlegen Sie einmal, mit welchen kleinen Belohnungen Sie
sich in der nächsten Zeit selbst motivieren könnten. Stellen
Sie hierzu eine Liste zusammen und wählen Sie bei einer
erledigten wichtigen Aufgabe eine der Belohnungen aus.

Tipp | Achten Sie darauf, dass Sie sich nicht selbst um Ihre Be-
lohnung betrügen. Was Sie sich versprechen, müssen Sie
auch unbedingt halten.

Zur Selbstmotivation gehört insbesondere auch, dass man
den Tag »rund« macht. Versuchen Sie den Tag mit einem Erfolgserlebnis zu beginnen und ihn mit eben so einem zu beenden. Dabei kann es sich auch um eine kleine Aufgabe han-

deln, die erfolgreich zum Abschluss gebracht wird. Gerade zu Anfang des Tages ist man besonders offen für positive und negative Erlebnisse, die aber den ganzen Tag beeinflussen können (vgl. /Kitzmann 94, S. 51/).

Tipp 6: Setzen Sie sich selbst Termine
Viele Menschen lassen sich dadurch zu einer höheren Leistung motivieren, indem Sie einen festen Erledigungstermin für eine übertragene Aufgabe bekommen. Hier wirkt der sogenannte Hochsprungeffekt: Schon die Tatsache, dass eine (zeitliche) Hürde zu nehmen ist, sorgt für bessere Leistungen. Außerdem dauern Arbeiten i.d.R. solange, wie man ihnen Zeit gibt.

Nutzen Sie die Motivationswirkung von Terminen, indem Sie diese in Ihrem eigenen Verantwortungsbereich ab jetzt selbst setzen und damit eine gewissen Druck aufbauen. Die Termine sollten Sie, genau wie die extern vorgegebenen Termine, in Ihren Planungsinstrumenten vermerken und auch nachkontrollieren.

Solange Sie ernst und ehrlich zu sich selbst sind werden Sie sich an die selbst gesetzten Termine versuchen zu halten.

Tipp 7: Machen Sie Maßnahmenpläne
Wie isst man einen Elefanten? Komische Frage? Die Antwort lautet.»Scheibchenweise«.

Wenn man eine unüberschaubare Aufgabe vor sich hat, hilft es der eigenen Motivation wesentlich, wenn diese Aufgabe in viele kleine Schritte zerlegt wird und die nächsten umsetzbaren Schritte damit deutlich werden. Schrittweises Vorgehen bedeutet schrittweises Erleben von (kleinen) Erfolgssituationen.

Tipp | Erstellen Sie deshalb konkrete Maßnahmenpläne für Tage, Wochen und Monate. Nutzen Sie dabei die Ausführungen zur Zielsetzung.

(Siehe das entsprechende Kapitel »Ziele setzen« (S. 77)).

Tipp 8: Schöpfen Sie Kraft aus der Vergangenheit
Genau, wie man sich die zukünftigen Erfolge visualisieren kann genauso sollte man sich die eigenen Erfolge aus der Vergangenheit vor Augen halten. Frühere Erfolge können motivierend wirken, wenn man die richtigen Schlüsse zieht (vgl. /Kitzmann 94, S. 51/).

 Eine Hilfe kann die folgende Übung zur Rückschau sein: Bearbeiten Sie die folgenden beiden Tabellen bitte Spaltenweise von links nach rechts und leiten Sie zum Schluss Handlungen für Ihr zukünftiges Leben ab.

Höhepunkte bzw. Erfolge	Wer war verantwortlich?	Was ist geschehen? Wie wurde der Erfolg erreicht?	Was sollte ich daraus ableiten?

Tab. 7.0-1: Rückschau 1.

Tiefpunkte bzw. Misserfolge	Wer war verant-wort-lich?	Was ist geschehen? Was wurde falsch gemacht?	Was sollte ich daraus ableiten?

Tab. 7.0-2: Rückschau 2.

Achtung: Überprüfen Sie einmal, wem Sie vorrangig die Verantwortung für Erfolge und Misserfolge zuschreiben. Machen Sie für Misserfolge bisher zu sehr andere verantwortlich? Wo bleibt Ihr eigener Anteil, und wie steht es dann mit Ihrer eigenen Verantwortung und Veränderungsbereitschaft? Sehen Sie Erfolge bisher nur in eigenen Handlungen begründet? Welche Bündnispartner und Netzwerke könnten Sie dann mobilisieren, um noch erfolgreicher zu sein? (vgl. /Kassorla 84, S. 103 ff./ und /von Münchhausen 06, S. 86 ff./)

Tipp 9: Mobilisieren Sie »externe Antreiber«
Auch wenn Sie bewusst mit jemandem über Ihre Vorhaben reden, können Sie sich selber motivieren, da Sie nun wissen, dass der andere ebenfalls – quasi von außen – Ihre Bemühungen zur Zielerreichung beobachtet. Sie sollten sich hierzu einen Gesprächspartner aussuchen, der in der Lage ist, zuzuhören und der Ihre Vorhaben unterstützen kann. Einen Schritt weiter geht die Idee, Ihre Kollegen, Ihre Mitarbeiter, Ihren Partner und das sonstige soziale Umfeld bewusst als externe Kontrollinstanzen einzusetzen, wenn Sie sich selbst nicht genügend motivieren können (vgl.

/Kassorla 84, S. 151 f./, /von Münchhausen 06, S. 189 ff./ und /Asgodom 02, S. 116 f./).

Tipp 10: Machen Sie es schriftlich!
Zur Selbstmotivation gehört auch, dass Sie Ihre Vorhaben schriftlich verfassen. Das, was schriftlich formuliert wird, hat einen wesentlich selbstverpflichtenderen Charakter, als wenn Sie sich bestimmte Ziele und Umsetzungsschritte nur gedanklich vorstellen. Wenn etwas schwarz auf weiß formuliert ist, wirkt es stärker auf die eigene Motivation (vgl. /Kitzmann 94, S. 52/).

Tipp 11: Konzentrieren Sie Ihre Kräfte
Wenn Sie noch an einer bestimmten Aufgabe arbeiten, sollten Sie in Gedanken nicht schon bei der nächsten sein (vgl. /Linneweh 06b, S. 73 f./).

Beispiel

Wenn Sie mit Ihren Kindern spielen, sollten Sie nicht über berufliche Themen nachdenken. Wenn Sie mit Ihrer Fußballmannschaft im Entscheidungsspiel stehen, sollten Sie sich ausschließlich darauf konzentrieren.

Tipp | Was immer Sie tun: Machen Sie es ganz oder gar nicht!

Tipp 12: Alle Fünfe gerade sein lassen
Es gibt Tage, an denen nichts zu funktionieren scheint und kein noch so guter »Motivationstrick« greift. Bevor Sie dann stundenlang versuchen, die schwierige Aufgabe doch noch irgendwie hinzubekommen, eigentlich aber keinen Fortschritt erkennen, sollten Sie lieber aufhören. Machen Sie etwas anderes, nutzen Sie die Gleitzeit oder feiern Sie Überstunden ab. Erlauben Sie sich eine Auszeit ohne ein schlechtes Gewissen zu haben.

8 Planung **

Planen bedeutet, sich gedanklich Schritt für Schritt einem formulierten Ziel zu nähern. Der zu gehende Weg wird quasi schon gedanklich abgeschritten. Bei der Planung entsteht eine Vorstellung davon, welche Aufgaben in welchen Zeiteinheiten nacheinander zu erledigen sind. Dabei sind sowohl der berufliche als auch der private Bereich sowie ein gewisses Maß an planungsfreier Zeit für Spontanes zu berücksichtigen.

Sie sollten die Kapitel zu den Themen »Ziele setzen« (S. 77) und »Konzentration der Kräfte und Selbstmotivation« (S. 121) gelesen haben.

Was Sie wissen sollten

Wenn Sie spüren, dass Sie bei der Arbeit unter Druck sind, dass Sie zu viel zu tun und zu wenig Zeit dafür haben, dass Sie außer Kontrolle geraten sind oder einfach die wichtigsten Dinge nicht auf die Reihe bekommen, liegt es oft an einer schlechten oder fehlenden Planung.

Wenn Sie aber bereits wissen, welche Ziele Sie erreichen wollen, wie Sie sich zur Zielerreichung mit dem Umfeld abstimmen müssen und welche Möglichkeiten der eigenen Motivation es gibt, besteht der nächste Schritt darin, ein gangbares System für die Planung und Überwachung Ihrer Vorhaben in den kommenden Tagen, Wochen und Monaten zu finden.

»Wer nicht plant, der wird verplant!«

Leben Sie ab jetzt also nicht mehr »planlos« dahin. Sich treiben zu lassen, bringt Sie Ihrem Ziel nicht näher. Geplant zu handeln und organisiert zu sein bedeutet: weniger Zeit für »Feuerwehraktivitäten« und für die Reaktion auf Krisen aufzuwenden und sich stärker auf jene Dinge zu konzentrieren, die für die Zielerreichung wichtig sind. Das Ziel selbst dür-

Vorteile der Planung

fen Sie dabei nicht aus den Augen lassen, aber Sie werden es eher und leichter erreichen, wenn Sie den Weg dorthin planen. Eine Planung hilft Ihnen, im Vorfeld eine Sache genau zu durchdenken. Dadurch finden Sie mögliche Stolperfallen und Fallstricke und können Schwierigkeiten im Vorfeld vermeiden. Zusätzlich sparen Sie durch eine kluge Planung oft Zeit, Geld und Arbeitskraft. Bereits bei den Hinweisen zur Selbstmotivation wurde ja gesagt, dass die Planung von Aufgaben dazu dient, Wege zum Ziel transparenter zu machen und damit Erfolgsschritte zu verdeutlichen (vgl. /Caunt 00, S. 9 ff./, /Dietze 04, S. 112 f./ und /Kitzmann 94, S. 7/).

Schritt für Schritt

Eine Schritt für Schritt-Planung zerlegt ein großes Unternehmen in überschaubare Zeit-Arbeits-Einheiten, die nach und nach abgearbeitet werden können. Alles wird dadurch bewältigbarer (vgl. /von Münchhausen 06, S. 148/).

»Holzhacken ist deshalb so beliebt, weil man bei dieser Tätigkeit den Erfolg sofort sieht.« (Albert Einstein)

Ein ganz entscheidender Aspekt bei der Planung ist der Auflösungsgrad. Man muss sich dafür entscheiden, mit welcher Ausführlichkeit eine Planung vorgenommen wird. Eine zu grobe Planung kann sich als wenig hilfreich erweisen. Eine zu feine Planung bedeutet oft, dass die Planung zu starr und unflexibel wird. Eine ausgewogene Planung wird Sie gelassener und zuversichtlicher machen, weil Sie sehen, dass das Ziel nicht so schwer erreichbar war, wie Sie möglicherweise zu Anfang gedacht haben (vgl. /Kitzmann 94, S. 24 ff./).

Jeder kann planen
Bei einigen Menschen scheint die Fähigkeit zu planen und sich selbst – entsprechend der eigenen Planung – zu organisieren angeboren zu sein. Umgekehrt scheint es geborene Chaoten zu geben, die mit Planung gar nichts anfangen können. So wird oft Menschen in kreativen und künstleri-

schen Berufen unterstellt, dass Planung und Ordnung nicht ihre Stärke zu sein scheint. In gewisser Weise trifft diese Einschätzung zu, denn tatsächlich gibt es Menschen, die eine angeborene oder durch die eigene Sozialisation angenommene Neigung und Fähigkeit zur Planung haben. Bestätigt wird dies in theoretischen Konstrukten, wie z.b. der Temperamente-Lehre des Hippokrates bzw. der Riehmannschen Typologie oder dem sog. D.I.S.G.-Modell. Andererseits – und um im Beispiel zu bleiben – kann man beobachten, dass gerade viele bildende Künstler sehr wohl organisiert sind, dass die Ordnung Ihrer Instrumente im Atelier – der Farben, Leinwände, Pinsel, Chemikalien etc. – vorbildlich aussehen kann, und dass auch die Vorbereitung größerer Kunstwerke i.d.R. eine detaillierte Planung zur Grundlage hat.

Planung verhilft Ihnen dazu – egal in welchem Beruf Sie tätig sind – Ziele zu erreichen und den Aufwand in der Umsetzung wesentlich zu reduzieren. Richtig ist aber auch, dass planerische Tätigkeiten den einen Menschen leichter fallen als anderen.

Grenzen der Planung?

»Wie kannst Du Gott zum Lachen bringen? Erzähl ihm deinen Plan.«

Das mag stimmen. Für jede nachfolgende Handlung kann man schließlich nicht alle Eventualitäten vorhersehen. Unsere Pläne werden immer wieder von der Wirklichkeit durcheinandergebracht. Es kommt oft anders, als wir es uns vorgestellt haben.

Zu planen bedeutet also nicht, dass Sie nicht auf unvorhersehbare Veränderungen reagieren dürfen. Ein Plan ist nur solange ein guter Plan, wie er die erkennbaren Rahmenbedingungen berücksichtigt. Spätestens, wenn neue Ereignisse eintreten oder Sie neue Erkenntnisse gewinnen – unabhängig davon ob sie vorhersehbar waren oder nicht – müssen Sie ihn überarbeiten.

flexible
Planung

Ein Plan ist also ein bewegliches Instrument und kein starres unflexibles Raster. Von daher müssen bestimmte Spielräume bei der Planung bestehen bleiben.

Gerade bei komplexen Fragestellungen lässt sich bei der Planung nicht alles vorhersehen. Von daher kann eine zu ausführliche Planung dabei falsche Wege suggerieren, die vom eigentlichen Zweck wegführen.

»Erst wägen, dann wagen!« (Hellmuth Graf von Moltke)

Hinzu kommt, dass jeder Mensch einen gewissen Grad an Spontaneität braucht, weil dies zur persönlichen Zufriedenheit beiträgt. Erst die Kombination von einer wohldurchdachten Planung und einem genügend großen Freiraum für das spontane Handeln macht hier den »Königsweg« aus (vgl. /Kitzmann 94, S. 16 ff./).

Die planerische
Berücksichti-
gung der
Lebensbereiche

Mit der Planung können Sie Ihre o.g. Vision und Ihr Lebensleitbild mit Leben erfüllen, indem Sie sie täglich in Ihren einzelnen Lebensbereichen richtig »leben« und den entsprechenden Aktivitäten eindeutige Priorität einräumen. Als Planungszeiträume kommen hierzu der Tag und die Woche in Betracht. Allerdings erweist sich der einzelne Tag als Planungs- oder Handlungsperspektive insgesamt als zu kurzlebig und stressig, um allen Lebensbereichen auf einmal gerecht werden zu können. Eine ganze Woche hingegen stellt eher ein repräsentatives Abbild des Lebens dar, umfasst sie doch durch das Wochenende alle Lebensbereiche und bietet die Chance für sämtliche Aktivitäten, Arbeit wie Freizeit, Beruf und Privates, Familie und Hobby, die so zu ihrem Recht zu kommen. Neben der Planung der beruflichen Abläufe sollten Sie also unbedingt auch darauf achten, dass Sie in jeder Woche auch für die anderen Lebensbereiche einen konkreten Schwerpunkt setzen.

Überlegen Sie: Was wollen Sie in der kommenden Woche im Rahmen der Familie unternehmen? Welche Termine reservieren Sie für Ihre Freunde und/oder Bekannten? Wann nehmen Sie sich Zeit für sich selbst – für Wellness, Sport, Ihr Hobby etc.?

Entscheidend dabei ist, dass Sie für die wichtigen Aktivitäten zuerst entsprechende Zeitfenster oder Termine mit sich selbst vergeben und diese auch in Ihrem Zeitplaninstrument fixieren. Die Unwägbarkeiten des Alltages bringen es nämlich mit sich, dass andernfalls immer schnell irgend etwas anderes dazwischen kommt – und schon füllt sich die Woche bzw. der Terminkalender mit Aktivität um Aktivität ganz von alleine. Ergebnis: Das Wesentliche – auch in anderen Lebensbereichen – bleibt mal wieder zugunsten des (beruflich) Dringendem auf der Strecke. Blockieren Sie hingegen vorher die entsprechende Zeit für Ihre Lebensbereiche, dann finden Sie auch die Zeit, sich darum zu kümmern.

Berufliche Zeitplanung

Bei der beruflichen Planung werden Sie unterscheiden müssen zwischen den vielfältigen Routineaufgaben, den Aufgaben, die Ihnen mit Gestaltungsspielräumen (hinsichtlich Zeit, Inhalte, Qualität, Personaleinsatz etc.) vorgegeben wurden und denjenigen, bei denen Sie selbst über die Frage der Durchführung entscheiden können.

Für Routineaufgaben (täglich anfallende Aufgaben wie das Beantworten von E-Mails, Bearbeiten von Posteingängen, wöchentliche Tätigkeiten, wie die Teilnahme an Besprechungen etc.) sollten Sie – wenn es geht – feste Zeiten fixieren und diese Aufgaben zu diesen Zeiten bündeln. Der Vorteil liegt darin, dass man dann durch Routineaufgaben nicht von den wichtigeren Aufgaben abgelenkt wird.

Aufgaben-management

Reines »Aufgabenmanagement«, auch *Task Management* genannt, gilt für die Ihnen übertragenen Aufgaben, mit oder ohne eigenem Handlungsspielraum. Hier geht es im Wesentlichen darum, eine übertragene Aufgabe so gut wie möglich zu erledigen (vgl. /Dietze 04, S. 135/).

10 Fragen für die Übernahme von Aufgaben

Für die Bearbeitung solcher Aufgaben hat sich die Beantwortung folgender 10 Fragen als sinnvoll erwiesen (hierzu sollten Sie auch Ihre Ihnen unterstellten Mitarbeiter anhalten, denen Sie Aufgaben zuweisen):

1 Worin besteht die Aufgabe? Welche wesentliche Leistung wird von mir erwartet und wo muss/kann ich Schwerpunkte setzen?

2 Welchem übergeordneten Zweck/Ziel dient meine Aufgabe?

3 Was muss auf jeden Fall bis wann gemacht werden (resultierende Teilaufgaben, Vorgaben aus dem internen Qualitätsmanagement, »Pflicht & Kür« etc.)?

4 Welche konkreten Vorgaben habe ich für die Umsetzung bereits bekommen? Welchen Entscheidungs- bzw. Handlungsspielraum habe ich?

5 Was steht der Übernahme der Aufgabe ggf. im Wege (z.B. fehlendes Know how, nicht zu verändernde Rahmenbedingungen, zeitgleich zu erbringende Leistungen etc.)?

6 Welche Unterstützung und welche Informationen benötige ich noch, und woher bekomme ich diese?

7 Wie strukturiere/plane ich die Vorgehensweise?

8 Welchen (zeitlichen) Puffer plane ich ein?

9 Wie informiere ich meinen Vorgesetzten bezüglich der Erledigung der Aufgabe bzw. wie erfolgt die Überprüfung?

10 Wen muss ich (zwischenzeitlich) noch informieren bzw. mit wem muss ich mich abstimmen?

Die hohe Kunst der Planung liegt natürlich bei den Aufgaben, bei denen Sie selbst über das »ob« der Durchführung entscheiden, d.h. es handelt sich um Aufgaben, die Sie selbst – als Teil Ihrer eigenen Zielerreichungsstrategie – formuliert haben.

Was heißt es, zu planen?

Planen heißt, den Weg von der Ausgangssituation zum anvisierten Ziel vorwegzunehmen und gedanklich **Schritt für Schritt** abzuschreiten. **Planen dient also – kurz gesagt – dem Zweck, eine klare Vorstellung von dem zu bekommen, was man tun muss.** Mit dieser Fähigkeit, werden Sie trotz komplexer Probleme und Herausforderungen den Überblick behalten; mehr Zeit für Familie, Freunde und Freizeit haben; Stress und Müdigkeit abbauen und Ihren Ruf als kompetente Fach- und Führungskraft festigen. Mit einer eigenen Planung können Sie sich auch davor schützen, dass andere zu sehr über Ihre Zeit verfügen.

Ein Plan ist dazu da, die eigenen Ressourcen strukturiert und zielstrebig einzusetzen, um sie auf die wichtigsten Ziele zu konzentrieren. Zum effektiven Planen müssen Sie Folgendes tun:

- Ihre Ziele festlegen bzw. sich der festgelegten Ziele bewusst werden;
- feststellen, welche Schritte zur Erreichung Ihres Ziels notwendig sind;
- Projekte und Aufgaben in ihre einzelnen Komponenten unterteilen;
- überlegen, wie lange Sie für die Aktivitäten voraussichtlich brauchen werden;
- überlegen, welche Aufgaben zu welchen Zeiten fertig gestellt werden müssen, damit Sie sagen können, dass Sie auf dem richtigen Weg sind;

- den eigenen Biorhythmus berücksichtigen;
- feststellen, was Sie von anderen brauchen, um Ihre eigenen Aufgaben erfüllen zu können.

Zeit-Planung

Wenn Sie sich noch einmal die Tatsache vor Augen halten, dass niemand seine Lebenszeit vermehren kann, wird klar, dass Sie Ihre Ziele besser erreichen können, wenn Sie nicht nur inhaltlich, sondern auch den Umgang mit Ihrer Zeit planen. Planung erlaubt Ihnen, zu agieren statt zu reagieren und sich Ihre Prioritäten bewusst zu machen. Planen heißt also nicht, sich möglichst viel vorzunehmen, sondern das wirklich Wesentliche zu erkennen und zu strukturieren.

 Bei konsequenter Anwendung von Zeitplänen können Sie täglich 10 bis 20 Prozent Zeit einsparen!

Planungszeiträume sollten auf jeden Fall die Woche und der Tag sein. Darüber hinaus können auch ein jährlicher Grobplan (ggf. in Verbindung mit Zielvereinbarungsgesprächen), sowie Quartalspläne sinnvoll sein. Je nach Neigung und Ausgestaltung Ihrer beruflichen und persönlichen Zielvorstellungen können Sie das System schließlich bis zum Mehrperioden- oder gar Lebensplan ausbauen (vgl. /Dietze 04, S. 137/).

Coaching

1 Welchen wesentlichen Erkenntnisgewinn brachte mir der vorliegende Text?

2 Welche Schlüsse ziehe ich aus dem Gelernten für meine Situation?

3 Was werde ich in der Zukunft anders machen?

8.1 Planungsmethoden *

Planungstätigkeiten sollten sich vor allem auf die Woche und auf einzelne Tage beziehen. Als sehr effektive Planungsmethode hat sich die sogenannte ALPEN-Methode erwiesen. Neben der Festlegung der Aufgaben, ihrer Priorisierung und der Zeitschätzung, sollten auch die Rahmenbedingungen des Arbeitens einkalkuliert werden.

Sie sollten die Kapitel zu den Themen »Ziele setzen« (S. 77) und »Prioritäten bilden und Ziele setzen« (S. 63) angeschaut haben.

Was Sie wissen sollten

Die ALPEN-Methode

Eine bekannte **Aktivitäten-Planungsmethode**, die auf einzelnen Planungsschritten basiert, ist die sogenannte ALPEN-Methode. Sie ist besonders für die Erfassung zeitaufwendiger Aktivitäten geeignet und sollte vorwiegend im wöchentlichen Rhythmus eingesetzt werden. Die Methode umfasst folgende Schritte:

1 Aufgaben zusammenstellen
2 Länge der Tätigkeiten einschätzen
3 Pufferzeiten für Unvorhergesehenes reservieren
4 Entscheidungen über Prioritäten treffen
5 Nachkontrolle

Der erste Schritt besteht darin, dass Sie sich einen Überblick über die zu erledigenden Arbeiten verschaffen. Danach schätzen Sie die Zeit, die Sie zur Bewältigung der einzelnen Aufgaben benötigen. Hierbei sollte man großzügig verfahren, um eine zu enge Arbeitszeiteinteilung zu vermeiden.

Als grundsätzliche Schätzmethode hat sich die Bildung eines Durchschnittswertes bewährt zwischen den Kriterien »wie lange wird es höchstens dauern« und »wie lange wird

Zeit schätzen

es mindestens dauern«. Um sicher vor unliebsamen Überraschungen zu sein, die Ihnen Ihre gesamte Zeitplanung auf den Kopf stellen können, sollten Pufferzeiten von 10 bis 20 Prozent pro Aufgabe aufgeschlagen werden. In Branchen und Tätigkeitsgebieten, bei denen die eigenen Arbeit stark von äußeren Entscheidungen abhängt (z.b. schnelles Reagieren auf Kundenwünsche) kann die notwendige Pufferzeit wesentlich höher sein.

Anschließend sollten Sie eine Entscheidung über die Priorität fällen, so dass die notierten Arbeiten in eine Reihenfolge kommen und Sie wissen, welche Aufgabe als erstes in Angriff zu nehmen ist. Bei eigenen Aufgaben, aber auch bei Aufgaben, die Sie an andere delegiert haben, sollten Sie die Erledigung kontrollieren, d.h. z.b. in Ihrem Zeitplanbuch abhaken, ob die Arbeit getan ist (vgl. /Transfer 04, S. 35 f./).

Wochenplanung

Die o.g. ALPEN-Methode lässt sich besonders gut für die Wochenplanung anwenden. Sie sollten also einmal pro Woche mit dieser Methode Ihre Arbeitsquellen überprüfen und die daraus resultierenden Wochenaufgaben strukturieren. Quellen für zu planende Arbeiten sind Ihre Arbeitsakten einschließlich Ihrer Projekte, Ihr Terminkalender, zeitlich bereits festgelegte Aktivitäten und Erinnerungshilfen, Ihr Wiedervorlagesystem für die Dinge, die während der kommenden Woche anfallen, Ihre laufenden Angelegenheiten (Korb und Akten für Laufendes – einschließlich Ihres E-Mail-Ordners, in dem Sie alle Mails sammeln, die Sie noch nicht beantworten können) sowie das Aufgabenbuch, das Sie vielleicht führen, um die Dinge zu notieren, die Sie tun müssen (vgl. /Dietze 04, S. 138/).

Indem Sie die in der nächsten Woche zu erledigenden Aufgaben bestimmen und Schwerpunkte bilden, wird es einfacher, Prioritäten für die einzelnen Tage zu setzen. Wenn etwas wichtig ist, wird es auf Ihrem Wochenplan stehen, anderenfalls nicht. Sie müssen nur einmal, nämlich während Ihrer Wochenplanung, entscheiden, was vorrangig zu tun ist. Der Vorteil einer solchen Planung ist auch, dass Sie dann vieles in einem größeren Zusammenhang sehen, so dass Sie realistischer einschätzen können, wie viel Zeit Ihnen für die verschiedenen Projekte und »Baustellen« zur Verfügung steht. Mit der Wochenplanung erleichtern Sie wesentlich Ihre tägliche Planung, da Sie nicht täglich über das »ob« aller zu erledigenden Aufgaben entscheiden müssen.

Allein dadurch wird Ihre Arbeit schon wesentlich stressfreier. Die Entscheidung, was jeden Tag zu tun ist, fällt viel leichter, da Sie nur in Ihrem Zeitplanbuch oder Ihrem Terminkalender nachschlagen müssen, welche Arbeiten Sie zu Beginn der Woche für den heutigen Tag eingeplant haben. Am Ende oder zu Beginn einer Arbeitswoche einen Plan für die nächste Woche aufzustellen, macht die dafür benötigte Zeit wett (vgl. /Dietze 04, S. 140 f./).

stressfreier arbeiten

Nehmen Sie sich eine kurze Auszeit von ca. 20 Minuten und planen Sie Ihre nächste Woche mit der ALPEN-Methode.

- ■ Welche Aufgaben liegen für die kommenden 7 Tage an? Schreiben Sie sie auf!
- ■ Versuchen Sie nun die Länge der Tätigkeiten zu schätzen.
- ■ Schlagen Sie nun einen angemessenen Zeitpuffer auf Ihre Schätzung.
- ■ Priorisieren Sie zum Schluss Ihre Aufgaben, in dem Sie sie mit einer Nummerierung oder anderen Hinweisen versehen.
- ■ Überlegen Sie noch, wie Sie kontrollieren bzw. »abhaken« wollen, ob die Aufgaben erledigt wurden.

Tagesplanung

Planen Sie auch jeden einzelnen Arbeitstag. Erstellen Sie am Morgen oder besser am Abend des Vortages einen Tagesplan. Tragen Sie alle Termine und Vorhaben in den Tagesplan ein (bzw. übernehmen Sie die festgelegten Arbeiten aus Ihrer Wochenplanung). Damit behalten Sie den Überblick. Sie sollten insgesamt jedoch nicht mehr als 70 % Ihrer Zeit verplanen, damit Sie Raum für Unerwartetes und spontane Aktivitäten haben. Verteidigen Sie dann täglich Ihre Prioritäten und lassen Sie sich nicht von Ihrer Planung abbringen. Auch für die Tagesplanung können Sie grundsätzlich auf die Vorgehensweise der ALPEN-Methode zurückgreifen; d.h. auch für die tägliche Planung müssen Sie eindeutige Prioritäten setzen.

Rahmenbedingungen und das Verhalten Anderer berücksichtigen

Zusätzlich sollten Sie die Rahmenbedingungen Ihrer Arbeit fixieren: So sollten Sie sich Zeiten für ungestörtes Arbeiten (an konzeptionellen/ kreativen Aufgaben) festlegen.

Bestimmen Sie, wann Sie gestört werden können und wann nicht. Denken Sie daran: Wenn Sie dauernd gestört und dadurch in Ihrer Arbeit unterbrochen werden, tritt der so genannte »**Sägeblatt-Effekt**« ein: Für den Moment, in dem Sie von Ihrer momentanen Aufgabe abgelenkt werden, benötigen Sie einen zusätzlichen Energie- und Zeitaufwand, bis Sie an der gleichen Stelle erneut ansetzen können.

»stille Stunde« vorsehen

Planen Sie also für sich selbst eine stille Stunde während der offiziellen Arbeitszeit ein, in der Sie sich unter keinen Umständen stören lassen. Tragen Sie diese Stunde wie einen wichtigen Kundentermin in Ihrem Planungsinstrument ein und schirmen Sie sich in dieser Zeit völlig von anderen ab.

Biorhythmus

Sie sollten bei der Tagesplanung auch berücksichtigen, um welche Tageszeit Sie voller Energie und voller Ideen sind; wann Sie eher lustlos und müde sind und nur Arbeiten verrichten können, bei denen Sie sich nicht voll konzentrieren müssen (siehe hierzu die Ausführungen zur Leistungsfähigkeit und zum »Biorhythmus« im Kapitel »Nutzung der eigenen Leistungsfähigkeit« (S. 263))?

Für die eigene Motivation ist es sehr hilfreich, wenn Sie jeden Abend als Abschluss Ihrer Arbeit eine kurze Bilanz ziehen, wie viel der vorgesehenen Aufgaben Sie erledigen konnten.

Bilanz ziehen

1 Welchen wesentlichen Erkenntnisgewinn brachte mir der vorliegende Text?

2 Welche Schlüsse ziehe ich aus dem Gelernten für meine Situation?

3 Was werde ich in der Zukunft anders machen?

Coaching

8.2 Planungssysteme **

Bei der Auswahl von Planungssystemen kommt es immer auf den eigenen Arbeitsstil an. Gebräuchliche Instrumente sind nach wie vor der Terminkalender sowie To-do-Listen und Checklisten. Relativ neu als Zeitplanungsinstrument ist die Verwendung eines großen zentralen Arbeitsbuches, in welches alle Aufgaben notiert werden.

Terminkalender

Das gebräuchlichste Planungsinstrument ist nach wie vor der Terminkalender, der in den verschiedensten Variationen angeboten wird.

Terminkalender sind schon von der Größe her zu unterscheiden: Sie können Terminkalender als Übersicht für die Wand, als Tischkalender mit Wocheneinteilungen oder als immer griffbereites Instrument in Taschenbuchformat verwenden.

Formate

Einsatz von
Wandkalendern

Wandkalender eignen sich für Jahresplanungen und insbesondere bei sehr unterschiedlichen Projekten, die während des Jahres zeitgleich zu bearbeiten sind. Sie sind unersetzbar, wenn es um die Planungen mit mehreren Personen geht, da die Zeitplanung bei Besprechungen immer für alle transparent ist.

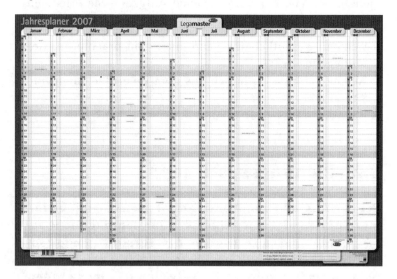

Abb. 8.2-1: Wandkalender.

Die Betonung der Wichtigkeit der Wochenplanung (siehe Kapitel »Planungsmethoden« (S. 139)) macht es erforderlich, im von Ihnen verwendeten Kalender auf jeden Fall eine Wochenübersicht zu haben. Diese kann als Tischkalender vorliegen oder Teil Ihres Terminkalenders sein, den Sie täglich bei sich führen (vgl. /Dietze 04, S. 143/).

auch private
Dinge notieren

Achten Sie darauf, dass Sie in Ihren Terminkalender nicht nur die beruflichen, sondern auch die privaten Termine notieren. Der Kalender bietet Ihnen die Möglichkeit, die bewusste Berücksichtigung Ihrer verschiedenen Lebensbereiche durch entsprechend visualisierte Termine (mit anderen oder mit sich selbst) entsprechend Ihrer Lebensprioritäten umzusetzen.

Verwendung von To-do-Listen

Trotz vieler technologischer Neuerungen, die das persönliche Informationsmanagement in den letzten Jahren überschwemmt haben, ist die To-do-Liste auf Papier immer noch eines der am weitesten verbreiteten Instrumente (Tab. 8.2-1). Allerdings ist eine Liste nicht viel wert, wenn sie nichts anderes ist als eine Ansammlung von Ideen, die Ihnen am Morgen in den Sinn kommen. Einen Qualitätssprung erreichen Sie, wenn Sie Ihre To-do-Liste z.B. analog zur ALPEN-Methode anlegen (siehe bei »Planungsmethoden« (S. 139)). Die notierten Termine müssen dann noch zusätzlich Eingang finden in das eigene Kalendersystem.

Aufgabe	Verantwort-lich	geschätzte Dauer (inkl. Zeitpuffer)	Fertig bis	Kontrolle
1.				
2.				
3.				
4.				
5.				
6.				
7.				
8.				
9.				
...				

Tab. 8.2-1: To-do-Liste.

Checklisten

To-do-Listen für wiederkehrende Aufgaben bzw. Projekte nennt man Checklisten. Die Arbeit mit solchen Checklisten bietet einige Vorteile:

- Routinevorgänge müssen nicht immer wieder neu durchdacht werden (»Das Rad nicht neu erfinden müssen«).
- Es entfällt die Furcht, etwas vergessen zu können. Checklisten bieten ein Maximum an Sicherheit bei geringem Kontrollaufwand.
- Checklisten eignen sich sehr gut bei der Einarbeitung von neuen Mitarbeitern, Aushilfskräften und Urlaubsvertretungen.

Für Ihren Arbeitsbereich sollten Sie einen eigenen Checklisten-Ordner anlegen, der die wichtigsten Checklisten enthält. Am besten ist es, genau dann eine eigene neue Checkliste zu erstellen, wenn man gerade eine häufig vorkommende Arbeit durchführt. Sie können aber auch zwischendurch Ihre eigenen Checklisten, zum Beispiel für Planung von Besprechungen Projekten, Reisevorbereitung o.ä. erstellen.

 Überlegen Sie, für welche Bereiche Sie die Möglichkeit sehen, ständig wiederkehrende Vorgänge durch Checklisten zu systematisieren.

Das große Arbeitsbuch

Eine sehr effektive Methode, Ordnung und Klarheit in Ihre Selbstorganisation zu bringen, ist es, alle Notizen vollständig in ein großes Arbeitsbuch zu schreiben. In diesem Buch finden Sie alle Dinge, die Sie erledigen oder an die Sie denken wollen (vgl. /Koenig, Roth, Seiwert 01, S. 57/, /Transfer 04, S. 42 f./ und /Dietze 04, S. 170 ff./).

Hierzu sollten Sie sich ein **dickes, festgebundenes Buch mit Blankopapier (bzw. kariert/ liniert) im Format DIN-A5 mit 200-300 Seiten** anschaffen. Diese leeren Bücher erhalten Sie in Schreibwarenläden. Achten Sie darauf, dass das Buch sich farbig von anderen Schreibtischutensilien abhebt, damit Sie es jederzeit schnell finden. Der Umschlag sollte robust (ggf. Leder) und die Papierqualität gut sein, denn Sie werden sehr viel mit diesem Buch arbeiten.

Zur Vorbereitung des Buches müssen Sie alle Seiten nummerieren, um zu vermeiden, dass einzelne Einträge verschwinden. Anschließend beginnen Sie damit, alle anstehenden Aufgaben, die Sie erledigen müssen, in das Buch hineinzuschreiben.

Dabei ist völlig unerheblich, ob es sich um kurzfristige oder langfristige Aufgaben handelt. Beginnen Sie damit, dass Sie das aktuelle Datum eintragen und notieren Sie dann darunter beispielsweise aktuell zu tätigende oder vorzubereitende

kurz- und langfristige Aufgaben notieren

- Telefonate,
- E-Mails,
- Anfragen,
- Briefe,
- Berechnungen,
- Gespräche,
- Projektplanungen.

Lassen Sie dabei etwas Platz für die Markierung von Prioritäten (z.B. Stern, Ausrufezeichen etc.), Nummerierung, Delegationsvermerke (z.B. Namenszeichen) u.ä. In Ihr großes Aufgabenbuch gehören auch alle Ideen, die Sie zwischendurch haben. Wenn Sie ein (größeres) Projekt notieren, lassen Sie Platz darunter, damit Sie später Ergänzungen einfügen können.

In Ihrem großen Aufgabenbuch lassen sich auch alle beim Aufräumen Ihres Schreibtisches abgeleiteten Arbeitsschritte aufnehmen. Nehmen Sie sich jeden Stapel auf Ihrem Schreibtisch vor, und notieren Sie nacheinander in Ihrem Buch, was zu tun ist. Sortieren Sie die Unterlagen, Gesprächsnotizen und Briefe anschließend in Hängemappen, Ordner oder andere Systeme ein. Wenn Sie Ihre Eintragungen beendet haben, dürfte kein Papier mehr auf Ihrem Schreibtisch liegen.

In der Folge sollten Sie Ihr Aufgabenbuch konsequent weiterführen.

Beispiele

Wann immer eine zu verarbeitende Information irgendwie an Sie gerät, sollten Sie einen entsprechenden Vermerk machen:

Sie benötigen eine Information, aber der Ansprechpartner wird erst nach seinem Urlaub wieder erreichbar sei. Schreiben Sie es auf.

Ihr Telefon klingelt, Sie haben aber keine Zeit. Also notieren Sie den zu tätigenden Rückruf.

Ein Mitarbeiter kommt zu Ihnen und bittet Sie darum, ihn in der nächsten Woche zu unterstützen. Schreiben Sie es auf.

Priorisierungen durchführen

Sie sollten für jeden Tag (z.B. am Abend des Vortages) planerisch entscheiden und (ggf. andersfarbig) markieren, welche der notierten Aufgaben eine hohe Priorität haben. Diese Aufgaben sollten Sie dann am entsprechenden Tag vorrangig bearbeiten. Überlegen Sie außerdem, welche weniger wichtigen und kleineren Aufgaben sich für den nächsten Tag zwischen die größeren Aufgaben und wichtigen dazwischen schieben lassen. Achten Sie dabei auf eine realistische Einschätzung und auf die Einplanung zeitlicher Puffer.

Alle notierten Aufgaben, die Sie erledigt haben, können Sie durchstreichen und daneben den Erledigungstermin notieren. Am Ende des Tages sollten alle für den Tag markierten Aufgaben (und ggf. – wenn es die Zeit zuließ – auch einige nicht markierte Aufgaben) gestrichen sein. Wenn Sie alle

Aufgaben einer Seite durchgestrichen haben, können Sie die gesamte Seite entwerten. Auch hier können Sie das Datum zufügen

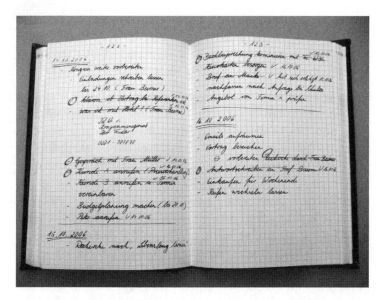

Abb. 8.2-2: Großes Arbeitsbuch.

Der wesentlich Vorteil des großen Arbeitsbuches ist es, dass Sie alle zu erledigenden Aufgaben stets verfügbar haben und damit nie wieder etwas vergessen. Außerdem eignet sich das große Arbeitsbuch auch, um immer wieder bei zurückliegenden Projekten nachschlagen zu können, was damals wie geplant und umgesetzt wurde. Auch wenn Ihr Arbeitsbuch voll ist, sollten Sie es einige Zeit behalten. Es wird damit quasi zum **»Notfalltagebuch«**, weil Sie dort wichtige Informationen wiederfinden können. Außerdem bekommen Sie eine Vorstellung davon, mit welchen Arbeiten Ihr Arbeitstag angefüllt ist.

Vorteile des Instruments

Ein positiver Nebeneffekt der Arbeit im großen Arbeitsbuch ist die Motivationswirkung durch das Erfolgserlebnis des Durchstreichens erledigter Aufgaben.

Lassen Sie auch andere wissen, dass Sie ein großes Arbeitsbuch führen. Sie werden feststellen, dass Sie schnell Nachahmer finden werden, was die Zusammenarbeit mit diesen Menschen erfolgreicher werden lässt.

Die Verwendung von Diktiergeräten

Ein sehr effizientes Instrument für die Planungsvorbereitung und die Verarbeitung von Informationen ist der Einsatz von Diktiergeräten als **»besprechbares Notizbuch«** (Abb. 8.2-3). Gerade für Berufstätige, die viel unterwegs sind, eignet sich das Diktiergerät für die **Aufnahme spontaner Ideen oder von Einfällen zu laufenden Projekten**. Die sprachliche Formulierung kann wesentlich schneller erfolgen als die schriftliche Fixierung. Außerdem ist es die einzige Möglichkeit, um z.B. während einer Autofahrt als Fahrer Ideen festzuhalten. Die unmittelbare sprachliche Formulierung mit einem Diktiergerät führt auch dazu, dass der Assoziationsfluss wesentlich schneller ist und mehr Einfälle in kürzerer Zeit formuliert werden können. Die formulierten Ideen bzw. die daraus resultierenden Arbeitsschritte sollten dann am Arbeitsplatz umgehend Eingang finden in das eigene Planungsinstrument. Die Gefahr, irgendetwas zu vergessen, reduziert sich durch diese Vorgehensweise auf ein Minimum. Mit dem Diktiergerät können Tätigkeiten, wie Autofahren, der Verdauungsspaziergang oder Wartezeiten effizient im Sinne kreativer Tätigkeit genutzt werden.

Coaching   **1** Welchen wesentlichen Erkenntnisgewinn brachte mir der vorliegende Text?

2 Welche Schlüsse ziehe ich aus dem Gelernten für meine Situation?

3 Was werde ich in der Zukunft anders machen?

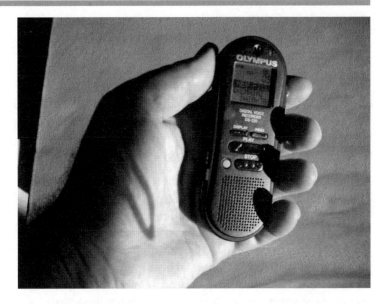

Abb. 8.2-3: Beispiel für ein professionelles digitales Diktiergerät.

8.3 Die Verwendung von Organizern **

Organizer-Systeme bieten umfangreiche Möglichkeiten, Informationen zu speichern und zu verwalten. Grundsätzlich kann zwischen den papierbasierten und den elektronischen Systemen unterschieden werden. Beide bieten Vor- und Nachteile. Die Auswahl des passenden Systems hängt im Wesentlichen davon ab, wofür man den *Organizer* verwenden will, wie die eigene Arbeit strukturiert ist und ob man persönlich einen besseren Zugang zu Papiersystemen oder zu elektronischen Instrumenten hat.

Was Sie wissen
sollten

Sie sollten die Kapitel zu den Themen »Ziele setzen« (S. 77) und »Prioritäten bilden und Ziele setzen« (S. 63) gelesen haben.

Schon seit Längerem werden Terminkalender oft als Teil eines Organizers angeboten, welcher außerdem die Möglichkeit bietet, zusätzlich bestimmte Abschnitte anzugliedern, wie Adressbuch, Projektpläne, Notizen etc. (vgl. /Caunt 00, S. 32 ff./).

Verwendungs-
möglichkeiten
& Nutzen

Abgesehen davon, dass der Kalenderteil Sie auf dem Laufenden über Ihre Terminierungen hält, kann in einem solchen Organizer noch eine Vielzahl anderer Informationen festgehalten werden wie: Aufgabenlisten oder Pläne für die kommende Woche, Geburtstage, Ferien, Jubiläen und andere spezielle Daten, Notizen, die man sich während Besprechungen und Vorträgen macht, Adressen und Telefonnummern, allgemeine Informationen wie Zeitzonen, Vorwahlnummern, Gewichte, Maße, Übersichtskarten, persönliche Informationen wie Versicherungsnummern, Personalausweisnummer etc. Außerdem können in entsprechenden Fächern kleine Unterlagen abgelegt werden, wie Quittungen, Visitenkarten, Fotos etc. (vgl. /Kitzmann 94, S. 221 f./).

Tipp

Den von Ihnen angeschafften Organizer sollten Sie lernen, völlig auszunutzen. Außerdem sollten Sie mitgelieferte Inhalte entfernen, die Sie nicht verwenden können, um Ihr Planungsinstrument schlank und übersichtlich zu halten. Möglicherweise müssen Sie auch Anpassungen durchführen, wenn der Anbieter des Systems nicht genau die Instrumente liefern kann, die Sie benötigen.

Der Einsatz von Zeitplanbüchern/Organizern ermöglicht die konsequente Einhaltung eines Zeitplansystems und sorgt für erfolgreiche und sinnvolle Ziel- und Zeitplanung. Er ist das schriftliche Instrument zur konkreten Umsetzung des

Abb. 8.3-1: Beispiel für Organizer.

Selbstmanagements. Mit der Verwendung eines *Organizers* kann die tägliche Arbeit besser geplant, koordiniert, organisiert und rationeller durchgeführt werden. Es verbessert die Qualität und den Erfolg der eigenen Arbeit. Schreiben Sie deshalb alles auf, was Sie erledigen wollen: Termine, Aktivitäten, Telefonate, Korrespondenz etc. Sie entlasten damit Ihr Gedächtnis und konzentrieren sich dabei auf das wirklich Wesentliche (vgl. /Dietze 04, S. 172 ff./).

Die Auswahl des passenden Organizers hängt sehr vom persönlichen Arbeitsstil und den individuellen Anforderungen ab. Deswegen lohnt es, sich im Vorfeld über die eigenen Anforderungen Gedanken zu machen, denn ein guter Organizer ist meist nicht ganz billig und schnell schließt man aus einem Fehlkauf, dass Zeitplanbücher per se nichts bringen, obwohl man im Grunde nur das falsche System gekauft hat.

Auswahl des Organizers

Grundsätzlich sollte ein Organizer als Ringbuch angelegt sein. Dadurch wird die notwendige Flexibilität gewährleistet. Organizer werden heute in verschiedenen Größen angeboten. Die gängigsten Formate sind A5 und das sogenannte Westentaschenformat (ca. A6). Darüber hinaus finden Sie auch noch kleinere Exemplare, und einige Anbieter haben sogar DIN A4-Formate im Angebot. Organizer im Westentaschenformat haben den Vorteil, dass sie handlicher sind und dass Sie sie einfacher überall dabei haben können. Das ist ein Faktor, den Sie nicht unterschätzen sollten, denn ein Organizer macht nur Sinn, wenn er wirklich ständig verfügbar ist. Dafür bieten aber solche kleinen Formate naturgemäß nicht so viel Platz für Eintragungen, Aufgaben und Termine. Die größeren Organizer (A5 oder A4) bieten mehr Platz, sind dafür aber deutlich unhandlicher.

Kalender-funktionen

Einige Hersteller bieten daher mittlerweile als Ergänzung zu ihren A5-Ausgaben handliche Monatskalender, die im Planer aufbewahrt, aber auch herausgelöst werden können. Das Westentaschenformat eignet sich für das Notieren von wenigen Terminen und Aufgaben, bzw. für Menschen, die eher oberflächlich planen wollen, beruflich und privat viel unterwegs sind und ungern immer ein größeres Ringbuch mit sich herumtragen. Menschen, die viele Aufgaben, Termine, Ideen zentral verwalten müssen bzw. die eher detailliert planen wollen und/oder die beruflich und privat weniger unterwegs sind, sollten das A5-Format wählen. Sie haben dann die notwendigen Informationen ständig verfügbar.

Den Kalenderteil des Organizers bieten die meisten Anbieter in verschiedenen Variationen an. Es gibt i.d.R. die folgenden Möglichkeiten:

- 1 Blatt pro Kalendertag oder
- 2 Blätter pro Kalendertag (gegenüberliegend) oder
- 1 Blatt pro Woche oder
- 2 Blätter pro Woche (gegenüberliegend)

Ob Sie ein wöchentliches oder tägliches Kalendarium wählen, richtet sich nach Ihrer Aufgabenstruktur und nach dem persönlichen Geschmack. Tagesblätter bieten mehr Platz; bei einem wöchentlichen Kalendarium haben Sie dagegen die Ganze Woche im Überblick, was vielen eine übersichtlichere und weitreichendere Planung ermöglicht. Sie selbst sollten entscheiden, welche Übersicht die für Sie passende ist. Möglicherweise benötigen Sie eine ja auch völlig andere Aufteilung, denn das Planen mit einem Organizer ist eine höchst individuelle und kreative Angelegenheit

Im gezeigten Beispiel benötigte der Manager eine Schnellübersicht über den Monat, mit den jeweils drei wichtigsten Tagesterminen. Diese Übersicht musste selbst erstellt und für den verwendeten Organizer angepasst werden (Größe, Falz, Lochung), da es keinen Hersteller gab, der eine solche individuelle Übersicht anbot (Abb. 8.3-2).   *Beispiel*

Neben dem Kalenderteil können auch Aufgabenformulare, **To-do-Listen** und **Checklisten** Teil des Organizers sein. Weitere Inhalte können Formblätter, Plastikhüllen zum Verstauen von Visitenkarten und Disketten, Farbige Motivationsblätter etc. sein.

In einem Organizer können i.d.R. immer wieder neue Seiten hinzugefügt und überflüssige entfernt werden, sodass der Organizer ewig erweitert werden kann und immer aktuell bleibt. Der Nachteil ist allerdings, dass man bestimmte Informationen von einer Seite auf die andere übertragen muss (z.B. von der To-do-Liste auf das Kalendarium).

Bei vielen von Ihnen verwalteten Daten, Planungen und Adressen werden Sie feststellen, dass der gefüllte Organizer möglicherweise irgendwann ein wenig unhandlich wird. Nutzen Sie dann ein dazugehöriges Ablagesystem.   *Tipp*

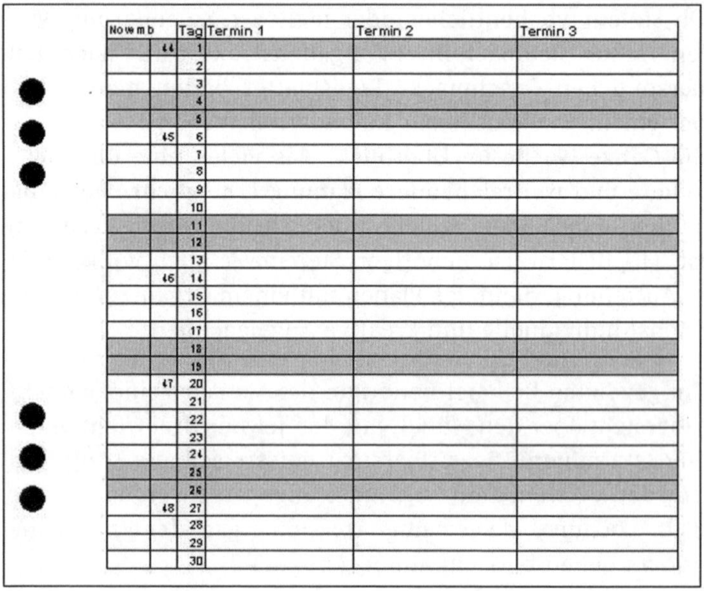

Nowemb		Tag	Termin 1	Termin 2	Termin 3
	44	1			
		2			
		3			
		4			
		5			
	45	6			
		7			
		8			
		9			
		10			
		11			
		12			
		13			
	46	14			
		15			
		16			
		17			
		18			
		19			
	47	20			
		21			
		22			
		23			
		24			
		25			
		26			
	48	27			
		28			
		29			
		30			

Abb. 8.3-2: Spezielles Organizerblatt.

Disziplin in der
Handhabung

Die Planung mit dem Organizer setzt Disziplin voraus:

■ Als Erstes müssen Sie sich daran gewöhnen, Fristen und Termine sofort zu notieren, sobald diese vereinbart werden.

■ Wenn Sie jemanden mit dem Führen Ihres Terminkalenders beauftragen, unterrichten Sie diese Person sofort, wenn Sie eine Verabredung getroffen haben.

■ Sie sollten stets Zugang zur aktuellen Fassung Ihres Terminkalenders haben und ihn regelmäßig überprüfen, um die Übersicht über Ihre Dispositionen zu behalten.

Verwendung von elektronischen Organizern

Zunehmend kommen elektronische Organizer in Gebrauch, mit denen man Information digital griffbereit halten kann (*PDAs, Palmtops, Handhelds, Blackberrys* etc.).

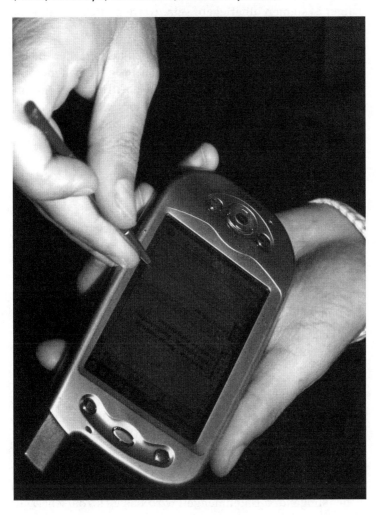

Abb. 8.3-3: Elektronischer Organizer.

Die Technologie entwickelt sich hier rapide weiter und wird mittlerweile so gut wie allen Bedürfnissen gerecht. Die gegenwärtigen Trends zeigen, dass diese elektronischen Organizer in der Zukunft möglicherweise herkömmlichen Papier-Systemen überlegen sein werden (vgl. /Dietze 04, S. 175 ff./):

Vorteile elektronischer Systeme

+ Elektronische Organizer bieten den Vorteil der möglichen Vernetzung mit dem eigenen Intranet-Systems und damit eine zentrale / dezentrale elektronische Termin- und Aufgabenverwaltung und Büroorganisation. Die Daten können verknüpft und auf verschiedene Weise dargestellt werden, ohne dass man sie erst mühsam übertragen müsste.

+ Sie können Ihre projektbezogenen Aktivitäten planen und über einen Zeitraum von Wochen Aufgaben in Ihren elektronischen Terminkalender einfügen, wobei Sie gleichzeitig Ihre anderen Verpflichtungen voll berücksichtigen können.

+ Zum festgelegten Zeitpunkt erinnert Sie dann Ihr elektronischer *Organizer* an die zu erledigende Aufgabe. Auch regelmäßig wiederkehrende Verpflichtungen brauchen nur einmal eingegeben zu werden.

+ Die Technologien haben sich mittlerweile so weit entwickelt, dass auch E-Mails, Faxe und *Voicemails* bequem versendet und empfangen werden können.

+ Die kleinen Geräte lassen sich außerdem in jeder Handtasche und jedem Aktenkoffer verstauen.

+ Das Kalendarium eines elektronischen Organizers muss nicht jedes Jahr neu gekauft und aufbereitet zu werden.

+ Außerdem wirken sich elektronischen Merkmale überaus günstig aus, z.B. beim automatischen Sortieren und der Aufbereitung der Daten nach bestimmten Kriterien. Auch bei steigenden Datenmengen wird das elektronische Zeitplanbuch nicht dicker. Die Speicherkapazitäten wachsen ständig.

+ Eine externe Sicherung der Daten ist zusätzlich möglich.

+ Ein Hauptvorteil des elektronischen Systems liegt in der fortlaufenden Verwaltung von Datenbeständen, zu denen man ständig einen schnellen Zugriff haben muss.

An den **anfänglichen Schwachstellen** der elektronischen Organizer, wie mangelnde Speicherkapazitäten, schlecht lesbare Bildschirme, kurze Lebensdauer der Batterien wurde mittlerweile gearbeitet. Einige Haken gibt es aber trotzdem:

– Ein Computer-Kalendersystem im Palm-Format besitzt möglicherweise eine schlecht handhabbare Tastatur.

Nachteile

– Außerdem können elektronische Systeme »abstürzen«, so das bis dahin nicht gesicherte Daten verloren gehen können.

– Darüber hinaus hat die Verwendung der Geräte – gerade wenn es sich um Firmengeräte handelt, die »großzügigerweise« den leitenden und/oder Außendienstmitarbeitern überlassen wurden – den Effekt der offenen Bürotür auslösen. Da Sie immer erreichbar sind und man von Ihnen auch die entsprechende Beantwortung von eingehenden Nachrichten, wie E-Mails erwartet, wird es schwieriger, eine klare Grenze zwischen Beruf und Privatleben zwischen Arbeitszeit und Freizeit zu ziehen. Arbeitsstress kann so in den Privatbereich verlagert werden.

Ob Sie sich für die elektronische Version entscheiden, hängt letztlich von der Arbeit ab, die Sie organisieren und von Ihren persönlichen Vorlieben. Bei der Auswahl sollten Sie aber auf jeden Fall auf einige Kriterien achten (vgl. /Caunt 00, S. 36ff./):

■ Welchen Zweck soll Ihr Organizer erfüllen?

■ Ist die Software des elektronischen *Organizers* kompatibel mit der Ihres PCs?

- Lassen sich Daten einfach und bequem (per Tastatur oder Eingabestift) eingeben?
- Benötigen Sie und hat das System ein Spracherkennungs-programm?

9 Informationsverarbeitung *

Um die auf Sie täglich einströmenden Informationsmengen sinnvoll zu verarbeiten, müssen Sie sich ein System der Informationsselektion zulegen. Sie können dafür sorgen, dass bestimmte Informationen Sie gar nicht erst erreichen. Bei den Informationen, die auf den verschiedenen Kommunikationskanälen bei Ihnen ankommen, sollten Sie systematisch klären, ob bzw. wie Sie die Informationen weiterverarbeiten.

Informationsflut

Die wachsende Rolle der Information und die notwendige Fähigkeit, sie auf allen Gebieten optimal einzusetzen, verändert in hohem Maße alle Aktivitäten unserer Gesellschaft. Informationen sind heute wesentlich schneller und leichter verfügbar als je zuvor. Wegen des einfachen und leichten Zugangs zu gespeicherten und wissenschaftlichen Daten erleben wir einen bemerkenswerten Anstieg an Informationen (vgl. /Kitzmann 94, S. 108 f./).

Das zeigt insbesondere folgende Untersuchung: Beispiel

Im Jahre 1950 wurden täglich 1500 Fachaufsätze publiziert. Im Jahre 1985 wurden bereits 15.000 publiziert. Im Jahre 2000 waren es dann ca. 100.000 Veröffentlichungen pro Tag. Das Dilemma der Informationsflut zeigt sich auch darin, dass es immer wieder vorkommt, dass bestimmte Forschungen wiederholt werden, obwohl die Ergebnisse längst vorhanden sind. Auch das deutsche Patentamt muss mittlerweile etwa ein Drittel der Anmeldungen zurückweisen, da andere Erfinder diese Patente bereits angemeldet haben (vgl. /Kitzmann 94, S. 117 f./).

Überblick behalten

Angesichts dieser Informationsfülle stellt sich daher die Frage, wie man eigentlich den Überblick behalten kann. Wie selektiert man täglich am besten die Mitteilungen, die zu einer sinnvollen Entscheidung führen? Die heutige Überstrapazierung des Gehirns mit wichtigen aber noch viel mehr mit unwichtigen Daten ist ein klarer Tatbestand. Sowohl unser Gedächtnis als auch unser Denk- und Auffassungsvermögen geraten an Grenzen, die neue Denkstrategien und neue Informationsverarbeitungsstrategien erfordern.

»Ein Übermaß an Informationen erzeugt Verhaltensstarrheit!« /Streich 06a, S. 49/

den wichtigen Informationsgehalt herausfinden

Im Wesentlichen kommt es darauf an, aus der immer größeren Datenmenge den wichtigen Informationsgehalt herauszufinden. Leider lassen wir Informationen häufig unter dem Gesichtspunkt der Erreichbarkeit und des Unterhaltungswertes an uns herankommen. Das Fernsehen, mit seiner medialen Dominanz, sowie Zeitungen und Zeitschriften leben ja vom Verkauf von Informationen. Deshalb muss man sich darüber im klaren sein, dass in vielen Medien auch unbedeutende Informationen aufgewertet und als bedeutungsvoll herausgestellt, in les- und hörbarer Form aufbereitet und so angeboten werden, dass die Lesemotivation oder die Motivation zum Zuschauen sehr hoch ist. Das, was zufälligerweise oder durch geschickte Manipulation an uns herangeführt wird, muss also unseren eigenen Bedürfnissen überhaupt nicht entsprechen. Wir sind dann eher die Opfer einer geschickt aufbereiteten Information, die unsere Zeit in Anspruch nimmt.

statt papierloses Büro: steigende Informationsflut

Hinzu kommen die technischen Entwicklungen, die gerade im Arbeitsalltag zu einer gesteigerten Informationsflut geführt haben. Die Zeiten, wo im Büro nur das Telefon läutete und die Post einmal am Tag zugestellt wurde, sind vorbei. Sie müssen heute zusätzlich auf Faxe, E-Mails, Handy-

Anrufe, SMS, Kurierfahrer und Fahrradkuriere reagieren. Es gibt Menschen, die täglich bis zu 200 E-Mails erhalten. Mit einem Knopfdruck kann eine Notiz an Hunderte von Mitarbeitern verschickt werden. Leider ist man der Idee vom papierlosen Büro kaum einen Schritt näher gekommen. Unsere Computer drucken mehr Papier aus, als wir wieder loswerden können, und unsere Kopierer tun es ihm gleich. Die Papierflut ist daher heute größer als je zuvor (vgl. /Dietze 04, S. 98/).

Abb. 9.0-1: In der Papierflut versinken?

Als guter Arbeitsmethodiker werden Sie sich ab sofort von all den unbedeutenden Informationen und dem überflüssigen Papier abschotten und die auf Sie einströmenden Informationen nach systematischen Gesichtspunkten differenzieren und sich ein eigenes Filtersystem zuzulegen, mit dessen Hilfe Sie eben nur noch die notwendigen Informationen aufnehmen. Auch hier geht es also um Prioritätensetzung.

Abschottung und Informationsselektion

Die aktive Informationsselektion sollte sich auf Ihre beruflichen Informationskanäle und Kommunikationsanlässe beziehen, d.h.

■ auf den Post-, Fax- und E-Mail-Eingang,
■ auf Telefonate,
■ auf Besprechungen und Konferenzen.

Ziehen Sie die Informationen heraus, die für Ihre Arbeit wirklich wichtig sind und versuchen Sie sich von den nicht wichtigen Informationen zu schützen. Am besten wäre es natürlich, zu verhindern, dass belanglose Informationen und Aufgaben überhaupt erst bis zu Ihnen vordringen.

Wesentlich ist hierfür auch, dass Sie nach außen deutlich machen, welche (nutzlosen) Informationen Sie in der Zukunft weder benötigen noch bearbeiten werden. Ohne ein klares »Nein« an dieser Stelle, werden Ihre Kollegen, Vorgesetzten etc. eine gewisse Erwartungshaltung aufbauen, dass Sie die Informationen, die diese Ihnen übermitteln, auch immer (umgehend) verarbeiten.

Weniger effizient ist dagegen die **Methode des nachgeschalteten Filtern**. Alle Informationen landen dann zunächst ungefiltert bei Ihnen und werden erst danach von Ihnen durchsortiert. Vielleicht können Sie andere Instanzen nutzen, die eine Vorfilterung durchführen (z.B. Sekretariat) oder Sie schließen einfach bestimmte Kommunikationskanäle (von Verteilern streichen lassen, Abonnements abbestellen etc.) (vgl. /Dietze 04, S. 98/).

persönliche
Informations-
verarbeitung

Bei der persönlichen Informationsverarbeitung ist im Wesentlichen zu unterscheiden, ob man sich mit dem Vorgang/der Information überhaupt beschäftigen muss, und falls dies bejaht wird, ob die Information vollständig aufgenommen werden muss oder ob es ausreicht, sich lediglich den Zugang zu dieser Information zu sichern (vgl. /Caunt 00, S. 74 ff./).

Für das Selektieren der eingehenden Informationen sollten Sie sich folgende Fragen stellen:

■ Über welche Themen muss ich laufend informiert sein und welche Quellen stehen mir hierzu zur Verfügung?
■ Wie stelle ich sicher, dass ich wirklich alle wichtigen Informationen erhalte?
■ Wie stelle ich sicher, dass ich nicht zu viele bzw. unwichtige Informationen verarbeite?

Verplanen Sie nicht alle Kommunikationsanlässe, und lassen Sie z.B. auch Raum für informelle Pausengespräche. Denken Sie auch an Ihre nichtberuflichen Lebensbereiche, und achten Sie hier darauf, dass Sie nicht damit beginnen, Ihre Gespräche mit Ihrem Partner mit Freunden, Verwandten und mit Ihren Kindern nach Effektivitätsgesichtspunkten zu führen.

Folgende Tipps sollen Ihnen helfen, mit der eingehenden Papierflut zurechtzukommen: Tipps

■ Nehmen Sie Dokumente möglichst nur einmal in die Hand!
■ Stellen Sie dazu bei jedem Schriftstück die Aktionsfrage: WANN werde ich diesen Vorgang abschließend erledigen?
■ Alles, was weniger als 5 Min. dauert, erledigen Sie sofort! Für alles andere legen Sie konkret fest, wann Sie es endlich tun werden (Termin!).
■ Lesen Sie schneller und systematischer!
■ Achten Sie darauf, dass Sie von Ihren Kollegen nicht mit Memos, Berichten und Kopien anderer schriftlicher Dokumente bombardiert werden, die Sie nicht brauchen. Setzen Sie hier klare Grenzen.

- Entscheiden Sie täglich sofort, was Sie mit eingehenden Papieren tun (siehe »Mit den 5 Ds zum leeren Schreibtisch«).
- Alles, was Sie später erledigen wollen, notieren Sie in Ihrem Planungsinstrument (Terminkalender, Organizer, großes Arbeitsbuch etc.).
- Bewahren Sie Zeitschriften und Berichte nicht grundsätzlich auf, weil Sie sie vielleicht irgendwann einmal brauchen könnten.
- Nutzen Sie Ihren Papierkorb!
- Markieren Sie Wichtiges farbig, um nochmaliges Lesen zu erleichtern.
- Leiten Sie Informationen für andere sofort weiter.
- Richten Sie für sich ein Ablagesystem ein, mit dem Sie alles wiederfinden!
- Halten Sie Ihren Eingangskorb leer!
- Befördern Sie alle Papiere von der Schreibtischoberfläche in den richtigen Teil Ihres Ordnungssystems!

Mit den 5 Ds zum leeren Schreibtisch

Bei der Entscheidung, *wie* Sie mit den Ihnen am Arbeitsplatz vorliegenden schriftlichen Informationen verfahren sollen, helfen Ihnen die fünf Ds (nach /Caunt 00, S. 75 ff./):

Discard it **(Wegwerfen)**
Stellen Sie sich grundsätzlich die Frage, ob die vorliegende Unterlage irgendeine Relevanz für Sie hat. Wenn Sie die Unterlage eigentlich nicht brauchen, also keinen Nutzen von ihr haben sollten Sie sie sofort wegwerfen. Tatsache ist, das es vielen Menschen widerstrebt, Schriftstücke in den Papierkorb zu werfen, bevor man sie gründlich durchgelesen hat. Oder sie neigen dazu, diese Dokumente zunächst beiseite zu legen, über die sie sich nicht ganz sicher sind, so dass diese dann auf den ohnehin bereits hohen Stapel anderer Doku-

mente gelangen, die nie oder nur gelegentlich wieder zur Hand genommen werden. Bedenken Sie hierbei, dass Informationen nur eine begrenzte »Halbwertzeit« haben. Daher die Daumenregel: Was heute nicht wichtig aussieht, wird es wahrscheinlich auch morgen nicht sein. Bei Unterlagen, die Sie aus bestimmten Gründen aufbewahren wollen, sollten Sie konsequent mit einem definierten Wegwerfdatum arbeiten. Kennzeichnen Sie hierzu Mappen oder Ordner, die zu einem bestimmten Zeitpunkt Ihren Nutzen verlieren. Zusätzlich können Sie eine entsprechende Notiz in die Wiedervorlage oder in Ihr Zeitplansystem eintragen.

***Deal with it* (Anpacken)**
Um zu vermeiden, dass zu viel auf Ihrem Schreibtisch liegen bleibt, sollten Sie eingehende Dokumente direkt verarbeiten. Dabei muss bearbeiten nicht heißen, dass Sie sich direkt um den Vorgang kümmern. Ein erster Schritt könnte stattdessen auch die Übertragung der abgeleiteten Aufgabe in ein Zeitplaninstrument und/oder Ihr großes Arbeitsbuch sein. Wenn die vorliegenden zu bearbeitenden Unterlagen ein Ausmaß angenommen haben, die eine sofortige Abarbeitung unmöglich macht, sollten Sie für jeden Tag, der nach Ihrem Terminkalender nicht zu voll ist, am Abend vorher 1 bis 3 Mappen/Ordner auf den Schreibtisch legen. Am nächsten Tag schauen Sie diese dann »nebenbei« (zum Beispiel beim Pausenkaffee, bei Wartezeiten oder ähnlichem) durch.

***Determine a future action* (Maßnahmen festlegen)**
Dokumente, die Sie einmal zur Hand genommen haben, sollen nicht zurück in den Eingangskorb wandern. Wenn Handlungsbedarf besteht, sollten Sie entsprechende Dinge veranlassen und die notwendigen Maßnahmen fixieren. Für zukünftige Aufgaben eignet sich eine Wiedervorlagemappe. Wiedervorlage heißt, dass ein bestimmter Vorgang, an einem vorher bestimmten Tag, automatisch (z.B. durch die Sekretärin) wieder vorgelegt wird.

Es kann sich hierbei dabei um eine Wiedervorlage-Mappe oder aber ein Hängeordner-System handeln. Für jeden Tag des laufenden Monats ist dort ein entsprechendes Fach vorgesehen, welches einen entsprechend gekennzeichneten Vorgang enthält. Mit der Wiedervorlagemappe vermeiden Sie auch, dass Unterlagen bis zur Weiterverarbeitung auf Ihrem Schreibtisch liegen. Die Funktion einer Wiedervorlage können auch elektronische Systeme übernehmen.

Direct or Distribute (Weiterleiten oder verteilen)

Wenn der Vorgang für andere interessant sein könnte und/ oder von anderen zu bearbeiten ist, sollten Sie die entsprechenden Dokumente direkt weiterleiten (Tun Sie dies aber nicht nur, um sie sich vom Hals zu schaffen oder weil Sie nicht wissen, was Sie mit ihnen anfangen sollen. Damit vergrößern Sie nur die Informationslast des neuen Empfängers). Eine kurze zusätzliche Notiz hilft dem Empfänger, schneller zu erfassen, welche Relevanz der Vorgang hat bzw. was Sie von ihm erwarten (siehe hierzu auch die Ausführungen zum »Delegieren«).

Deposit it (Ablegen)

Vorgänge, die wichtig aber nicht dringend sind, gehören in die Ablage. Die Ablage bietet Ihnen die Möglichkeit, später auf Unterlagen zurückzugreifen, wenn Sie relevant werden. Seien Sie aber sparsam, wenn es ums Aufbewahren geht, und achten Sie auf ein verlässliches und transparentes System bei Ihrer Ablage.

Sie können für Ihr Ablagesystem auch einen Tauschhandel organisieren, indem Sie für jede neue Information, die in das stetig wachsende Ablagesystem Mappe hineinkommt, eine ältere entnehmen und wegwerfen.

(Zur konkreten Organisation Ihres Ablagesystems lesen Sie bitte das entsprechende Kapitel »Ablagesysteme« (S. 174).)

9.1 Ordnung am Arbeitsplatz *

Ordnung ist eine Grundvoraussetzung für funktionierendes Selbstmanagement. Unordnung ist der Konzentration abträglich und kostet (durch minuten- oder stundenlange Suchaktionen) Zeit. Schaffen Sie deshalb systematisch Ordnung an Ihrem Arbeitsplatz und behalten Sie nur das auf dem Schreibtisch, was wirklich nötig ist.

Sie sollten die Kapitel zu den Themen »Planung« (S. 131) und »Informationsverarbeitung« (S. 161) kennen.

Was Sie wissen sollten

Interessanterweise mag fast jeder den Anblick eines aufgeräumten Schreibtisches oder eines aufgeräumten Büros, und das gilt auch für diejenigen, die ein Problem damit haben, Ordnung zu halten.

Erkennbare Ordnung erzeugt ein Gefühl von Klarheit und Einfachheit, ermöglicht uns einen schnellen Überblick und vermeidet Ablenkung. Ein unordentliches Arbeitsumfeld dagegen motiviert nicht zu zügigem Arbeiten, denn Unordnung lenkt von der Arbeit ab. Jedes Blatt Papier, jede Werbung, jeder Vorgang, jedes Fach-Magazin auf dem Arbeitsplatz bindet Ihre Aufmerksamkeit und damit Teile Ihrer Arbeitsenergie. Ihre Konzentrationsfähigkeit wird auf diese Weise blockiert und Sie »verzetteln« sich im wahrsten Sinne des Wortes (vgl. /Caunt 00, S. 121 ff./, /Sieck 04, S. 28 ff./ und /Dietze 04, S. 48 ff./).

Ordnung und Motivation

Leider hat sich lange Zeit der Mythos vom »Genie, der das Chaos beherrscht« gehalten (eine Redewendung, die nur zu gerne von Nicht-Genies als Ausrede für eine unordentliche Arbeitsumgebung verwendet wird).

Arbeitsmethodisch (und übrigens auch pädagogisch) hat sich allerdings schon lange die Erkenntnis durchgesetzt,

Vorteile der Ordnung

dass sogenannte »**Leertischler**« (Mitarbeiter mit aufgeräumten Schreibtischen) den »**Volltischlern**« (Mitarbeiter
mit überhäuften Schreibtischen) i.d.R. hinsichtlich der Ar-
beitseffizienz überlegen sind.

Ausnahmen Natürlich gibt es Ausnahmen von der Regel: So erscheint
es sinnvoll, die Arbeitsmaterialien einer länger dauernden
Aufgabe abends auf dem Schreibtisch zu belassen, um am
anderen Morgen genau bei dem auf dem Schreibtisch be-
findlichen Arbeitsstand wieder anfangen zu können. Tatsächlich gibt es auch die angesprochenen Genies, die sich
in ihrem vollen Schreibtisch, der auch mit Materialien anderer – parallel zu bearbeitender – Aufgaben bestückt ist,
zurechtfinden. Tatsache ist aber, dass es leider nicht so viele Genies auf der Welt gibt und der »normale« Mensch sich
besser konzentrieren kann, wenn er in einer ordentlichen
Umgebung arbeitet, bei der er sich auf *einen* Vorgang konzentrieren kann.

Abb. 9.1-1: Der Schreibtisch des »Volltischlers«.

Neben der Klarheit und Einfachheit, die eine ordentliche und aufgeräumte Umgebung – ob im Privatbereich oder am Arbeitsplatz – ausstrahlt, hat Ordnung noch einen ganz anderen Vorteil: Sie sparen massiv Zeit, weil Sie Dinge schneller finden, die »an ihrem Platz« stehen. Deswegen lohnt es sich, ordentlicher zu werden.

Auch die **Außenwirkung eines ordentlichen Arbeitsplatzes** sollte nicht unterschätzt werden. Die meisten Menschen nehmen an, dass ein unordentlicher Arbeitsplatz auch einen unordentlichen Geist widerspiegelt. Vorgesetzte, Kollegen und Mitarbeiter bekommen also über den Zustand Ihres Büros einen ersten Eindruck von Ihnen – deshalb sollten Sie dafür sorgen, dass dieser Eindruck positiv ist. Besonders wenn Sie an Ihrem Arbeitsplatz auch Besucher empfangen, sollte das Bild so sein, wie Sie es wünschen.

Zeit gewinnen durch Aufräumen

In vielen Schreibtischschubladen schlummern Dinge, die nicht mehr gebraucht werden: alte Unterlagen, leere Batterien, ausgetrocknete Kugelschreiber, alte Telefonlisten, vergilbte Fotos und die Speisekarte des Restaurants das es seit Jahren nicht mehr gibt.

Beispiel

Falls dies auch bei Ihnen der Fall ist, sollten Sie dem Durcheinander den Kampf ansagen. Mit einem übersichtlichen Arbeitsplatz sparen Sie viel Zeit. Sie sind weniger abgelenkt und werden einzelne Aufgaben zügiger erledigen. Denn überflüssige Papiere lenken ebenso wie Unterbrechungen von der Arbeit ab.

Und übrigens: Die vielen Dokumente dienen manch einem auch als Vorwand, Dinge vor sich herschieben zu können. Man beschäftigt sich dann lieber mit den vielen Dingen in greifbarer Nähe (viele Menschen neigen ja auch dazu, aus einem vollen Schreibtisch auf einen viel beschäftigten Eigentümer zu schließen, und wir betrachten uns gern als vielbeschäftigt).

Die Ineffizienz zeigt sich noch deutlicher, wenn Sie beginnen müssen, für aktuelle Aufgaben einen Teil des Schreibtischs freizumachen und dabei die umherliegenden Unterlagen umzuschichten und so Ihre Stapel mit unfertigen Aktivitäten noch höher zu machen. So wird ein und dasselbe Dokument von Ihnen oft mehrmals zur Hand genommen. Mal taucht es auf, dann wieder unter in dem Wust verworrener Papierhaufen. Sie verschwenden Ihre Energie mit Dingen, die Sie wahrscheinlich in dem Augenblick hätten wegwerfen müssen, in dem Sie sie zum ersten Mal in die Hände bekamen. Noch schlimmer wird es, wenn Sie Fristen versäumen, weil die Papiere, die Sie an sie hätten erinnern sollen, unter Bergen anderer Papiere begraben liegen.

Such-Zeiten   Die Suche nach Papieren kann eine beträchtliche Zeit dauern und weitere Ablenkungen verursachen.

Beispiel   Studien haben ergeben, dass hierbei 15 Minuten täglich eher konservativ geschätzt sind. Auf ein Jahr übertragen kann dies eine Suchzeit von anderthalb Arbeitswochen bedeuten. Wenn Sie so sogar so unordentlich wären, dass Sie jeden Tag 30 Minuten für das Suchen aufwenden, könnte die Belohnung für mehr Disziplin also in fast drei Wochen zusätzlicher nutzbarer Zeit bestehen. Glaubt man dem Wall Street Journal, dann verbringen Schreibtischarbeiter durchschnittlich sogar sechs Wochen im Jahr damit, etwas in ihrem Büro zu suchen (vgl. /Dietze 04, S. 51/ und /Kreutzmann 06b, S. 42/).

»Gebraucht der Zeit, sie geht so schnell von hinnen, doch Ordnung lehrt Euch Zeit gewinnen.«
(*Mephistopheles* in Johann Wolfgang von Goethes, Faust)

Die Prinzipien Ihres Arbeitsplatzes sollten Übersichtlichkeit, Einfachheit und Ordnung sein. Ein Schreibtisch mit viel freiem Platz hat nicht nur psychologische, sondern auch physische Vorteile. Im Grunde reichen für die Schreibtischausstattung

- der PC
- die Telefon-Ausstattung,
- die Beleuchtung
- Schreibutensilien
- ein Eingangskorb,
- ein Ausgangskorb,
- ein Sofort-Korb für heute unbedingt zu Erledigendes,
- ein Zu-Lesen-Korb für Infomaterial (wobei dieser sich auch im Schrank bzw. außer Sichtweite befinden kann) und
- die von Ihnen verwendeten Zeitplaninstrumente.

Überlegen Sie auch, ob die persönlichen Dinge, die sich auf Ihrem Schreibtisch befinden, tatsächlich notwendig sind. Achten Sie darauf, dass Ihre Fähigkeit, konzentriert zu arbeiten, durch persönliche Dinge im Blickfeld beeinträchtigt werden kann (vgl. /Oesch 04, S. 50 f./).

Papierstapel ordnen und den Papierkorb füttern

Die Aufgabe, die Papierstapel ordnen zu müssen, die sich an Ihrem Arbeitsplatz angehäuft haben, kann einschüchternd sein. Reservieren Sie sich daher Zeit für eine disziplinierte Aufräumaktion. Nehmen Sie sich dann systematisch alle gesammelten Unterlagen vor und bearbeiten Sie sie nach dem »System der 5 Ds« (siehe im Kapitel »Informationsverarbeitung« (S. 161)).

Gehen Sie dabei von Anfang an davon aus, dass die meisten Dinge für »Ihren besten Freund«, den Papierkorb bestimmt sind. Die Relevanz, die sie hatten, als Sie sie auf Ihren Stapel legten, ist inzwischen wahrscheinlich längst verschwunden. Verschwenden Sie bei der Aufräumaktion auch keine Zeit da-

Ihr bester Freund: der Papierkorb

mit, Dinge zu lesen oder zu bearbeiten. Reduzieren Sie Ihre Entscheidung einfach darauf, ob Sie sie noch brauchen, und wenn ja, legen Sie sie in die entsprechende Box bzw. markieren Sie sie für die spätere Ablage oder für erforderliche Maßnahmen. Bei Zeitschriften sollten Sie die Artikel überfliegen und ggf. jene herausreißen, die Sie aufbewahren wollen. Den Rest werfen Sie weg. Wenn Sie sich durch Ihre Stapel durchgearbeitet haben und den Schreibtisch (und ggf. die Schubladen, Schränke, Rollcontainer etc.) leergeräumt haben, sollten Sie sich fest vornehmen, diesen Zustand beizubehalten können.

Ordnung auch zu Hause

Ordnung sollten Sie nicht nur am Arbeitsplatz, sondern auch zu Hause halten. Überlegen Sie also, wie Sie die o.g. Hinweise in Ihren privaten Lebensbereich übertragen können (vgl. hierzu auch /von Rohr 99, S. 63 ff./).

Coaching

1 Welchen wesentlichen Erkenntnisgewinn brachte mir der vorliegende Text?

2 Welche Schlüsse ziehe ich aus dem Gelernten für meine Situation?

3 Was werde ich in der Zukunft anders machen?

9.2 Ablagesysteme ***

Mit einem guten Ablagesystem verringern Sie Ihre Suchzeiten nach wichtigen Unterlagen wesentlich. Alle zu verarbeitenden Unterlagen sollten daher in einem strukturierten System abgelegt werden, auf das ein schneller Zugriff erfolgen kann. Die Systematik für die Ablage sollte bei den gedruckten und bei den elektronischen Unterlagen die gleiche sein.

Sie sollten die Kapitel zu den Themen »Informationsverarbeitung« (S. 161) und »Ordnung am Arbeitsplatz« (S. 169) gelesen haben.

Was Sie wissen sollten

Im Bereich der persönlichen Arbeitstechniken ist es vor allem das Thema Ablage, welches bei vielen Menschen heftigen Widerwillen auslöst. »Die Ablage machen« gehört weder für Fach- und Führungskräfte noch für Sekretärinnen zu den wirklich begehrten Aufgaben.

Gerade deshalb sollte man sich den Grund für das Ablegen immer wieder vor Augen führen:

- Man legt Dokumente ab, weil sie dadurch leichter auffindbar sind und
- weil sie einen erst dann wieder beschäftigen werden, wenn man zu einem späteren Zeitpunkt an die Ablage herangeht.

Vorteile der Ablage

- Die Ablage ist eine wichtige Ressource für Sie, von der Sie umso mehr profitieren, je besser Sie sie eingerichtet haben.

Nach dem Pareto-Prinzip werden Sie voraussichtlich nur 20 Prozent der abgelegten Unterlagen für 80 Prozent Ihrer täglichen Arbeit benötigen. Für Ihr Ablagesystem kommt es also darauf an, dass die überwiegend nicht genutzten Dokumente den Zugriff auf die wichtigen 20 Prozent nicht stören. Daher sollte die Wahl von Aufbewahrungsort und Speichermedium sich danach richten, wie oft Sie auf die betreffenden Unterlagen zugreifen müssen.

Tipp:
Pareto-Prinzip
für die Ablage

Übrigens: Selbst mit einem sehr gut funktionierenden Sekretariat werden Sie nicht umhin kommen, für Ihre wichtigen Dokumente und zum schnellen Zugriff einen eigenen Ablagebereich an Ihrem Arbeitsplatz zu schaffen. Diese Ablage wird sinnvollerweise direkt im/am Schreibtisch und in den benachbarten Schränken untergebracht. Dabei hat sich herausgestellt, dass die Ablage per Ordner in der Regel zeitaufwendiger als die Ablage per Hängeordner ist (vgl. /Kitzmann 94, S. 220/).

Abb. 9.2-1: Ordnung schaffen!

Überlegen Sie einmal, nach welchem System Sie derzeit Ihre Unterlagen ablegen:

- Welche Ordnungskriterien liegen dieser Ablage zugrunde?
- Müssen Sie öfter nach bestimmten Unterlagen (auch mal längere Zeit) suchen?
- Finden andere von Ihnen beauftragte Personen schnell etwas in Ihrer derzeitigen Ablage?

Tipps für Ihr Ablagesystem

- Drehen Sie grundsätzlich den Papierstoß auf Ihrem Schreibtisch um 90 Grad, so dass die bisher liegenden Unterlagen in eine stehende Position geraten – also Aufnahme finden in einem Hängeregister oder einem Ordner.

- Legen Sie Dokumente vorgangsorientiert ab.
- Wenn Sie beschlossen haben, ein Dokument abzulegen, notieren Sie sofort auf ihm, in welchem Zielordner es abgelegt werden soll. Halten Sie hierzu eine Liste all Ihrer Ordner griffbereit, um zu vermeiden, dass Sie neue Ordner anlegen, deren Inhalt Überlappungen mit bereits existierenden aufweist.
- Beschriften und markieren Sie Ihre abzulegenden Akten und Vorgänge eindeutig und gut lesbar (ggf. auch farbig). Damit erleichtern Sie sich das Auffinden und spätere Zurücklegen.
- Schaffen Sie innerhalb der Vorgänge untergeordnete Kategorien.
- Beschriften Sie alles so, dass es vom Arbeitsplatz aus lesbar ist.
- Beschriften Sie die Vorgänge sinnvoll (z.b.: Was steckt alles im Ordner »Finanzen«?).
- Achten Sie darauf, dass die einzelnen Mappen nicht zu umfangreich werden, damit die Übersichtlichkeit nicht verloren geht.
- Ordnen und markieren Sie Ihr System so, dass auch andere etwas darin finden, wenn Sie mal krank sind.
- Legen Sie viel Benutztes direkt erreichbar ab.
- Transferieren Sie die Papierstapel auf Ihrem Schreibtisch nicht auf Papierstapel in anderen Teilen Ihres Büros.
- Führen Sie gleich kleine Reparaturen und notwendige Neubeschriftungen durch, wenn Sie einen Ordner oder eine Mappe schon mal zur Hand haben. So bleibt die Ablage immer in einem guten Zustand.
- Legen Sie regelmäßig – z.B. am Ende des Tages oder der Woche – ab.
- Legen Sie keine Materialien ab, die Sie sich leicht aus anderen Quellen wie vom Urheber des Dokuments, aus dem eigenen PC oder dem Intranet, von Zentralarchiven oder aus dem Internet erhalten können (vgl. /Caunt 00, S. 133 ff./).

Bestandteile des Ablagesystems

Arbeitsakten Bei den Ordnern, in denen Sie täglich (mehrmals) nachschlagen müssen, handelt es sich um Ihre »Arbeitsakten«. Diese sollten griffbereit in Schubladen oder Rollcontainern in unmittelbarer Nähe Ihres Schreibtischs verfügbar sein. Die Arbeitsakten können Ordner für laufende Projekte, aktuelle Aufgaben, zu bearbeitende Korrespondenz und ggf. aktuelles Lesematerial umfassen.

Tipp Achten Sie darauf, dass in diesen Unterlagen *nicht* alle Arbeitspapiere und Rohentwürfe, die längst nicht mehr aktuell sind, mit abgelegt sind.

Wenn Sie Wert darauf legen, nur die wichtigen Dinge aufzubewahren, sollten Sie gnadenlos ausmisten. Neben den vorgangsbezogenen Unterlagen werden allgemeine Informationen zum schnellen Zugriff Teil der Arbeitsakten sein, wie Telefon- und Adressenlisten, Personallisten, Terminübersichten, Checklisten, Übersichten über Routineaufgaben u.ä.

Nachschlage-
akten Die »Nachschlageakten« machen den Großteil der Akten in Ihrem Büro aus. Da Sie noch relativ häufig heranziehen müssen, sollten sie sich in Ihrer Nähe befinden, aber nicht unbedingt in unmittelbarer Reichweite. In die Nachschlageakten gehören z.B. folgende Unterlagen:

■ abgeschlossene Projekte, auf die Sie sich noch einmal beziehen wollen,
■ Material für zukünftige Projekte,
■ Verwaltungsdaten und Budgetinformationen der Vorjahre
■ Informationen über Geschäftspartner

Archivakten »Archivakten« werden meist aus rechtlichen Gründen aufbewahrt und oft nie wieder gebraucht. Sie stellen eine Dokumentation der Arbeiten vergangener Jahre dar. Sie werden i.d.R. außerhalb des Büros – auf jeden Fall aber getrennt von den Arbeits- und Nachschlagearten – gelagert (vgl. /Dietze 04, S. 55 ff./).

Elektronische Ablagesysteme

Mittlerweile können viele Dokumente in elektronischer Form bearbeitet und abgelegt werden. Gerade weil sich elektronische Dokumente relativ leicht und schnell erzeugen und billig ablegen lassen und sie beim Abspeichern im PC keine sichtbare Unordnung hinterlassen, besteht die Gefahr, dass die gespeicherten Daten anschließend nur schwer wiederzufinden sind (vgl. /Dietze 04, S. 73 ff./).

Der technische Fortschritt erleichtert heute das Wiederauffinden von Dateien (z.b. über Such- und Verknüpfungsfunktionen), trotzdem sollten Sie für sich auch ein Dateiablagesystems einrichten, um keine Arbeitszeit mit der unnötig langen Suche nach bestimmten Dokumenten zu vergeuden (vgl. /Dietze 04, S. 75/).

Tipp

In gewisser Weise gleicht ein Computer einem leeren Aktenschrank. Sie können den verfügbaren Speicherplatz genauso nutzen, wie bei der Ablage Ihrer papierenen Akten. So können Sie schnell verfügbare Speicherplätze für aktuelle Vorgänge einrichten. Sie können Ihre Dateien gruppieren, allgemeine Kategorien bilden und sie in getrennten Fächern aufbewahren, innerhalb derer Sie sie nach Unterkategorien weiter klassifizieren. Erzeugen Sie hierzu im ersten Schritt in dem Ordner »Eigene Dateien« drei weitere Ordner (Unterverzeichnisse) mit den Bezeichnungen »Arbeitsdaten«, »Nachschlagedaten« und »Archivdaten«. Wie beim Ablagesystem in Papier sollten Sie nun mit Oberbegriffen weiterarbeiten, die die entsprechenden Vorgänge bezeichnen. Diese Oberbegriffe sollten auf der zweiten Ordnerebene des PC zu finden sein. Auf den nächsten Unterebenen erstellen Sie dann entsprechende Unterordner. Ist Ihr System fertig aufgebaut, können Sie alle Dateien, die Sie aufbewahren möchten, in die entsprechenden Ordner verschieben (vgl. /Dietze 04, S. 74 f./ und /Caunt 00, S. 136 ff./).

gemeinsame
Arbeit in
Netzwerken

Wenn Sie in elektronischen Netzwerken arbeiten, sollten Sie darauf achten, dass jeder Kollege, der Zugriff auf die von Ihnen abgelegten Dateien hat, diese genauso unproblematisch findet, wie Sie selbst. Achten Sie aber auch darauf, dass es für die Bearbeitung gemeinsamer Dateien Regeln geben sollte, die auch von allen eingehalten werden.

Coaching

1 Welchen wesentlichen Erkenntnisgewinn brachte mir der vorliegende Text?

2 Welche Schlüsse ziehe ich aus dem Gelernten für meine Situation?

3 Was werde ich in der Zukunft anders machen?

10 Zeitgewinn durch Arbeitstechniken *

Neue Arbeitstechniken wirken nur dann, wenn Sie Ihre bisherige Arbeitsstruktur in Frage stellen. Hierzu sollten Sie einmal für eine bestimmte Zeit Ihren eigenen Tagesablauf beobachten. Finden Sie heraus, wo sich Ihre Zeitfresser verstecken, was Ihnen Zeit raubt und wann und durch was Sie gestört und gestresst werden.

Die Kapitel zu den Themen »Was ist eigentlich Selbst- und Zeitmanagement?« (S. 11) und »Ziele setzen« (S. 77) sollten Sie kennen.

Was Sie wissen sollten

Es ist bereits gesagt worden, dass es »Zeitmanagement« eigentlich nicht gibt, da Zeit nicht *gemanagt* werden kann – auch wenn sich der Begriff Zeitmanagement mittlerweile eingebürgert hat. In der Literatur werden daher auch sogenannte »Zeitmanagement-Techniken« beschrieben, bei denen es sich um bestimmte Arbeitstechniken und Handlungsweisen handelt. Um diese Arbeitstechniken sinnvoll anwenden zu können, ist es notwendig, einen Blick in Ihre derzeitige Arbeitsstruktur zu werfen.

Zeit gewinnen durch das Erkennen der Zeitdiebe und durch die Reduzierung der eigenen Zeitfresser

Ein erster Schritt auf dem Weg zu mehr täglicher Effizienz ist die Analyse der bisherigen Tätigkeiten. Hierzu hat sich bewährt, den eigenen Arbeitsalltag einmal für eine Woche (noch besser: zwei) zu beobachten und detailliert aufzuschreiben, was eigentlich in der zur Verfügung stehenden Zeit passiert. Durch die Einbeziehung der Freizeit und des Wochenendes kann diese Beobachtung auch Aufschluss ge-

Beobachtung

ben, wie der private Bereich zeitlich ausgefüllt wird (vgl. /Kitzmann 94, S. 22/ und /Transfer 04, S. 16 ff./).

Diese Übung erfordert zugegebenermaßen einiges an Selbstdisziplin und nicht wenige meiner Seminarteilnehmer sind nach eigenen Angaben an der Aufgabe gescheitert, weil sie schon für die Beobachtung und das stetige Notieren keine Zeit fanden. Andererseits zeigt das Ergebnis gerade der genauen Beobachtung i.d.R. sehr deutlich, wo es Zeit-Einspar-Potentiale bei jedem Einzelnen gibt.

Tagesbeobachtung für eine Woche

Die Aufgabe lautet also, eine Woche lang mit einer Tagestabelle (Tab. 10.0-1) aufzuzeichnen, welche Tätigkeiten Sie verrichten. Außerdem sollen Sie darauf achten, wie oft und von welchen Faktoren Sie zwischenzeitlich gestört werden.

Auswertung der Ergebnisse

Bei der Auswertung Ihrer Beobachtungsergebnisse sollten Sie folgende Fragen beantworten:

■ Was sind Ihre »Zeitfresser« – also die Tätigkeiten, die große Teile Ihrer Zeit in Anspruch nehmen?

■ Welche Aufgaben, die Sie in den letzten Wochen verrichtet haben, waren wirklich wichtig (und welche waren eher für andere wichtig/dringend)?

Seien Sie diesbezüglich möglichst ehrlich. Wie viel Zeit investieren Sie für die falschen Dinge zum falschen Zeitpunkt? Wenn Sie täglich sehr verschiedene Aufgaben haben, von Routinejobs bis zu dringenden, komplexen Aufgabenstellungen, was hat dann i.d.R. für Sie Priorität? Schätzen Sie einmal, wie viele Minuten oder Stunden Sie an Dingen gearbeitet haben, die eigentlich nicht wichtig waren.

Uhrzeit	Tätigkeiten	Störungen
07.00		
07.30		
08.00		
08.30		
09.00		
09.30		
10.00		
10.30		
11.00		
11.30		
12.00		
12.30		
13.00		
13.30		
14.00		
14.30		
15.00		
15.30		
16.00		
16.30		
17.00		
17.30		
18.00		
18.30		
19.00		
19.30		
20.00		
20.30		
21.00		

Tab. 10.0-1: Tagesbeobachtung.

Schauen Sie sich nun Ihre Störfaktoren an:

■ Was sind die häufigsten Gründe für Störungen?
■ Wie viel Zeit nehmen die Störungen in Anspruch (z.B. in Minuten pro Woche)?

Eine gute Übung ist es auch, sich einmal bildlich zu vergegenwärtigen, welche Anteile bestimmte Tätigkeiten an der zur Verfügung stehenden Zeit haben. Versuchen Sie deshalb, Ihre Tätigkeiten (auch die in der Freizeit) als Kuchensegmente Ihres Zeitkuchens darzustellen (siehe Abb. 10.0-1):

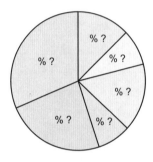

Abb. 10.0-1: Die Aufteilung des eigenen Zeitkuchens.

Weitere Fragen, die Sie sich nun stellen sollten, sind:

■ Welche Tätigkeiten nehmen insgesamt sehr viel Zeit in Anspruch, und woran liegt das? Überlegen Sie hierbei auch, welche »Zeitdiebe« identifiziert werden können, die Ihnen – fast unbemerkt – wichtige Minuten und Stunden stehlen. Dazu gehören zum Beispiel ständige und unnötig lange Telefonate, häufige Besuche, die die eigentliche Arbeit unterbrechen, wenig effektive Besprechungen, fehlende Prioritäten, mangelnde Delegation.
■ Ist die zeitliche Aufteilung in Ordnung, oder muss es hier Veränderungen geben?
■ Wie viel Zeit verbringen Sie beruflich, und wie viel Zeit widmen Sie Ihren anderen Lebensbereichen?
■ Was sind eigentlich Stressfaktoren bei Ihrer Tätigkeit (oder auch in der Freizeit)? Bei welchen Faktoren geraten Sie stark unter Druck, der Sie belastet?

Eine kleine Hilfe für das Erkennen Ihrer Zeitdiebe bietet die folgende Übersicht von Beispielen. Überlegen Sie, was auf Ihre Arbeit zutrifft (vgl. /Kreutzmann 06a, S. 9/):

- viele Unterbrechungen/Störungen
- keine Zielsetzung/ Planung/ Prioritätensetzung vorhanden
- fehlende Übersicht über anstehende Aufgaben
- unklare Verantwortlichkeiten
- Problem der Rückdelegation
- zu viele Routineaufgaben
- Unfähigkeit, Nein zu sagen
- zu viele begonnene Arbeiten
- keine/schlechte Besprechungsvorbereitung
- zu lange Telefonate
- schlechte Arbeitsplatzorganisation
- fehlende Selbstdisziplin
- falsche Zeiteinschätzung
- zu wenig Delegation
- zu wenig/keine/zu späte/ unvollständige Informationen
- Doppelarbeit
- zu viele Fehler von anderen
- zu wenig Koordination von Arbeitsabläufen und Aufgaben
- zu viele/ zu lange Besprechungen und Tagungen
- inkompetente Mitarbeiter
- zu viel Lesestoff als Pflichtlektüre
- Nichterreichbarkeit von Ansprechpartnern
- Ablenkungen, Lärm
- zu viele/ zu lange private Gespräche
- Wartezeiten
- zu viele Rückfragen von Kollegen/Mitarbeitern

Warum lieben Sie Ihre Zeitfresser, Störfaktoren und Stressfaktoren so?

Wenn Sie sich die größten Zeitfresser, Störfaktoren und Stressfaktoren anschauen, sollten Sie sich nun fragen: »Warum lieben Sie sie so?« Das mag sarkastisch klingen, es steckt aber eine ernst gemeinte Frage dahinter: Es gibt offenbar gute Gründe dafür, dass Sie sich bisher nicht aktiv damit beschäftigt haben, an den Zeitfressern, Störfaktoren und Stressfaktoren zu arbeiten – diese sind ja immer noch vorhanden.

Versuchen Sie also herauszufinden, welche Vorteile Sie bisher davon hatten, dass Sie an diesen Faktoren nicht gearbeitet haben.

Beispiele für bisherige Vorteile aus Störungen

Möglicherweise liegt der Vorteil der laufenden Störung durch Kollegen, die zwischendurch zu einem Plausch an Ihren Arbeitsplatz kommen, darin, dass Sie dadurch von unliebsamen Routinetätigkeiten abgehalten werden (obwohl es einen erheblichen Aufwand bedeutet, sich nach Störungen immer wieder neu in die aktuelle Materie einzudenken). Vielleicht nehmen Sie eine gewisse Anerkennung war, wenn der Kunde Sie auch nach Dienstschluss und am Wochenende anrufen kann (obwohl die Lebensbereiche »Familie« und »sonstige Sozialkontakte« darunter leiden). Vielleicht erfüllt es Sie mit einem Gefühl der Wertschätzung, wenn Sie von vielen Menschen um Gefälligkeiten gebeten werden (obwohl Sie dafür eigentlich keine Zeit haben).

Der wesentliche qualitative Sprung in Ihrem Selbstmanagement liegt nun darin, zu erkennen, was bezüglich Ihrer persönlichen Zeitnutzung wirklich wichtig ist und wie Sie die bisher erlebten Vorteile ggf. auch anders verwirklichen können.

Was kostet Ihre Zeit?

Es kann sehr ernüchternd sein, zu berechnen, wie viel Ihre nicht effektiv genutzte Arbeitszeit kostet. Um zu ermitteln, was eine Minute Ihrer Arbeitszeit kostet, multiplizieren Sie Ihr Bruttojahresgehalt mit 1,5 – das entspricht etwa den Arbeitgeberkosten – und teilen das Ergebnis durch die Zahl der jährlichen Arbeitsstunden. Das Ergebnis teilen Sie durch 60.

Nun multiplizieren Sie diesen Wert mit den oben ermittelten Minuten, die Sie im Durchschnitt in der Woche mit unwichtigen Tätigkeiten und mit Störungen während Ihrer Arbeitszeit verbracht haben und multiplizieren das Ergebnis mit der Anzahl Ihrer Arbeitswochen. Jetzt haben Sie den Geldbetrag, den ineffektive Tätigkeiten und Störungen Ihr Unternehmen kosten.

1 Welchen wesentlichen Erkenntnisgewinn brachte mir der vorliegende Text?　　Coaching

2 Welche Schlüsse ziehe ich aus dem Gelernten für meine Situation?

3 Was werde ich in der Zukunft anders machen?

10.1　Störungen und Unterbrechungen reduzieren **

Es reicht nicht aus, zu wissen, dass man oft bei der Arbeit gestört wird. Störungen sollten reduziert oder beseitigt werden. Dies erfordert eine neue Organisation der eigenen Arbeit, viel Selbstdisziplin und Absprachen mit den personifizierten Störfaktoren, wie den Kollegen und ggf. dem eigenen Chef.

Die Kapitel zu den Themen»Planung« (S. 131) und »Zeitgewinn durch Arbeitstechniken« (S. 181) sollten bekannt sein.　　Was Sie wissen sollten

Nichts ist schädlicher für das konzentrierte Erledigen wichtiger Aufgaben als ständige Unterbrechungen und Störungen. Denn je häufiger Sie bei einer Tätigkeit unterbrochen werden, umso geringer ist Ihre Effizienz bei der Bewältigung dieser Tätigkeit. Es bedeutet immer einen Mehraufwand, sich immer wieder neu in die aktuelle Aufgabe hineinzudenken.

Im Durchschnitt wird ein leitender Angestellter in seiner laufenden Arbeit alle acht Minuten für durchschnittlich drei Minuten unterbrochen, und er benötigt i.d.R. etwa zwei Minuten, um sich wieder hinreichend auf seine eigentliche Arbeit zu konzentrieren. Das bedeutet, dass von 13 Minuten Arbeitszeit fünf Minuten mit gar nicht vorgesehenen Aktivitäten verbracht werden, die überdies oft nicht rentabel sind. Das macht insgesamt 38 Prozent aus! (nach /Kreutzmann 06b, S. 37/)

Die meisten Menschen geben allerdings zu, dass sie sich schwer damit tun, Störungen zu vermeiden oder zu verhindern. Stattdessen werden Störungen oft als etwas angesehen, das außerhalb der eigenen Kontrolle liegt ist (vgl. /Dietze 04, S. 32 f./).

Beispiele

Störfaktoren reichen vom Telefon, über Vorgesetzte, Kollegen und Mitarbeiter bis hin zu den Kunden und Lieferanten.

Störungen und Störquellen haben also unterschiedliche Qualitäten, und eine der ersten Aufgaben muss es sein, zu überlegen, welche Störungen abgestellt oder vermindert werden können und welche Störungen Sie ertragen müssen. Bei den unabwendbaren Störungen können Sie sich nur so behelfen, dass Sie die Erledigung von wichtigen Aufgaben in Zeiten legen, wo diese weniger häufig vorkommen.

Einige Störungen sind sogar wünschenswert.

Wenn beispielsweise ein Verkaufsgeschäft von einer unmittelbaren Rückmeldung des Kunden abhängt, möchte der Vertriebsmanager natürlich in der aktuellen Arbeit »gestört« werden, wenn der Kunde sich meldet.

Beispiel

Es geht also vielmehr darum, unnötige Störungen abzuschaffen und die Situation nicht noch zu verschlimmern, indem man anderen Gründe gibt, einen regelmäßig zu unterbrechen.

Bei allen anderen Störungen und Störquellen sollten Sie sich fragen, wie Sie vom Reagieren zum Agieren kommen. Versuchen Sie, die Verursacher der Störungen, Ihre Mitarbeiter, Kollegen, Vorgesetzten und Geschäftspartner zu Verbündeten zu machen und beherzigen Sie die folgenden Regeln:

- Legen Sie Arbeitsgrundsätze bzw. Regeln im Zusammenspiel mit Geschäftspartnern fest.
- Stimmen Sie Regelungen mit Ihrem Vorgesetzten ab (z.B. fester Besprechungstermin pro Woche).
- Erarbeiten Sie auch für Mitarbeiter und Kollegen Grundsätze für die Zusammenarbeit (z.B.: Welches Teammitglied nimmt von 09.00 bis 11.00 Uhr Telefonate entgegen).
- Schützen Sie sich bei wichtigen Aufgaben und Terminen vor Störungen (»Stille Stunde«) durch räumliche Abkapselung. Um die Zahl der überflüssigen Störungen einzugrenzen und zu reduzieren, können Sie auch folgende Liste erstellen:
  - ☐ Menschen, die Sie jederzeit stören dürfen, z.B. Ihr Chef oder wichtige Kunden,
  - ☐ Menschen, die Sie stören dürfen, wenn Sie nicht besonders beschäftigt sind, z. B. Ihre Kollegen.
  - ☐ Leute, die Sie nie stören dürfen.

Regeln für die Reduzierung von Störungen

Falls Sie nicht effektiv und effizient arbeiten können, weil der eigene Vorgesetzte den Störfaktor darstellt (z.B. durch

Tipp

mangelnde Informationen, ungenügende Delegation, Unerreichbarkeit oder unrealistische Terminsetzung), sollten Sie hier durch klärende Gespräche versuchen, Abhilfe zu schaffen.

Tipps für den Umgang mit Unterbrechungen und Störungen

■ Wehren Sie sich vor unangemeldeten Besuchern an Ihrem Arbeitsplatz, in dem Sie Ihnen freundlich aber bestimmt sagen, dass Sie momentan an einem wichtigen Projekt sitzen, aber gern einen Termin mit Ihnen machen würden? Das verschafft Ihnen Ruhe und Respekt, und Sie können konsequent Ihre Arbeit weiterverfolgen.

■ Richten Sie Ihren Arbeitsplatz / Ihr Büro so ein, dass niemand zum Verweilen eingeladen wird. Riskieren Sie, als unhöflich betrachtet zu werden, weil Sie Leute, die Sie unterbrechen, nicht zum Hinsetzen einladen (vgl. /Dietze 04, S. 52 f./).

■ Schließen Sie die Tür Ihres Büros, wenn Sie nicht gestört werden wollen (Im Großraumbüro: Stellen Sie ein Schild »Bitte nicht stören« deutlich sichtbar auf Ihren Schreibtisch).

■ Schalten Sie den Anrufbeantworter ein, um sicherzugehen, dass Sie ungestört bleiben, bzw. stellen Sie Ihr Telefon um (z.B. an die Sekretärin). Die meisten Anrufe sind gar nicht so wichtig, wie sie im ersten Moment meist erscheinen (oder wie es der Anrufer suggeriert). Sie können später immer noch zurückrufen. Wenn Sie keine Sekretärin haben, lassen Sie Ihre Gespräche auf das Telefon einer Kollegin umleiten, die Nachrichten für Sie entgegennehmen kann, wenn Sie eine Zeit lang ungestört arbeiten müssen. Natürlich müssen Sie dazu bereit sein, für Ihre Kollegin gegebenenfalls dasselbe zu tun.

■ Halten Sie die unvermeidliche Unterbrechung zeitlich begrenzt, indem Sie beispielsweise dem Unterbrecher deutlich zu verstehen geben, dass Sie höchstens fünf Minuten erübrigen können (Manche Experten schlagen sogar vor, eine Eieruhr auf dem Schreibtisch aufzustellen und den Besucher so daran zu erinnern, schnell auf den Punkt zu kommen).

■ Bitten Sie Ihre Kollegen, Notizen über das Thema mitzubringen, über das sie mit Ihnen sprechen möchten. Das hilft Ihnen, sich leichter auf das Thema einzustimmen, Ihr Gegenüber kann sein Denken fokussieren, und außerdem wird man Sie nicht mehr leichtfertig unterbrechen, wenn dafür Vorbereitungen notwendig sind.

■ Wenn es Ihnen schwer fällt, Unterbrechungen zu beenden und Besucher wegzuschicken, überlegen Sie, ob Sie die Störung nicht durch Körpersprache und verbale Hinweise im Gesprächsverlauf abkürzen können, ohne den Eindringling übermäßig zu beleidigen.

■ Waren Sie Disziplin bei selbst verschuldeten Unterbrechungen Ihrer Arbeit: Es ist sehr leicht, sich einzureden, dass man nun unbedingt telefonieren oder sich eine Tasse Kaffee holen muss. Schließlich wird man ja in ein paar Minuten wieder bei der Sache sein! Sobald der Arbeitsfluss einmal gestört ist, werden Ihnen noch andere Dinge einfallen, die Sie »dringend« erledigen müssen. So trödeln Sie möglicherweise so lange, bis es Ihnen sehr schwer fällt, sich wieder zu konzentrieren.

■ Tragen Sie zur Schaffung eines Klimas bei, das effektiver Arbeit förderlich ist, indem Sie mit Ihren Kollegen und Mitarbeiter so umgehen, wie Sie es selbst von ihnen erwarten. Sie können von Ihren Mitmenschen nicht erwarten, dass sie Sie nicht unterbrechen, wenn Sie es selbst ständig tun.

■ Bündeln Sie kleinere Aufgaben wie Telefonate, um zu vermeiden, dass sie Ihren Arbeitsfluss für jede einzelne unterbrechen müssen (vgl. /Caunt 00, S. 107 f./ und /Transfer 04, S. 22 ff./).

Coaching **1** Welchen wesentlichen Erkenntnisgewinn brachte mir der vorliegende Text?

2 Welche Schlüsse ziehe ich aus dem Gelernten für meine Situation?

3 Was werde ich in der Zukunft anders machen?

10.2 Zeit gewinnen durch »Nein sagen« **

Kaum etwas hilft so sehr Zeit zu sparen, wie die Verwendung des Wörtchens »Nein«. Nein sagen bedeutet dabei nicht, sich jeder Verpflichtung zu entziehen, sondern dient als Steuerungsinstrument dazu, sich um die wichtigen Dinge kümmern zu können und sich nicht von zu vielen »dringlichen« Anfragen anderer davon abhalten zu lassen. Es kommt vor allem darauf an, wem Sie wie gegenüber Nein sagen.

Was Sie wissen sollten Die Kapitel zu den Themen »Ziele setzen« (S. 77) und »Prioritäten bilden und Ziele setzen« (S. 63) sollten Sie gelesen haben.

Besseres Selbstmanagement bedeutet, die Verantwortung für das eigene Handeln wieder zu gewinnen. Es geht also um **Selbstbestimmtheit und die Reduzierung von Fremdbestimmtheit.** In einem anderen Kapitel wurde bereits einiges zum Thema Fremdbestimmung gesagt (siehe »Umfeldorientierung« (S. 87)). Wenn Sie anderen gegenüber immer Ja sagen, verlieren Sie die Kontrolle über das eigene Leben. Sie überlasten sich durch den Stress, der daraus folgt. Wenn Sie sogar auch zu unwichtigen Ansinnen regelmäßig Ja sagen, kann es passieren, dass Sie so beschäftigt sein werden, dass Sie Ihre eigenen wichtigsten beruflichen Aufgaben nicht mehr erfüllen können. Wer immer Zeit hat, anderen zu helfen, wird übrigens auch leichter ausgenutzt.

Sie sollten anderen *keine* Blankovollmacht über Ihre Zeit geben.

Tipp

Diejenigen, die es nicht schaffen (rechtzeitig) Nein zu sagen, machen sich pausenlos zu Opfern, die sich den Wünschen anderer beugen. Gerade wenn sie bis zur letzten Minute warten, um doch noch Nein zu sagen, enttäuschen Sie dann nicht nur die anderen, sondern bringen sie auch in Schwierigkeiten, weil diesen keine Zeit mehr bleibt, ihre ursprünglichen Pläne zu ändern.

Gefahren des stetigen Ja-sagens

Natürlich sollen Sie sich auch nicht den Ruf erwerben, arbeitsscheu zu sein und immer Nein zu sagen. Die Empfehlung »lernen Sie Nein zu sagen« heißt also nicht, ab heute jedes Anliegen anderer abzulehnen, deren Anliegen Ihnen gerade ungelegen kommt. Ein solches Verhalten wäre nicht nur blanker Egoismus, sondern auch der selbst erstellte Freifahrtschein zum beruflichen Ruin und in die Isolation.

Doch es gilt: Kein Instrument spart Ihnen soviel Zeit, wie die konsequente Anwendung des Wörtchens Nein.

Das Nein-sagen richtet sich ja nach Ihren Zielen und Prioritäten. Eine Priorität für etwas zu setzen, bedeutet immer gleichzeitig eine Entscheidung gegen andere Dinge.

Wenn Sie sich z.B. gerade aktiv um A-Aufgaben kümmern, werden Sie für C-Aufgaben keine Zeit haben. Letztlich bedeutet auch die Entscheidung für eine größere Berücksichtigung Ihrer nichtberuflichen Lebensbereiche in gewisser Weise ein Nein gegenüber einer Überbetonung des Berufes. Ein Ausdruck dieses Neins kann das bewusste pünktliche Ausschalten des Handys oder des Blackberrys zum Feierabend sein. All diejenigen, die Sie telefonisch erreichen

Beispiel

wollen, werden nun schon bald merken, dass sie das etwas geschickter anstellen müssen und berücksichtigen sollten, dass Sie nur zu den üblichen Geschäftszeiten erreichbar sind.

an sich selbst denken

Gerade Menschen mit ausgeprägtem Leistungswillen und großer Hilfsbereitschaft sollten in dieser Sache mehr an sich selbst denken, da sie dazu neigen, den Bitten anderer ohne Zögern nachzugeben. Es ist schließlich Ihr Leben und Sie haben ein Recht darauf, auch einmal Nein zu sagen und Ihre eigenen Interessen wahrzunehmen! Wenn Sie sich klar machen, dass Sie für jedes »Nein«, das Sie nicht sagen, auch einen Preis zahlen, wird es Ihnen vielleicht leichter fallen, sich selbst die Erlaubnis dafür zu geben, irgendwann auch einmal an sich und nicht nur an andere zu denken. Sie sind kein schlechter Mensch, wenn Sie eine Bitte ablehnen. Warten Sie nicht darauf, dass andere Menschen Ihnen hierzu die Absolution erteilen.

Achten Sie darauf, wem gegenüber Sie wie Nein sagen. Mit dem Nein verändern Sie ggf. Ihre Beziehungen in den jeweiligen Lebensbereichen. Überlegen Sie im Sinne von »teilnehmerorientierter Kommunikation« wie Sie zu bestimmten Kunden, Vorgesetzten, Mitarbeitern, Familienangehörigen, Freunden etc. Nein sagen können und müssen, ohne damit gute Beziehungen zu zerstören (siehe hierzu »Kommunikation mit anderen« (S. 104)). Allerdings sollten Sie auch prüfen, welche Beziehungen bisher lediglich aus der einseitigen Ausnutzung Ihrer Hilfsbereitschaft bestand. Vielleicht ist es hier nötig, diese Beziehung mit einem klaren Nein zu beenden.

Verbreitete Gründe, warum es schwer fällt, Nein zu sagen

Dass es vielen Menschen schwer fällt, auch mal eine Bitte oder ein Anliegen abzulehnen, kann die unterschiedlichsten Gründe haben. Klarheit darüber zu bekommen, was es einem selbst ganz persönlich schwer macht, hilft dabei, genau diese Ängste, Bedenken o.ä. zu überwinden. Hier einige Beispiele für Ursachen dafür, dass wir zu oft Ja sagen. Überprüfen Sie, ob Sie Ihre eigenen Gründe wiederfinden (vgl. /Caunt 00, S. 111/):

■ Die Möglichkeit, Nein sagen zu können ist einem (durch Erziehung und/oder Gewohnheit) gar nicht (mehr) bewusst.

■ Man will nicht unwillig erscheinen und die eigenen Karriereaussichten verderben.

■ Man will nicht egoistisch oder herzlos wirken.

■ Man unterschätzt den Druck unter den man gerät, wenn man Ja gesagt hat zu Anfragen, obwohl man zeitgleich mit anderen Dingen beschäftigt ist.

■ Man macht sich sorgen darüber, dass andere mit einem unzufrieden sein könnten.

■ Man möchte andere nicht verletzen.

■ Der Wunsch, anderen zu helfen, lässt bei einem – quasi automatisch – eigene Verpflichtungen in den Hintergrund rücken (»Helfersyndrom«).

■ Man hat selbst Hilfe angenommen und glaubt sich nun verpflichtet, immer Gegenleistungen geben zu müssen.

■ Man hat Angst vor möglichen negativen Folgen im beruflichen Bereich – der Zorn eines Kunden, die Kritik eines Kollegen oder das Urteil eines Vorgesetzten.

■ Man verspürt den Drang, unentbehrlich und wichtig sein zu wollen, was einen dazu verführt, immer neue Aufgaben zu übernehmen.

■ Durch das eigene regelmäßige Ja-sagen, bemerkt man, dass bei den anderen eine gewisse Erwartungshaltung aufgebaut wurde, aus der man nicht mehr herauszukommen glaubt.

■ Man hat Angst, abgelehnt und nicht mehr gemocht zu werden

■ Man kann sich (kommunikativ) einfach nicht gegen die Überzeugungsstrategien der anderen wehren, die da wären: Schuldgefühle auslösen, Erpressung, Druck, Überrumpelung, Schmeicheleien, Mitleidstour etc.

Als Antwort auf die vielen Ängste und Begründungen, warum man bisher zu selten Nein gesagt hat, kann immer nur wiederholt werden, dass es darauf ankommt, sich für die eigenen Ziele und Prioritäten ein Stück weit den bisherigen Fremdbestimmungen zu entziehen, ohne damit die bisherigen guten Beziehungen zu anderen komplett aufzugeben. Als erwachsener Mensch müssen Sie nicht mehr das Spiel mitmachen, dass manche Menschen Sie nur dann mögen, wenn Sie ihnen nützlich sind.

Fest steht, dass Sie sowieso nicht erreichen können, von allen gemocht zu werden – auch dann nicht, wenn Sie alles dafür tun. Wählen Sie daher Freunde und Menschen, die Ihnen wichtig sind, mit Bedacht aus.

machen Sie sich keine Sorgen!

Auch die beruflichen Sorgen bezüglich des Nein-Sagens erweisen sich i.d.R. als überzogen. Die meisten Menschen sind beruflich ähnlich eingespannt wie Sie und wissen, dass man nicht alle Wünsche zu 100 Prozent erfüllen kann. Um so größer wird ihre Bereitschaft sein, gemeinsam mit Ihnen nach einem Kompromiss oder einer Ausweichlösung zu suchen. Außerdem zeigt sich bei einigen Forderungen, die zunächst unumstößlich klangen, später oft, dass es auch anders gehen kann.

Natürlich wird nicht jeder Kollege freudig reagieren, wenn Sie eine Bitte ablehnen. Es kann also durchaus auch zu Konflikten kommen. Versuchen Sie aber, die Situation möglichst objektiv und realistisch einzuschätzen. Es wird tatsächlich Situationen geben, in denen es besser ist, Ja zu sagen – aber diese Situationen sind sehr viel seltener, als man glaubt. Machen Sie sich klar, dass Konflikte zum Miteinander dazu gehören. Immer alles zu tun aus Angst vor den Reaktionen anderer, wird Ihnen Ihre Unabhängigkeit rauben.

Übrigens: Nein-sagen kann und sollte man üben, wenn man darin nicht geübt ist. Probieren Sie das Nein-sagen in Alltagssituationen, in denen nicht viel »passieren« kann, wie z.B. beim Einkaufen, im Restaurant etc.

Tipp

Um sich darüber bewusst zu werden, wozu man auf jeden Fall Nein sagen müsste, könnte es sich lohnen, regelmäßig zu notieren und zusammenzufassen, welche Aufgaben und Projekte man *nicht* beginnen will. Diese bewusste Entscheidung, Dinge nicht zu tun, kann schon Erleichterung verschaffen.

Prävention
Sie können schon im Vorfeld von Ja-Nein-Entscheidungen daran arbeiten, dass in der Zukunft nicht zu oft von Ihnen Dinge erbeten oder verlangt werden, die Sie von Ihren wichtigen Tätigkeiten und Vorhaben abhalten. Sprechen Sie z.B. im Rahmen von Projekten bestimmte Punkte von sich aus an, noch ehe Ihre Partner, Kollegen oder Mitarbeiter es tun. Schildern Sie von vornherein, welche Lösungsmöglichkeiten Sie sehen und was aus Ihrer Sicht nicht in Frage kommt. Wenn Sie so vorgehen, dann behalten Sie die Handlungshoheit und kommen gar nicht erst in die Verlegenheit, falsche Erwartungen mühevoll kontern zu müssen.

Vor der Entscheidung: die Analyse

Oft sagt man vorschnell Ja zu etwas, weil man sich schlicht und einfach überrumpeln lässt. Die Anliegen und Bitten werden schnell mal zwischendurch an einen herangetragen und bevor man sich es versieht, hat man etwas zugesagt, was Stunden kostet oder überhaupt keinen Spaß macht. Deshalb ist es sehr hilfreich, sich immer einen kleinen Moment Zeit zu nehmen, um die Situation kurz zu analysieren.

 Gehen Sie im Geiste die folgenden Fragen durch:

- Was ist das genau, was ich tun soll? Eine Arbeit, ein Gefallen, soll ich etwas geben?
- Welchen Preis zahle ich, wenn ich Ja sage.
- Geht es hier um ein Kernelement meines Jobs?
- Sind meine Karriereaussichten (tatsächlich) gefährdet, wenn ich ablehne?
- Was muss eventuell leiden oder zurücktreten, wenn ich der Bitte nachkomme?
- Wird das Auswirkungen auf andere wichtige Bereiche meiner Arbeit haben?
- Wird sich mein Stress verstärken?
- Wird meine Freizeit stark eingeschränkt werden?
- Wie viel Zeit, Kraft, Energie und Lust habe ich gerade selbst?
- Möchte ich das tun oder geben – oder ist es mir vielleicht zuwider?
- Wer ist es, der mich da um einen Gefallen bittet? Welche Bedeutung hat dieser Mensch für mich? In welchem Verhältnis stehen wir zueinander?
- Wie oft habe ich schon etwas für diese Person getan und wenn das schon öfter der Fall war – möchte ich es tatsächlich noch einmal tun?
- Fühle ich mich ausgenutzt?
- Verbaue ich mir mit einer Ablehnung die Gelegenheit, etwas Neues zu lernen?

Vielleicht platzieren Sie diese Checkpunkte an Ihrem Arbeitsplatz in Ihrem Blickfeld. Sie sind eine gute Erinnerungsstütze, nicht mehr automatisch »Ja« zu sagen.

Tipp

1 Welchen wesentlichen Erkenntnisgewinn brachte mir der vorliegende Text?

Coaching

2 Welche Schlüsse ziehe ich aus dem Gelernten für meine Situation?

3 Was werde ich in der Zukunft anders machen?

10.2.1 Ein »Nein« formulieren ***

Manchmal fehlen einem die Worte! Dies gilt besonders bei bestimmten Bitten anderer, bei denen man nicht weiß, wie man diese bestimmt aber höflich ablehnen kann. Freundlich und dennoch verbindlich zu formulieren ist erlernbar. Sehr hilfreich ist hierzu der Aufbau eines eigenen Repertoires an Antworten, um auch dreisten Anfragen und Überrumpelungsversuchen begegnen zu können.

Freundliche, aber verbindliche Worte

Je deutlicher Ihr Partner erkennt, dass Sie ihn und sein Anliegen ernst nehmen, desto mehr Verständnis wird er für Ihr Nein haben. Dabei kann man eine Bitte auch freundlich und liebenswürdig abschlagen.

Der Ton macht hierbei die Musik und ein Lächeln entschärft fast alles. Formulieren Sie also Ihre Ablehnung nicht barsch und kneifen womöglich noch die Augen verbissen zusammen! Härte ersetzt keine Argumente und schafft – weil Sie meist wie ein Angriff wirkt – nur Widerstand.

Bei aller Bestimmtheit sollten Sie also so höflich und liebenswürdig wie möglich antworten. Benutzen Sie dabei eine freundliche Stimmlage, wie z.b. als wenn Sie bei Tisch nach dem Salz fragen.

Beispiel

Eine hilfreiche Formel hierzu lautet: Sagen sie dem anderen zunächst ein bis drei positive Dinge, formulieren Sie dann Ihr »Nein«, und lassen Sie eine weitere positive Bemerkung folgen. Bei alldem sehen sie ihrem Gegenüber offen und freundlich in die Augen (vgl. /Kassorla 84, S. 383/).

Eine schöne positive Geste ist es übrigens, sich dafür zu bedanken, dass der andere einem die Aufgabe zutraut.

Beispiel

Angenommen, ein Kollege bittet Sie, für ihn in einem größeren Projekt mit zu arbeiten, was Sie aber nicht wollen. Antworten Sie: »Ich fühle mich sehr geehrt, dass Sie da an mich denken. Wir beide haben ja auch immer sehr gut zusammengearbeitet. Leider ist mein Terminkalender komplett voll. Ich schätze Sie und möchte keine Zusage machen, die ich nicht einhalten kann. Vielleicht klappt es beim nächsten Projekt.« Dann wechseln Sie das Thema. Gut ist es auch, wenn Sie Verständnis für die Situation und das Anliegen des anderen zeigen: »Dass Sie so im Zeitstress sind, tut mir sehr leid – aber ich kann Ihnen leider heute trotzdem nicht aushelfen.«

In manchen Situationen ist auch Humor eine gute Möglichkeit, ein Nein zu verpacken.

Tipp

Aber Vorsicht: Nicht jeder versteht jede Art von Humor! Im Zweifelsfall sollten Sie daher lieber eine neutrale Formulierung wählen.

Geben Sie ggf. kurze Erklärungen aber keine Entschuldigungen ab

Natürlich können Sie Ihr Nein begründen, um es dem anderen leichter zu machen, es anzunehmen. Wenn die Absage

begründet ist, wertet der Gesprächspartner sie nicht als Des-
interesse an seiner Person und seiner Situation. Ein nacktes
»Nein« kann dagegen die Beziehungsebene belasten.

Wenn z.B. ein Kollege zu einem Plausch in Ihr Büro kommt,   Beispiel
während Sie telefonieren, können Sie sagen:»Oh, ich führe
gerade ein wichtiges Gespräch, ich melde mich später bei
Ihnen.« Damit bitten Sie selbst um Rücksichtnahme, und
es wird deutlich, dass sich das Nein nicht gegen die Person
richtet, sondern andere Ursachen hat.

Wenn Sie Ihre Entscheidung zu lange und umständlich begründen, könnte es den Eindruck erwecken, dass Sie sie aus
einer Laune heraus getroffen hätten und sie deshalb jetzt
rechtfertigen müssten. Lange Erklärungen erwecken bei den
anderen meist falsche Hoffnungen und lassen den Schluss
zu, dass sie Schuldgefühle haben und umgestimmt werden
können. Darüber hinaus bieten Sie mit vielen weitschwei-
figen Begründungen viel »Angriffsfläche«, also viele Möglichkeiten, um Argumente mit Gegenargumenten auszuhe-
beln. Als verantwortungsvoller und kluger Mensch, müssen
Sie Ihre Entschlüsse nicht verteidigen. Sagen Sie stattdessen
ruhig, sachlich und präzise, warum Sie der betreffenden For-
derung nicht nachkommen können und lassen Sie sich nicht
auf Diskussionen ein (vgl. /Kassorla 84, S. 384 f./).

Bedenkzeit erbitten
Auch wenn Sie normalerweise über eine große Entschluss-
kraft verfügen, sollten Sie sich nicht immer dazu hinreißen
lassen, bestimmte Dinge umgehend zu entscheiden. Viele
Forderungen kommen sehr überraschend, und es besteht
die Gefahr, sich durch eine voreilige Zusage für die nächsten Tage und Wochen selbst unter Zeitdruck zu setzen (vgl.
/Kassorla 84, S. 385 f./).

Tipp
> Sie sollten sich daher immer eine ausreichende Bedenk-
> zeit verschaffen, denn mit ein wenig zeitlichem Abstand
> können Sie die Angelegenheit angemessen beurteilen und
> abwägen, welche Risiken eine Zusage ggf. beinhaltet.

Wenn Sie noch nicht bereit sind, eine durchdachte Entscheidung zu fällen, sollten Sie sich nicht zu einem sofortigen
»Ja« oder »Nein« drängen lassen. Wenn Sie sich ein paar Tage
Bedenkzeit erbitten, tun Sie dies in einem selbstbewussten
und freundlichen Ton.

Beispiel
Mit einem freundlichen Lächeln können Sie beispielsweise
sagen: »Diese wichtige Angelegenheit würde ich gerne in
Ruhe überdenken, aber ich werde Ihnen spätestens morgen
in der Sache Bescheid geben.«

Kompromisse und Gegenvorschläge
Wenn Sie zur vorgetragenen Bitte eigentlich Nein oder zum
Teil Nein sagen wollen, gleichzeitig aber für den Bittsteller
Alternativen sehen, sollten Sie ihm dies mitteilen. Gegenvor-
schläge, welche die Interessen des anderen berücksichtigen,
helfen, ein Nein attraktiver zu verpacken.

Tipp
> Häufig muss man gar kein striktes Nein aussprechen. Bei
> Aufgaben, die Sie heute für den anderen nicht erledigen
> können, hilft möglicherweise das Angebot, sich morgen
> darum kümmern zu wollen. Vielleicht können Sie auch
> nur einen Teil der Arbeit annehmen.

Gegenvor-
schlag
Eine weitere Möglichkeit ist es, mit einem Gegenvorschlag
eine andere Idee anzuregen, wie der Bittsteller sein Problem
lösen kann. Auf der einen Seite zeigen Sie durch Ihr Nachdenken, dass Ihnen das Anliegen des anderen nicht egal ist,
machen aber auf der anderen Seite auch klar, dass Sie selbst
für die Erledigung nicht zur Verfügung stehen.

Gegenvorschläge können auch aus Angeboten bestehen, welche die einseitige Übernahme einer Aufgabe mit einer Gegenleistung oder einer Bedingung verbinden. Eine erste Bedingung könnte sein, dass Sie den anderen auffordern weitere Information nachzuliefern, damit Sie eine Entscheidung treffen können.

Angebote

Sie könnten sagen: »Grundsätzlich würde ich das gerne übernehmen, ich benötige allerdings vorher noch einige Informationen für die konkrete Entscheidung. Bitte schreiben Sie mir doch die wichtigsten Daten zusammen und schicken Sie mir diese einfach per E-Mail zu.«

Beispiel

Interessanterweise entsteht hier oft die Folge, dass der Bittsteller nichts mehr von sich hören lässt.

Grundsätzlich lassen sich neben weiteren Informationen auch andere Ressourcen einfordern, wie Geld, Personal, Sachmittel oder sonstige Unterstützung.

»Wenn ich den Job übernehmen« soll, dann will ich ihn richtig machen. Damit Sie sich voll auf mich verlassen können, benötige ich aber...«

Beispiel

Bedingungen für ein Ja können auch von Ihnen erbetene Gegenleistungen sein. Damit sagen Sie zwar nicht Nein, holen sich aber für das, was Sie zu geben bereit sind, einen Ausgleich:

Gegenleistungen erbitten

»Ja, das kann ich gerne tun; aber übrigens: ich habe da ein Problem, bei dem ich Ihre Hilfe gut brauchen könnte...«

Beispiel

Ebenso könnten Sie die Bedingung setzen, dass Ihre Hilfe nur eine »Hilfe-zur-Selbsthilfe« sein kann. Damit fördern Sie die Selbstständigkeit des Kollegen und wappnen sich für die Zukunft vor gleichen Anfragen der gleichen Person.

Beispiel »Ich kann Ihnen gerne zeigen, wie das geht, aber tun müssen Sie es wohl allein.«

Ähnlich ist es, wenn Sie den Bittsteller freundlich darauf hinweisen, wo er Hilfe für sein Problem findet, womit Sie die Lösung einfach weiterdelegieren:

Beispiel »Ich glaube Herr X hatte schon einmal einen ähnlichen Fall. Der könnte Ihnen sicherlich weiterhelfen. Seine Telefonnummer lautet...«

Noch etwas Grundsätzliches
Während der Gespräche, bei dem es um Ihr Ja oder Nein geht, sollten Sie darauf achten, dass Sie nicht »einknicken«, sondern bei einem klar ausgesprochenen Nein auch bleiben.

Tipp Es ist hilfreich, für sich ein **Standard-Repertoire an Erwiderungen** mit den entsprechenden Argumentationen zu entwickeln. Schauen Sie sich an, welche Formulierungen Ihnen in der Vergangenheit geholfen haben, ein Nein freundlich aber verbindlich auszusprechen.

Besondere Vorsicht ist übrigens geboten, wenn von Ihnen gar keine sofortige Reaktion verlangt wird, sondern Sie erst zu irgendeinem zukünftigen Zeitpunkt tätig werden sollen. Es kann dann leicht passieren, dass Sie zu optimistisch sind, was die Zeitplanung für die Umsetzung betrifft. Je näher das Datum aber rückt, desto unwillkommener wird die zusätzliche Aufgabe werden, und Sie sind dann möglicherweise gezwungen, die Bitte im Nachhinein doch noch abzulehnen bzw. ihr nur halbherzig nachzukommen. Beides schadet dem Bittsteller, dem Sie die Zusage gaben und letztlich Ihrem eigenen Ruf.

Die Tipps zum »Nein sagen« gelten übrigens nicht nur im beruflichen Bereich, sondern vor allem auch im Privatleben: Auch in den Lebensbereichen »Familie und Partnerschaft« und »sonstige soziale Kontakte« sollten Sie nicht ständig Ja sagen, wenn Ihnen in Wahrheit nach einem Nein zumute ist.

Nach einem langen und anstrengenden Arbeitstag noch Ja zu sagen zu dem spontanen Einfall des Lebenspartners nach dem Abendessen doch noch ins Kino und anschließend Tanzen zu gehen, würde diesen sicherlich erfreuen. Wenn Sie aber ahnen, dass Ihnen hierzu die Energie fehlt und Sie den so geplanten Abend wohl eher erschöpft über sich ergehen lassen würden, sollten Sie die Notbremse ziehen.

Beispiel

Auch zu Ihrem eigenen Ich sollten Sie hin und wieder Nein sagen, wenn Sie Ihr »Innerer Schweinehund« mal wieder von – Ihnen eigentlich wichtigen – Vorhaben abhalten will. Wenn Sie sich vorgenommen haben, mehr Sport zu treiben und hierzu einem Fitnessclub beigetreten sind, sollten Sie dem Drängen Ihres »Inneren Schweinehundes«, die Abende doch lieber mit einem Glas Wein vor dem Fernseher zu verbringen, nicht nachgeben. Das Nein zum eigenen Ich kann oft schwieriger sein, als das Nein zu anderen.

»Nein« zum »inneren Schweinehund«

Ein paar Formulierungshilfen für ein »weiches« Nein

○ »Ich befürchte, ich kann Ihnen jetzt nicht die Antwort geben kann, die Sie erwarten.«
○ »Ich kann leider im Augenblick keine weiteren Verpflichtungen annehmen.«
○ »Oh, wir können das gerne einmal später besprechen. Lassen Sie uns einen Termin ausmachen...«
○ »Ehrlich gesagt, fühle ich mich ein wenig überrumpelt, weil ich mich unter Zeitdruck entscheiden soll. Bitte ge-

Beispiele für Formulierungen

ben Sie mir eine halbe Stunde Zeit, ich melde mich dann bei Ihnen.«

○ »Ich kann verstehen, dass Ihnen mein Nein nicht gefällt. Ich möchte mir aber deswegen keine Schuldgefühle machen lassen.«

○ »Das ist ein sehr nettes Lob; trotzdem kann ich die Aufgabe leider heute nicht mehr für Dich erledigen.«

○ »Ich glaube, es ist Ihnen sehr wichtig, mich noch umzustimmen. Aber leider kann ich nur noch einmal wiederholen, dass es heute wirklich nicht geht« (vgl. /Kreutzmann 06a, S. 37/ und /Völgyfy 02, S. 35/).

Coaching   **1** Welchen wesentlichen Erkenntnisgewinn brachte mir der vorliegende Text?

2 Welche Schlüsse ziehe ich aus dem Gelernten für meine Situation?

3 Was werde ich in der Zukunft anders machen?

10.3   Delegieren **

Delegieren bedeutet, anderen Aufgaben zu übertragen, die man bisher auf der eigenen Agenda hatte. Das Delegieren von Aufgaben entlastet Sie von unwichtigeren Aufgaben, so dass Sie sich stärker auf das Wesentliche konzentrieren können. Andererseits kann die Übernahme einer durch Sie delegierten Aufgabe für einen unterstellten Mitarbeiter die Möglichkeit zur fachlichen und persönlichen Entwicklung bedeuten. Delegieren ist damit eine klassische Führungsaufgabe.

Die Kapitel zu den Themen »Ziele setzen« (S. 77), »Prioritäten bilden und Ziele setzen« (S. 63), »Planung« (S. 131) und »Führung« (S. 113) sollten Sie gelesen haben.

Was Sie wissen sollten

Delegieren bedeutet, bestimmte Aufgaben nicht selbst zu erledigen, sondern die Durchführung an jemanden anderes weiterzugeben. Sie weisen einem anderen eine Aufgabe samt dem notwendigen Handlungsspielraum zu, ohne dass Sie ihm Ihre gesamte persönliche Verantwortung übertragen.

Delegieren funktioniert auf verschiedene Weise. In der Regel kann und sollte eine Führungskraft Aufgaben delegieren, die auch einer seiner Mitarbeiter erledigen könnte. Daneben besteht die Möglichkeit, Aufgaben »seitwärts« zu delegieren – also jemandem Aufgaben zu übertragen, dem gegenüber man eigentlich keine Weisungsbefugnis hat.

horizontal & vertikal delegieren

Horizontal und vertikal delegieren kann man übrigens auch im privaten Bereich, wenn es z.B. um sinnvolle Aufgabenverteilungen in der Familie (mit Kindern) geht oder wenn z.B. gemeinsam private Projekte im Verein zu organisieren sind.

Tipp

Delegieren als Führungskraft

Wenn Sie als Führungskraft Aufgaben delegieren können, dann sollten Sie es auch tun. Delegation bedeutet in der Regel Zeitgewinn und Selbstentlastung für Sie einerseits und Kompetenzerweiterung, Personalentwicklung und Leistungsmotivation für Ihre Mitarbeiter andererseits (vgl. /Koenig, Roth, Seiwert 01, S. 15 ff./ und /Transfer 04, S. 38 f./).

Aufgaben an die richtige Person mit den richtigen Fertigkeiten zu delegieren, ist eine der wichtigsten Fähigkeiten von Führungskräften und Ausdruck eines Führungsstils (*Management-by-Delegation*), bei dem den Mitarbeitern Vertrauen in die Erledigung auch schwierigerer Aufgaben entge-

Management-by-Delegation

gengebracht wird. Je nachdem, wie weit der eigene Verantwortungsbereich innerhalb der delegierten Aufgabe reicht, kann damit dem Bedürfnis des einzelnen Mitarbeiters nach Selbstentfaltung entgegengekommen werden.

Wenn Führungskräfte nicht genug delegieren, steckt hier oft die Annahme dahinter, dass die Aufgabe von anderen nicht so gut ausgeführt wird, wie man es selbst tun würde. Das mangelnde Vertrauen in andere ist oft gepaart mit einem zu starken Kontrollbedürfnis und der Unfähigkeit, Aufgaben überhaupt für andere zu strukturieren und zielgerichtet zu kommunizieren. Möglicherweise sieht so manche Führungskraft beim Delegieren auch die Gefahr, dass sich der Mitarbeiter in der Umsetzung als besser erweisen könnte als man selbst.

Tipp

An Mitarbeiter sind grundsätzlich Routinearbeiten, Spezialistentätigkeiten, Detailfragen und vorbereitende Arbeiten (z.B. Entwürfe) zu delegieren. Darüber hinaus bietet es sich an, bestimmte wichtige Aufgaben ebenfalls zu delegieren, wenn damit eine Nachwuchs-Führungs- oder Fachkraft gefördert und gefordert werden kann.

7 Regeln des Delegierens

1. Klärung der Aufgabe
Zunächst müssen Sie sich als Vorgesetzter klar sein, welche Aufgabe zu delegieren ist und was diese Aufgabe im Einzelnen umfasst.

Eisenhower- & ALPEN-Methode

Eine gute Hilfe für die Entscheidung leistet Ihnen Ihre Prioritätensetzung z.B. nach der **Eisenhower-** oder der **ALPEN-Methode** (siehe hierzu »Planungsmethoden« (S. 139)). Natürlich gibt es »Kernaufgaben« von Führungskräften, die gar nicht delegiert werden sollten bzw. dürfen.

Solche Kernaufgaben sind z.b. strategische Planungen, Führung, die Einstellung und Beurteilung der direkten Mitarbeiter, sowie Aufgaben, die Sie wegen bestehender rechtlicher oder unternehmensbezogener Vorschriften selbst erledigen müssen.

Beispiele für Kernaufgaben

Wenn Sie entschieden haben, was Sie von Ihrer To-do-Liste delegieren können und wollen, sollten Ihnen bezüglich der Inhalte folgende Parameter bewusst sein (vgl. /Caunt 00, S. 99 f./):

- Was soll getan werden? Welche einzelnen Teilaufgaben stehen dahinter? Wie soll das (beobachtbare, messbare etc.) Ergebnis aussehen?
- Warum soll die Aufgabe getan werden? In welchem Zusammenhang ist sie zu sehen? Welche Rahmenbedingungen und Normen sind zu beachten?
- Wie viel Zeit wird die Ausführung wahrscheinlich in Anspruch nehmen?
- Welche Ressourcen wird der mit der Aufgabe betreute Mitarbeiter wahrscheinlich benötigen?
- Wann muss die Aufgabe spätestens erledigt sein und welchen Zeitpuffer plane ich ein?
- Welche Personen/ Stellen sind zu beteiligen/zu informieren?
- Welche Probleme und Schwierigkeiten sind ggf. zu erwarten, und wie können diese gelöst werden?
- Was passiert, wenn die Aufgabe nicht oder nur unvollständig ausgeführt wird?

2. Geeignete Mitarbeiter auswählen.
Wer ist nun am Besten geeignet, die delegierten Tätigkeiten auszuführen? Hier kommt es auf zwei wesentliche Faktoren an – dem »Können« und dem »Wollen« des zu beauftragenden Mitarbeiters.

Hinsichtlich des Könnens sollten Sie unterscheiden zwischen dem fachlichen und methodischen Können und der Belastbarkeit des Mitarbeiters. Delegieren Sie Arbeiten nicht an Menschen, die nicht viel bzw. nicht in der erforderlichen Qualität leisten. Geben Sie den Job dann lieber jemand anderem, oder denken Sie sich eine andere Möglichkeit aus, wie die Arbeit erledigt werden könnte.

Tipp

Nach einer alten Faustregel soll man Wichtiges an eine viel beschäftigte Person delegieren. Träge Mitarbeiter sind oft nicht flexibel genug, wenn man ihnen aufträgt, etwas schnell und gut zu tun. Emsige, effektive Menschen dagegen sind emsig, weil sie hierzu »in Übung« sind. Hüten Sie sich aber davor, immer die üblichen »Arbeitstiere« noch stärker zu belasten.

Denken Sie im Rahmen der Personalentwicklung auch an die Mitarbeiter, die vielleicht bisher nicht die Möglichkeit hatten, zu zeigen, was sie noch können.

Hinsichtlich des Kriteriums »Wollen«, also der potentiellen Grundmotivation des Mitarbeiters für die Erledigung der Aufgabe, kann man leider nicht immer entscheiden. Wenn aber die Möglichkeit besteht, so versuchen Sie herauszubekommen, wie diese Motivation bei den in Frage kommenden Mitarbeiter aussieht. Gibt es vielleicht einen Mitarbeiter, der sich um die Aufgabe reißt, weil er sich davon eine persönliche oder fachliche Weiterentwicklung verspricht? (vgl. /Caunt 00, S. 100/)

3. Rechtzeitige und ausreichende Information
Wesentlich für das effektive Delegieren einer Aufgabe ist die exakte Einweisung des mit der Aufgabe zu betreuenden Mitarbeiters.

W-Fragen

Der Auftrag sollte die wesentlichen Punkte umfassen, über die Sie selbst im Rahmen der Aufgabendefinition schon nachgedacht haben, also das »Was« (Aufgabe), das »Warum« (Ziel), ggf. das »Wie« (Art der Ausführung) und das »bis wann« (Termin).

Gerade bei der Frage des »Wie« sollten Sie genau abschätzen, wie viele Vorgaben Sie hier geben dürfen.

Dirigismus bis ins Detail wird jede Eigeninitiative eines Mitarbeiters im Keim ersticken. Denken Sie daran, dass derjenige, an den Sie delegieren, eventuell ein besseres Verfahren zur Ausführung kennt als Sie. Andererseits werden gerade neue Mitarbeiter wahrscheinlich dankbar sein für fachliche und methodische Hilfestellungen bei der Auftragserteilung.

Vorsicht bei der Frage der Vorgehensweise!

Zusätzlich zu den genannten Punkten können Sie noch Hinweise zu Rahmenbedingungen, zum Budget und den sonstigen verfügbaren Ressourcen geben. Teilen Sie dem Mitarbeiter auch mit, welche begleitende Hilfestellung Sie geben können und wie Sie das Ergebnis kontrollieren möchten.

Um sich zu vergewissern, ob der Mitarbeiter den Auftrag richtig verstanden hat, sollten Sie ihn auffordern, (ggf. nach einer gewissen Bedenkzeit) kurz darzustellen, wie er sich grundsätzlich die Ausführung vorstellt, d.h. wie er beabsichtigt, vorzugehen.

4. Die delegierten Aufgaben im Auge behalten

Wenn Sie delegieren, dann achten Sie darauf, dass Sie immer den Überblick über alle delegierten Aufgaben haben. Sie sollten hierzu auf detaillierte Aufzeichnungen und Notizen in Ihren Planungsinstrumenten oder in den Akten der entsprechenden Mitarbeiter zurückgreifen können. Vor jeder Feedback-Sitzung sollten Sie sich so die wesentlichen Daten vor Augen halten können. Für komplexere Aufgabenzuteilungen bzw. im Rahmen des Aufgabencontrollings größerer Projekte empfiehlt sich die Verwendung einer Projektmanagementsoftware. Es gibt kaum etwas, was Mitarbeiter mehr demotiviert und desillusioniert als wenn ihr zuständiger Vorgesetzter vergisst, was er an wen delegiert hat, bzw. wenn er die von ihm festgelegten Ziele und Zeitpläne aus den Augen verliert (vgl. /Caunt 00, S. 102/).

5. Unterstützung der Mitarbeiter
Während der Umsetzung der delegierten Aufgaben sollten Sie als Führungskraft bei Klärungsbedarf bereitstehen. Das heißt nicht, dass Sie »Gewehr bei Fuß« stehen und nur darauf warten, dass der betreffende Mitarbeiter mit einer Frage zu Ihnen kommt. Der Mitarbeiter sollte aber das Gefühl vermittelt bekommen, dass er sich bei aufkommenden Schwierigkeiten grundsätzlich an seinen Chef wenden kann.

Sie können auch Feedback-Gespräche vereinbaren in denen Ihnen der Mitarbeiter mitteilt, wie er vorankommt. Das gibt Ihnen die Gelegenheit, nachzufragen, sodass Sie sich ein Bild darüber machen können, wie die Dinge stehen. Sparen Sie bei diesen Gesprächen nicht mit anerkennenden Worten. Man kann nicht oft genug betonen, wie wichtig Lob ist.

Das bedeutet allerdings nicht, dass Sie nicht reagieren sollten, wenn etwas nicht nach Plan läuft. Wichtig ist, dass Sie dann dem Mitarbeiter helfen, Unzulänglichkeiten zu korrigieren. Das vorrangige Ziel sollte es sein, Mitarbeitern zu helfen, die an sie delegierten Aufgaben dauerhaft gut zu erledigen, sodass Sie sich langfristig auf die anderen wichtigen Teile Ihres Aufgabengebiets konzentrieren können.

6. Ablauf- und Erfolgskontrolle durchführen
Da Sie letztlich für die Gesamtergebnisse der delegierten Aufgaben verantwortlich bleiben, sollten Sie sich überlegen, welche Art Kontrollsystem Sie anwenden wollen, um auf dem Laufenden bleiben zu können, wie es um die Bearbeitung der delegierten Aufgaben steht. Dieses System hängt u.a. von der Aufgabe selbst und vom Erfahrungsstand der entsprechenden Mitarbeiter ab.

Auf dieser Grundlage müssen Sie sich grundsätzlich ent- Einmischung?
scheiden, ob, wann und wie Sie sich in die Bearbeitung ein-
mischen wollen. Jemand mit viel Erfahrung im Bewältigen
ähnlicher Aufgaben braucht weniger Aufsicht als jemand
mit wenig oder keiner Erfahrung. Ein gutes Kontrollsystem
besteht aus der angemessenen und taktvollen Anwendung
einer eher »sanften Zügelführung« und der »festen Hand«.

Beachten Sie, dass der Grundsatz des Delegierens heißt,
dass der mit der Aufgabe betreute Mitarbeiter zunächst eigenverantwortlich handeln darf. Der Schritt von »gut ge-
meintem« begleitendem Coaching über Beaufsichtigung bis
hin zu nervender Einmischung ist nur klein. Insbesondere die Anwendung von formalen Überwachungsmethoden
wirkt in der Regel demotivierend.

7. Versuche der Rück- und Weiterdelegation abwehren

Wenn Sie Aufgaben delegiert haben, sollten Sie unbedingt
darauf achten, dass nicht versucht wird, die übertragenen
Aufgaben an Sie wieder zurückzudelegieren.

Tatsächlich gibt es Leute, die geschickt darin sind, Ihre Verantwortung zu leugnen und sie nach oben weiter- bzw. zu-
rückzugeben. Widerstehen Sie hier der Versuchung, sich die
Sache zurückschieben zu lassen, wenn das Problem nun eindeutig im Zuständigkeitsbereich des Mitarbeiters liegt. Sie
können natürlich weiterhin unterstützen und beraten, aber
am Ende des Gesprächs sollte Ihrem Mitarbeiter klar sein,
dass die Aufgabe weiterhin seine Sache ist.

Seitwärts delegieren

Im beruflichen Bereich ist mit dem Seitwärts-delegieren im
Grunde die gegenseitige kollegiale Unterstützung gemeint.
Wenn ein Kollege in einem Ihrer Arbeitsbereiche effektiver
ist als Sie und Ihnen Ihrerseits bestimmte Aspekte seines
Jobs besser liegen, dann macht eine Zusammenarbeit und

ein Austausch Sinn. Grundsätzlich sollte aber auch eine solche Absprache und Arbeitsquerverteilung genauso sorgfältig vorbereitet und umgesetzt werden. Vor allem die Regeln bezüglich der klaren Aufgabenbeschreibung und des begleitenden Informationsaustausches gelten hier ebenso wie bei der Delegation vom Vorgesetzten an den Mitarbeiter (vgl. /Caunt 00, S. 103 f./).

Delegieren im nicht-beruflichen Bereich
Wie bereits erwähnt kann auch im privaten Bereich, in den Lebensbereichen Familie und sonstige soziale Kontakte delegiert werden.

Beispiel für das Delegieren im nichtberuflichen Bereich

Im Haushalt können und sollten z.B. den eigenen Kindern Aufgaben übertragen werden, die ihrem Alter und Ihren Fähigkeiten entsprechen und an denen sie wachsen können. Im Nachbarschaftskreis könnten Aufgaben, wie Rasenmähen, kleine Autoreparaturen, Hausarbeiten etc. entsprechend der unterschiedlichen Neigungen und Fähigkeiten aufgeteilt werden (Mitte der 90er Jahre begann sich in Deutschland sogar eine entsprechende Bewegung in verschiedenen Nachbarschaftsgemeinden zu bilden, die Eingang in die Fernsehberichterstattung fand).

Natürlich werden die o.g. Regeln des Delegierens nicht in der Stringenz Anwendung finden, wie sie oben für den beruflichen Bereich benannt wurden. Andererseits ist eine eindeutige Kommunikation bei der Absprache und bei der Ergebniskontrolle solcher Vorhaben auch im Privatbereich hilfreich um Missverständnissen und Konflikten vorzubeugen.

Gehen Sie doch einmal die Liste der Tätigkeiten durch, die für Sie in der nächsten und übernächsten Woche anstehen. Welche von den Tätigkeiten könnten Sie an wen weiter delegieren?

10.4 Zeit gewinnen bei der Postbearbeitung *

Die effiziente Bearbeitung der eingehenden Post nach einer bestimmten Struktur hilft Ihnen Zeit einzusparen. Durch einen ebenfalls effizient gestalteten Postausgang, können Sie sowohl sich selbst als auch anderen eine Zeitersparnis verschaffen.

Die Bearbeitung der eingehenden Post ist eine der am wenigsten beliebten täglichen Aufgaben. Bei der gegenwärtigen **Informationsflut**, die – trotz Internet und E-Mail – täglich die Schreibtische von Fach- und Führungskräften dreidimensional überschwemmt, ist ein effizienter Umgang mit der Post eine wichtige Stellschraube für die eigene Zeitersparnis.

Umgang mit der Informationsflut

Nutzen Sie deshalb *alle* Möglichkeiten, den Umgang mit Ihrer Korrespondenz zu vereinfachen und zu beschleunigen. Hier einige Tipps (vgl. /Dietze 04, S. 113 f./):

Tipps

■ Sichten Sie Ihre Post und verteilen Sie sie umgehend in Ihren **dreistufigen Postkorb** mit den folgenden Fächern ein:

☐ Soforterledigung

☐ Wiedervorlage

☐ Ablage

■ Erledigen Sie dann sofort die Post aus dem Soforterledigungs-Korb. Bearbeiten Sie dabei Schriftstücke möglichst nur einmal. Hierbei gilt die Grundregel, dass das, was morgens an Post hereinkommt, abends auch wieder hinausgehen sollte.

■ Bearbeiten Sie Ihre Post – die eingehende und ausgehende – blockweise, ein- bis zweimal täglich.

■ Versehen Sie einen eingehenden Brief mit Bearbeitungs-
vermerken, z.B. Antwort- Stichpunkte, Eingangstermin,
Bearbeiter, Verteiler, Ablage o.ä.

■ Lesen Sie Ihre Post effizienter (nutzen Sie hierzu die Ausführungen im Kapitel »Zeit gewinnen durch effizientes Lesen« (S. 229)) und markieren Sie beim Lesen eines Briefes
sofort alle wichtigen Textstellen, um Ihnen und anderen
die nachfolgende Bearbeitung zu erleichtern.

■ Befördern Sie direkt in den Papierkorb, was ohne Infor-
mationswert ist, nicht bearbeitet oder aufgehoben werden
muss.

■ Gestalten Sie Ihren **Postausgang** effizienter:

☐ Setzten Sie »Sofort-Antworten« ein, indem Sie Original-
Schreiben mit Ihrem handschriftlichen Vermerk zurück-
senden.

☐ Setzen Sie selbst vorgedruckte bzw. vorstrukturierte
»Kurz-Briefe« ein.

☐ Überprüfen Sie, ob Telefon, Telefax oder Mailbox nicht effektiver sind.

☐ Legen Sie für ähnliche Vorgänge Musterbriefe und IT-Text-
bausteine an.

☐ Drücken Sie sich in Ihrer Post kurz, klar und freundlich
aus.

Einsatz der Sekretärin

Wenn Sie eine Assistentin/Sekretärin haben, sollten Sie den
Posteingang prinzipiell über sie laufen lassen. Die Eingangs-
post sollte von ihr sinnvoll vorsortiert werden, damit die Bearbeitung für Sie vereinfacht wird. Sprechen Sie mit Ihr die
Vorsortierung durch, auch um bestimmte Schriftstücke,
die Sie nicht bearbeiten müssen, gar nicht erst auf den
Schreibtisch zu bekommen. Die – durch das Sekretariat »ge-
filterte« – Post können Sie sich dann in verschiedenen Mappen vorlegen lassen:

■ Mappe 1: Wichtige und dringende Informationen, die Ihre sofortige Reaktion erfordern

■ Mappe 2: Weniger wichtige Informationen. Hier sollten Sie umgehend weiterleiten, was andere bearbeiten können.

Veranlassen Sie, dass Ihnen zu Eingangsbriefen der bereits vorhandene Vorgang als Unterlage beigelegt wird.

Bei der Zusammenarbeit mit Ihrem Sekretariat sollten Sie für den Postausgang ein professionelles Diktiergerät verwenden. Legen Sie zu Beginn des Diktats alle Unterlagen bereit. Diktieren Sie dann Ihre Schreiben in einem Zeitblock. Sprechen Sie deutlich und buchstabieren Sie Schwieriges.

Tipp

1 Welchen wesentlichen Erkenntnisgewinn brachte mir der vorliegende Text?

2 Welche Schlüsse ziehe ich aus dem Gelernten für meine Situation?

3 Was werde ich in der Zukunft anders machen?

Coaching

10.5 Effiziente E-Mail-Bearbeitung **

E-Mails sind nach Effizienzgesichtspunkten eine wesentliche Bereicherung für den Alltag. Allerdings nur, wenn man sie richtig nutzt. Die einfache Handhabung verführt zum schnellen unüberlegten Gebrauch des Mediums, was wiederum die zu beobachtende Informationsflut ansteigen lässt. Bearbeiten Sie Ihre eingehenden E-Mails strukturiert und machen Sie von der Lösch-Taste regen Gebrauch. Bei den von Ihnen zu versendenden E-Mails sollten Sie darauf achten, dass Sie nicht bei anderen für eine Informationsschwem-

me sorgen. **Wählen Sie den Adressatenkreis sorgfältig aus, formulieren Sie präzise und bleiben Sie höflich.**

Chancen und Gefahren des Mediums

Revolution in der Kommuni- kation

Die Verwendung von E-Mails hat die gesamte schriftliche Kommunikation revolutioniert. Sie ist wesentlich zeitsparender als die Verwendung des Postweges und dabei eine der einfachsten Computeranwendungen. Selbst Neulinge kommen damit schon nach etwa einer Stunde Einarbeitung zurecht.

Vorteile

+ Eine der großen Vorteile liegt in der Möglichkeit, der E-Mail fast unbegrenzt Anhänge, wie unterstützende Dokumente, Zeichnungen oder Videos anfügen zu können.

+ E-Mails lassen sich schnell und unkonventionell verfassen und beantworten.

+ Sie können problemlos abgelegt, weitergeleitet oder gelöscht werden.

+ Außerdem sind E-Mails kostengünstiger als die Post.

Nachteile

Die Vorteile beinhalten aber auch viele Nachteile:

− Gerade die leichte Handhabung der Anwendung kann zu Problemen führen. So können E-Mail-Systeme schnell zweckentfremdet werden, wenn versäumt wird, den Adressatenkreis genau einzugrenzen, nur weil man sich im Voraus gegen den möglichen Vorwurf absichern will, man hätte es versäumt, alle Kollegen auf dem Laufenden zu halten (vgl. /Dietze 04, S. 107 f./ und /Caunt 00, S. 158 ff./).

− Damit verstärkt die E-Mail-Anwendung die Informationsflut, die täglich auf uns einströmt. Über manche Menschen rollt so täglich eine Lawine von über 200 E-Mails hinweg. Es besteht die Gefahr, dass Nachrichten dann ignoriert werden, weil sie fälschlicherweise als unwichtig erachtet werden.

– Hinzu kommt, dass manche Mitarbeiter sich noch nicht an das papierlose Büro gewöhnt haben, so dass sie unnötigerweise sämtliche E-Mails ausdrucken (vgl. /Dietze 04, S. 85 ff./).

Umgang mit dem E-Mail-Eingang

Wie Ihr Post-Eingangskorb, kann und wird sich auch Ihre E-Mailbox schnell füllen. Es ist möglich, dass sich schnell Hunderte von Nachrichten anhäufen. Daher ist Ihr bester Freund im Umgang mit dem Informationsfluss – und als Pendant zum Papierkorb – die Löschtaste! Je mehr Mails Sie löschen, desto weniger müssen Sie bearbeiten und ablegen.

Analog zum Bearbeiten der Post, sollten Sie auch beim Sichten Ihrer täglichen E-Mails schnell entscheiden was geschehen soll (vgl. /Dietze 04, S. 86/):   Tipp

■ Löschen?
■ Bearbeiten?
■ Speichern/Ablegen?

Je weniger Nachrichten Sie nach dem Sortiervorgang im E-Mail-Eingang belassen, desto weniger werden Sie hierdurch abgelenkt werden. Gehen Sie also täglich Ihre *Inbox* durch und löschen Sie unerwünschte Werbenachrichten (SPAM) oder andere Nachrichten, bei denen Sie schon anhand des Betreffs erkennen, dass Sie sie nicht zu lesen brauchen.

Wenn Sie sich für die Bearbeitung entschlossen haben, dann sollten Sie sich grundsätzlich immer nur um eine Mail kümmern und sich erst dann der nächsten zuwenden, wenn die erste komplett abgeschlossen ist.

Für den Umgang mit eingehenden E-Mails gilt im Grunde das gleiche Prinzip, wie bei der schriftlichen Post: »Tun Sie es sofort!«   Tipp

Erfolgs-
erlebnisse
durch
schnelles
Abarbeiten

Das schnelle Abarbeiten der E-Mail-Eingänge leert Ihre *Inbox* und verschafft Ihnen Erfolgserlebnisse im Umgang mit der Informationsflut. Überprüfen Sie kurz die ersten Zeilen jeder Nachricht und beantworten Sie diejenigen gleich, bei denen es **weniger als drei Minuten dauert**. Löschen Sie diese Nachrichten dann oder archivieren Sie sie, wenn notwendig.

Tipp

Aber Vorsicht: Achten Sie auf Ihren Arbeitsrhythmus und Ihre tägliche Prioritätenplanung. Manche E-Mail-Anwendungen bieten Ihnen nämlich eine akustische oder optische Alarmfunktion, wenn eine neue Nachricht ankommt, die Sie gewissermaßen dazu auffordert, die eingegangene E-Mail zu lesen. Sie können sich hier schnell unter Handlungsdruck setzen lassen, weil Sie glauben nun umgehend reagieren zu müssen. Im Grunde sind solche Signale, gerade wenn Sie sich mitten in einer anderen Arbeit befinden, als Störungen zu sehen, die entsprechend anzugehen sind. Stellen Sie die Alarmfunktion also ab, und reservieren Sie sich stattdessen in Ihrem Planungsinstrument feste Zeiten, zu denen Sie sich um Ihre E-Mails kümmern. Sinnvoll scheinen hierzu ein bis zwei Termine pro Tag zu sein (Die Anzahl hängt aber selbstverständlich von Ihrem Arbeitsgebiet ab, so dass Sie z.B. im Kundendienst sicherlich öfter am Tag Ihre E-Mails sichten müssen). Denken Sie daran: Im Gegensatz zu Telefonaten und anderen Unterbrechungen bleiben E-Mail Nachrichten so lange in Ihrer Mailbox, bis Sie wirklich Zeit finden, sie zu bearbeiten.

Viele E-Mail-Systeme lassen es übrigens zu, dass der Sender erkennt, wann man seine Nachricht geöffnet hat. Auch hierdurch kann schnell ein gewisser Zugzwang entstehen: Rechnet der andere mit einer schnellen Beantwortung?

Sichten Sie E-Mails nicht aus Langeweile oder als Pausengestaltung

Einige Menschen nutzen ihre Arbeitspausen, um zu schauen, ob neue E-Mails da sind, oder sie unterbrechen sogar ständig die laufende Arbeit, um einen Blick in die eigene *Inbox* zu werfen. Dieses Verhalten ist absolut verständlich, denn die meisten Menschen sind ja ein bisschen süchtig nach Neuigkeiten und wollen deswegen wissen, ob es neue E-Mails gibt. Leider schadet man sich mit diesem Verhalten selbst, denn man nutzt dadurch die Pausen nicht, um sich wirklich zu erholen und kurz abzuschalten und was noch schlimmer ist: man unterbricht sich ständig selbst und dadurch leidet die Konzentration und die Qualität der Arbeit.

Beim **Ablegen von E-Mails** gelten ähnliche Regeln wie beim Umgang mit der Post. Bei den meisten E-Mail-Programmen ist es möglich – ähnlich wie bei Datenverarbeitungsprogrammen Ihres PCs – Ordner anzulegen, um die Mitteilungen zu speichern, die Sie aufheben möchten bzw. müssen. Sie sollten Ihre elektronischen E-Mail-Verzeichnisse so einrichten, wie Sie es bei Ihren schriftlichen Arbeits- und Nachschlageakten und Ihren Daten im PC getan haben, damit Sie Ihre gespeicherten E-Mails in Zukunft leichter wieder finden können. Jemanden später anrufen zu müssen, um ihn nach seiner E-Mail zu fragen, führt diese schnelle Technologie ad absurdum. Neben allen inhaltlichen E-Mail-Ordnern, können Sie auch einen Ordner mit der Bezeichnung »Nachfassen« erstellen. Hier finden Sie die Nachrichten wieder, bei denen Sie noch Punkte klären müssen. Denken Sie daran, dass Sie diesen Ordner regelmäßig überprüfen, um sicherzustellen, dass Sie an der jeweiligen Sache auch dran bleiben.

»Ablage« von E-Mails

Ausdrucken sollten Sie E-Mails übrigens nur dann, wenn es absolut notwendig ist (z.B. wenn sich die Mitteilung auf ein laufendes Projekt bezieht, für das Sie bereits eine umfassende schriftliche Akte angelegt haben).

Tipp

Eigene E-Mails versenden

klare Kommu-
nikation

Für das Verfassen und Versenden eigener E-Mails sollten Sie sich ebenfalls einige Grundregeln zu Eigen machen:

Um es dem Empfänger einfacher zu machen, sollten Sie im Betreff Ihrer E-Mails möglichst genau angeben, worum es geht. Je klarer Sie sich hier und im Haupttext ausdrücken, desto größer ist die Chance, dass Ihre Mail richtig verstanden und schnell bearbeitet wird. (Beachten Sie hierzu die Ausführungen zum »teilnehmerorientierten Kommunizieren« im Kapitel »Kommunikation mit anderen« (S. 104))

Beim E-Mail-Text sollte schon aus dem ersten Satz hervorgehen, um was es geht. Schreiben Sie so kurz und prägnant wie möglich. Gehen Sie immer davon aus, dass der Empfänger eher wenig Zeit hat, sich mit Ihrem Anliegen lange auseinander zu setzen. Es gilt also: In der Kürze liegt die Würze.

Nachrichten
teilnehmer-
freundlich
formulieren &
strukturieren

Für den Inhalt gilt es zu bedenken, welche Informationen und welchen Wissensstand der Empfänger braucht, um zu verstehen, was Sie meinen. Versetzen Sie sich hierzu in den Empfänger Ihrer Zeilen und überlegen Sie sich: Wird aus meiner E-Mail wirklich klar, worum es mir geht?

Manchmal sind komplexe Nachrichten besser mit der Textverarbeitung als mit Ihrem E-Mail-Programm zu erstellen. Wenn Sie dann mit dem Text zufrieden sind, können Sie ihn in Ihr E-Mail-Programm hineinkopieren oder ihn ggf. anhängen.

Wenn Sie häufig E-Mails verschicken, die ganz oder teilweise den gleichen Inhalt habe, lohnt es sich, wenn Sie sich einige Vorlagen und Textbausteine anlegen, um dadurch Zeit und Arbeit zu sparen. Die Vorlagen können Sie z.B. in einem eigenen Ordner »Vorlagen« anlegen. Bei Bedarf kopieren Sie diesen Text dann einfach und nehmen sie als Grundlage für die zu schreibende Nachricht.

Bei Ihrem Text sollten Sie auf Akronyme und/oder ungeläufige Ausdrücke und Fachbegriffe verzichten. Auch eine gute Struktur, hilft dem Leser, Ihren Gedankengängen zu folgen. Arbeiten Sie daher mit Absätzen, und Aufzählungen/Nummerierungen.

Die Netiquette beachten

Auch für das Medium E-Mail gilt: Der Ton macht die Musik. Beachten Sie also die »Netiquette«: Verzichten Sie bei aller gebotenen Kürze nicht auf ein Minimum an Umgangsformen. Eine freundliche Anrede und eine nette Grußformel sollte jede E-Mail haben. Bleiben Sie also immer höflich und ärgern Sie sich nicht über diejenigen, die es nicht sind. Die informelle Natur von E-Mail und die Möglichkeit, sofortige Antworten zu senden, verleiten einen manchmal zu unüberlegten Nachrichten. Wenn Sie nicht vollkommen sicher sind, was Sie sagen wollen, oder wenn Sie durch eine andere Nachricht verärgert wurden, ist es besser, wenn Sie Ihre Antwort zunächst offline verfassen und sie erst dann absenden, wenn Sie mit dem Inhalt vollkommen zufrieden sind. **Am anderen Ende sitzt ein Mensch und keine Maschine.** Schreiben Sie daher nichts, was Sie einem anderen Menschen nicht auch ins Gesicht sagen würden. Bedenken Sie auch, dass Ihre Nachricht aufgrund der problemlosen Weiterleitungsmöglichkeiten leicht an einen anderen Adressaten gelangen kann als vorgesehen – für allzu Arglose eine potenzielle Quelle der Peinlichkeit.

Das ungefragte Weiterleiten von E-Mails von anderen Menschen an Dritte gilt im Übrigen als sehr unhöflich.

Tipp

Dort wo es sich anbietet, können Sie Ihre Nachrichten ein bisschen lockerer und menschlicher gestalten, indem Sie die so genannten »Smileys« oder »Emoticons« verwenden.

Lesen Sie Ihren formulierten Text zum Schluss noch einmal durch, bevor Sie ihn absenden.

Den Verteiler auswählen

Verschicken Sie Nachrichten nur an die Personen, die sie wirklich benötigen. Möglicherweise müssen Sie hierzu den »Verteiler« selbst zusammenstellen und können nicht vorliegende (ggf. von Ihrer IT-Abteilung erstellte) Standardverteiler nutzen (z.B. »an alle«). Schreiben Sie unter »an« die Namen all derjenigen, die Ihre Mail bearbeiten sollen, und unter »cc« nur diejenigen, die Sie lediglich auf dem Laufenden halten wollen. So wissen die Empfänger auf einen Blick, ob sie nun handeln müssen oder lediglich über den aktuellen Stand der Dinge informiert werden. Erstellen Sie Verteilerlisten in Ihrem E-Mail-Programm. Das vereinfacht das Versenden von Mitteilungen.

Tipp | Empfehlen Sie in Ihrer E-Mail eine bestimmte Website, schreiben Sie die Web-Adresse vollständig, einschließlich »www « und so weiter, da es dann bei vielen Programmen möglich ist, die entsprechende Homepage über diesen Link zu besuchen.

Wenn Sie einen Anhang an Ihre Mitteilung anhängen wollen, sollten Sie es in einem Format erstellen, das der Empfänger aller Wahrscheinlichkeit nach auch benutzt (vgl. /Caunt 00, S. 159 ff./).

 Sichten Sie jetzt Ihre E-Mailbox und bearbeiten Sie die eingegangenen E-Mails nach den vorgestellten Regeln.

10.6 Zeit gewinnen durch effizientes Telefonieren **

Der Umgang mit dem Telefon birgt einiges an Zeit-Einsparpotential. Neben grundsätzlichen Maßnahmen der Abschirmung gegen telefonische Störungen, die

Ihre Konzentration beeinträchtigen können, lässt sich auch die Qualität des Telefonierens verbessern.

Der Umgang mit dem Telefon sei es Festnetz oder Handy – bietet bei den meisten Menschen i.d.R. viele Möglichkeiten, Zeit einzusparen. Gerade durch die Verbreitung der Handys ist es heutzutage ein Kinderspiel, miteinander in Kontakt zu bleiben. Doch genau das ist meist auch das Problem: Weder auf dem Heimweg noch nach Dienstschluss ist man vor Anrufen sicher. Man ist rund um die Uhr erreichbar. **Hier hilft es Ihnen, wenn Sie rechtzeitig beginnen, Nein zu sagen**, was bedeutet, dass Sie es nicht länger hinnehmen sollten, während des ganzen Arbeitstags und danach willkürlich von Telefonanrufen gestört zu werden. Lassen Sie sich weder von Ihrem Festnetztelefon noch von Ihrem Handy kontrollieren. Neben der Reduzierung der Anzahl von Telefonaten (= Quantität von Telefonaten) lässt sich auch einiges in der Art und Weise des Telefonierens optimieren (Qualität des Telefonierens).

»Segen« und »Fluch« des Telefons

Denn auch während des Telefonierens kann Ihnen Ihre Zeit gestohlen werden, durch Störungen von außen, Gesprächspartner, die sich nicht kurz fassen können, durch ziel- und planlose Gespräche, durch unpassende Anrufzeiten oder wenn die Sekretärin jedes Gespräch ungefiltert durchstellt.

Beispiele für »Telefon-Zeitdiebe«

Was für die eingehenden Anrufe gilt, sollten Sie auch für die von Ihnen ausgehenden Anrufe beherzigen: Ziehen Sie Grenzen und werden Sie effizienter in Ihren Telefonaten. Im Folgenden finden Sie einige Tipps für den bewussteren Umgang mit dem Telefon.

Eingehende Telefonate
Grundsätzlich sollten Sie – um durch Telefonate nicht bei wichtigen Aufgaben gestört zu werden – Techniken entwi-

ckeln, um sich nur dann mit eingehenden Anrufern beschäftigen zu müssen, wann es Ihnen am besten passt.

Beispiele für Bündelungen

So bieten sich beispielweise Bündelungen von Telefonaten für Arbeitszeiten an, bei denen Sie sich nicht mit schwieriger Materie beschäftigen können, bzw. in denen Sie körperlich aktiv werden sollten (dies ist bei vielen Menschen z.B. zwischen 14.00 und 15.30 Uhr der Fall, weil hier bei den meisten ein deutlich zu beobachtendes Leistungstief zu beobachten ist) (vgl. /Koenig, Roth, Seiwert 01, S. 14/ und /Dietze 04, S. 104 f./).

abschirmen

Schirmen Sie sich grundsätzlich vor eingehenden Anrufen ab. Dies funktioniert natürlich am besten, wenn Sie über ein Sekretariat verfügen, an das Sie die Annahme der Telefonate delegieren. Für den effizienten Einsatz des Sekretariats sollte diesem eine Telefoncheckliste vorliegen (siehe unten).

Sie können auch eine zusätzliche Telefonnummer einrichten, die nur für Sie wichtige Personen kennen, für die Sie immer erreichbar sein wollen.

»Telefondienst« mit anderen vereinbaren

Andererseits können Sie auch mit Kollegen absprechen, wer in den entsprechenden Arbeitszeiten »Telefondienst« hat, d.h. auf wessen Telefon die eingehenden Telefonate für eine bestimmte Zeit umgeleitet werden.

Überlegen Sie bitte, wer hierfür in Frage käme. Wer könnte für Sie und für wen würden Sie selbst den Telefondienst übernehmen?

Teilen Sie Geschäftspartnern, Kollegen und Mitarbeitern mit, zu welchen Zeiten Sie am besten telefonisch erreichbar sind. Dies sind die von Ihnen gewünschten Telefonzeiten. Durch diese – als Angebot formulierte – Information weisen Sie indirekt darauf hin, dass Sie zu anderen Zeiten nicht oder nur schlecht erreichbar sind (weil hier z.B. Ihre »stille Stunde« liegt, in der Sie konzeptionell arbeiten).

Verwenden Sie einen Anrufbeantworter, den Sie mit einem hilfreichen Text besprechen.

Anruf-
beantworter

Tipps für das Gespräch
■ Fragen Sie zu Beginn eines Gespräches, wie lange dies wohl dauern wird. Sie können dann leichter entscheiden, ob Sie das Telefonat jetzt führen möchten oder lieber zurückrufen.
■ Bieten Sie Ihren Rückruf an, falls Sie gerade durch einen Anruf gestört werden. Klären Sie aber unbedingt, um was es geht und wie/wann der Telefonpartner erreichbar ist.
■ Falls Sie von einem Anrufer gefragt werden, ob er gerade stört, können Sie mit »Ja« antworten.
■ Delegieren Sie Antworten, wenn Sie selbst gerade keine Zeit haben, das Problem am Telefon zu diskutieren.
■ Teilen Sie bei unerwünschten Verkaufsanrufen dem Gesprächspartner höflich aber entschieden mit, dass Sie an seinem Angebot nicht interessiert sind.

Telefon-Checkliste für die Sekretärin (bzw. für den Kollegen, der gerade Telefondienst hat)
■ Zu welchen Zeiten wollen Sie grundsätzlich nicht gestört werden (»telefonlose oder stille Stunde«)?
■ Welche Personen dürfen Sie aber jederzeit erreichen?
■ Für welche Gesprächspartner oder Personengruppen wollen Sie nur zu bestimmten Tageszeiten erreichbar sein (Telefonstunde, Sprechzeiten)?
■ Welche Anrufe sollen statt an Sie direkt an andere Stellen weitergeleitet werden (z.B. Mitarbeiter, Kollegen, andere Abteilungen etc.)?
■ Mit welchen Personen wollen Sie überhaupt nicht sprechen (evtl. können diese ihr Anliegen schriftlich einreichen)?

- Wann können/wollen Sie i.d.R. Rückrufe durchführen?
- Wie heißt der Anrufer und von wo ruft er an?
- Um was geht es? Welches Anliegen hat der Anrufer?
- Wen möchte er sprechen?
- Wann kann der Anrufer am besten zurückgerufen werden?
- Welche Themen sollte das Sekretariat direkt eigenverantwortlich klären?

 Erstellen Sie für Ihren Bereich eine entsprechende Checkliste für Ihre Sekretärin bzw. für denjenigen, der jeweils »Telefondienst« hat.

Ihre eigenen Anrufe

- Versuchen Sie zu klären, wann Sie bestimmte Gesprächspartner gut per Telefon erreichen können.
- Reservieren Sie eine bestimmte Zeit am Tag für Ihre Anrufe, listen Sie alle Anrufe auf, die Sie machen müssen und arbeiten Sie die Liste systematisch ab. Dabei sollte die Reihenfolge nach Wichtigkeit und Dringlichkeit festgelegt sein.
- Überlegen Sie vor jedem Telefonat, warum Sie eigentlich anrufen wollen, und formulieren Sie für wichtige Gespräche ein Gesprächsziel und ggf. eine kurze Gesprächsstruktur, welche Ihnen als Orientierung dienen kann.
- Bereiten Sie sich (fachlich) auf das Telefonat vor.
- Prüfen Sie, welche Unterlagen Sie für das Telefonat griffbereit haben müssen.
- Geben Sie zu Beginn des Gesprächs sofort den Grund Ihres Anrufs an.
- Achten Sie auf eine gute Gesprächsführung:
- ☐ Geben Sie bei Rückrufen an, wann Sie erreichbar sind.
- ☐ Falls Sie mal warten müssen: Schalten Sie auf Laut, sodass Sie nebenbei andere Dinge erledigen können.

Beenden Sie Telefonate

Bei redseligen Gesprächspartnern kann es schwierig sein, das Telefonat zu beenden. Wenn jedoch aus Ihrer Sicht alle notwendigen Dinge geklärt sind und Sie zum Plaudern keine Zeit haben, sollten Sie das Telefonat höflich aber bestimmt beenden.

»Ich denke, dies sollten wir einmal bei einer anderen Gelegenheit durchsprechen.« oder »Oh, ich muss auflegen, ich bekomme gerade Besuch.« oder »Da kommt gerade ein Anruf auf einer anderen Leitung rein. Kann ich Sie gelegentlich zurückrufen?« oder auch »Gibt es noch etwas, was wir besprechen müssen?«

Beispiele für Formulierungen

Für das Telefon gilt das gleiche wie bei Ihrer E-Mailbox: Hören Sie Ihre Telefonmailbox nur ein bis zweimal pro Tag ab.

1 Welchen wesentlichen Erkenntnisgewinn brachte mir der vorliegende Text?

Coaching

2 Welche Schlüsse ziehe ich aus dem Gelernten für meine Situation?

3 Was werde ich in der Zukunft anders machen?

10.7 Zeit gewinnen durch effizientes Lesen *

Schnelleres Lesen bei gleichzeitigem besserem Behalten führt zu einer erheblichen Zeiteinsparung. Mittlerweile gibt es verschiedene Ansätze und Instrumente, die eigene Lesefähigkeit zu verbessern. Neben der Vorselektion und der bekannten SQ3R-Methode gibt es zahlreiche praktische Hilfen für Schnelllesetechniken.

Man hat ermittelt, dass Führungskräfte ca. 30% ihrer Zeit mit Lesen verbringen. Mit der Effizienzsteigerung beim Lesen kann man also einen beträchtlichen Teil der Führungsarbeit entlasten.

Die wesentlichen Zeitverluste entstehen beim Lesen durch das Lesen nutzloser Informationen, durch ineffiziente Lesetechniken und die mangelhafte Speicherung des Gelesenen.

Kein Lesen nutzloser Informationen

Es wird auch an anderer Stelle (siehe »Informationsverarbeitung« (S. 161)) darauf hingewiesen, dass Sie bei den Ihnen vorliegenden Vorgängen entscheiden müssen, was Sie zu lesen und zu bearbeiten haben, was abzulegen ist und welche Informationen getrost in den Papierkorb wandern können. Diese **Vorselektion** stellt bereits eine erhebliche Entlastung für Sie dar, da sie den potentiellen Lesestoff schon wesentlich verringert.

Lesen in toten Zeiten

Für den Lesestoff, der nach dem Sortieren für später übrig bleibt, sollten Sie eine bestimmte Zeit reservieren. Möglicherweise können Sie hierzu auch »tote Zeiten« wie Wartezeiten oder Fahrt- bzw. Reisezeiten im Bus, Zug oder Flugzeug nutzen. Achten Sie aber darauf, dass für die Aufnahme schwierigen Lesestoffs die Umgebung geeignet sein muss.

Effizienteres Lesen und besseres Behalten

Für ein strukturiertes Herangehen an den zu lesenden Stoff hat sich die bekannte **»SQ3R-Methode«** als sehr hilfreich erwiesen. Die Abkürzung steht für

- **Survey** = Überblick gewinnen, durchsehen
- **Question** = Fragen stellen
- **Read** = Lesen

■ **R**ecite = Rekapitulation
■ **R**eview = Repetieren

Die Methode wird nachfolgend kurz erklärt:

☐ Überfliegen Sie die Umschlagkappe, das Vorwort, das Inhaltsverzeichnis sowie die Zusammenfassung.

1. Überblick gewinnen, durchsehen (*Survey*)

☐ Schauen Sie sich die Titel, Haupttitel und Untertitel an.

☐ Durch Fragen werden Interessen und Erwartungen geweckt. Wer nur wenig fragt bekommt auch nur wenige Antworten. Welche Fragen will man mit der Lektüre beantworten, was erwartet man, womit hängt das Thema evtl. zusammen? Aus welcher Sicht des Verfassers ist der Text geschrieben?

2. Fragen (*Question*)

☐ Ihre Fragen sollten Sie bei wichtigen Texten vorher notieren! Falls sie mit den Fragen Schwierigkeiten haben, können sie diese mit den sogenannten »W-Fragen« systematisch generieren (Was, Warum, Wozu, Wie, Wer, Wo, Wann?).

☐ Lesen Sie den Text mit den vorformulierten Fragen im Hinterkopf.

3. Lesen (*Read*)

☐ Suchen sie nach Grundideen und Hauptaussagen.

☐ Klären Sie Begriffe, um Inhalte zu verstehen (ggf. benötigen Sie ein griffbereites Wörterbuch).

☐ Unterscheiden Sie, ob Tatsachen oder Meinungen dargestellt werden.

☐ Markieren und unterstreichen Sie wichtige Passagen und Aussagen.

☐ Schauen Sie (nach einzelnen Kapiteln) vom Buch bzw. Text weg, und versuchen Sie sich in Erinnerung zu rufen, was Sie gelesen haben.

4. Rekapitulation (*Recite*)

☐ Beantworten Sie ihre selbst gestellten Fragen.

☐ Schreiben Sie aus der Erinnerung die wichtigsten Aussagen auf, und verwenden Sie dabei die eigenen Formulierungen.

5. Repetieren
(*Review*)

☐ Lesen Sie Ihre Notizen (auch später) noch einmal durch.

☐ Stellen Sie den Zusammenhang zu den einzelnen behandelten Gebieten her.

☐ Lesen Sie ggf. noch einmal nach, wo Sie etwas nicht verstanden haben.

☐ Überfliegen Sie nochmals die Überschriften.

☐ Das sofortige Repetieren garantiert ein besseres Haften des Gelesenen im Gedächtnis.

Ergänzend zur SQ3R-Methode sollten Sie die folgenden Hinweise beachten:

■ Fragen Sie sich vor dem Lesen

☐ Was wissen Sie schon über das Thema?

☐ Warum wollen Sie es lesen?

■ Entscheiden Sie früh darüber, was Sie intensiv lesen wollen.

■ Achten Sie beim Überfliegen der Abschnitte auf Leit- und Schlusssätze sowie auf Schlüsselwörter.

■ Übergehen Sie Randbemerkungen, Kleingedrucktes, Beweisführungen, Statistiken, Anhänge, ausgedehnte Beschreibungen und die verschiedenen Abschweifungen des Autors.

■ Finden Sie heraus, welche Aussagen im Einzelnen und insgesamt vermittelt werden.

■ Einleitungssignale wie besonders, daher, deshalb, folglich, somit, vorausgesetzt, weil, denn etc. leiten einen tragenden oder erläuternden Gedanken ein; hier ist es sinnvoll, auch den vorhergehenden und nachfolgenden Satz zu lesen.

■ Verstärkungssignale wie auch, außerdem, daneben, ebenso, ferner, überdies, zusätzlich etc. betonen einen Gedanken, der kurz zuvor ausgedrückt wurde.

■ Änderungssignale wie aber, abgesehen davon, andererseits, doch, entweder -oder, im Gegenteil, jedoch, obwohl, trotzdem, ungeachtet, vielmehr etc. zeigen, dass die Richtung oder Tendenz der Gedankenfolge wechselt.

■ Überfliegen Sie Passagen mit offenbar geringem Informationsgehalt, und verlangsamen Sie Ihr Lesetempo bei wichtigen Abschnitten.

■ Berücksichtigen Sie bei den verschiedenen Textsorten auch ihren spezifischen Aufbau:

□ Nachrichtentexte in Zeitungen und Zeitschriften enthalten die wichtigste Information am Anfang und Nebensächlichkeiten am Schluss.

□ Kommentare und Stellungnahmen bringen die wesentliche Information, nämlich die Schlussfolgerung des Autors, erst im Schlussabsatz.

Gestaltung der Lese-Bedingungen

Wie schnell Sie lesen können, hängt auch davon ab, wie der Ort gestaltet ist an dem Sie lesen. Wenn Sie am Schreibtisch lesen, sollten Sie darauf achten, von wo die Beleuchtung auf Ihren Lese-Arbeitsplatz fällt: Achten Sie darauf, dass – wenn Sie Rechtshänder sind – das Licht von links auf den Lesestoff fällt; damit der Schatten der rechten Hand, in dem Sie Ihren Stift zum Markieren halten, nicht den Lesestoff verdunkelt (für Linkshänder entsprechend von Rechts).

Langer Lesestoff, den Sie in Ihrem PC gespeichert haben, sollten Sie nicht am Bildschirm lesen, sondern zum Lesen ausdrucken. Dies hat zwei Gründe: Erstens kann langes Lesen von Bildschirmtexten sehr ermüdend sein, weil Sie beim Lesen direkt in eine Lichtquelle hineinschauen. Beim Lesen ausgedruckter Materialien wird nur der Lesestoff direkt beleuchtet und nicht Ihre Augen. Zweitens ist die Bildauflösung des Textes bei ausgedruckten Materialien wesentlich höher als dies bei herkömmlichen PC-Bildschirmen der Fall ist.

nicht zu lange am PC lesen

Lesehilfe verwenden

Beim Lesen von gedrucktem Text ist es für die Augen weniger ermüdend, wenn der Text sich etwa parallel zum Winkel Ihres Gesichtes befindet, ansonsten müssen sich Ihre Augen immer wieder auf die unterschiedlichen Entfernungen einstellen, in der sich die oberen und unteren Zeilen Ihres Lesestoffes von Ihrem Gesicht befinden. Hierzu eignet sich eine Lesehilfe, mit dem der Lesetext in einen entsprechenden Winkel gebracht werden kann.

keine Störungen

Bei der Wahl Ihres Lese-Arbeitsplatzes sollten Sie auch dafür sorgen, dass Sie vor allem bei schwierigem Lesestoff nicht gestört bzw. abgelenkt werden. Führen Sie hierzu für sich täglich eine »ruhige Stunde« ein, die Sie Ihrer Sekretärin, Ihren betroffenen Kollegen etc. bekannt geben, und kapseln Sie sich dann zum Lesen von der Außenwelt ab.

Schnelllesetechniken

Bei den meisten Menschen lässt sich die durchschnittliche Leseleistung erheblich steigern.

Lesegeschwindigkeit

Die durchschnittliche Lesegeschwindigkeit beträgt zwischen 200 und 250 Wörtern pro Minute. Mithilfe verschiedener Techniken und mit Übung kann diese Geschwindigkeit leicht auf über 500 Wörter gesteigert werden, ohne dass das Verständnis leidet. Es ist übrigens ein Märchen, dass wir etwas nur verstehen, wenn wir langsam lesen. Sie können sehr wohl schneller lesen *und* besser verstehen *und* mehr behalten (vgl. /Dietze 04, S. 116 f./).

Um zu ermitteln, wie schnell Sie zurzeit lesen können, wählen Sie einfach eine normale, mindestens eine Seite lange Textpassage, die Sie noch nie gelesen haben. Versuchen Sie nun, diesen Text in Ihrer normalen Geschwindigkeit zu lesen und dabei den Inhalt zu erfassen. Notieren Sie anschließend genau, wie viele Minuten Sie dafür gebraucht haben. Als Nächstes ermitteln Sie, wie viele Wörter Sie gelesen haben. Entweder zählen Sie die Wörter oder Sie schätzen die

Anzahl, indem Sie die durchschnittliche Zahl der Wörter pro Zeile mit der enthaltenen Zeilenzahl multiplizieren. Ihre Lesegeschwindigkeit in Wörtern pro Minute können Sie dann mithilfe der folgenden Rechnung ermitteln:

Gelesene Wörter:
Lesezeit in Minuten = Lesegeschwindigkeit Wörter/ Minute
(vgl. /Caunt 00, S. 83/)

Warum man langsam liest
Die meisten Menschen haben das Lesen so gelernt, dass Sie die zu lesenden Zeilen in einzelnen Sprüngen erfassen und den gelesenen Text dann mit anschließenden kurzen Fixierungen in das Gehirn aufnehmen. Bei diesen Sprüngen werden jeweils nur wenige Worte auf einmal erfasst, außerdem dauern die Fixierungen länger als eigentlich notwendig. Oft wird beim Lesen auch »zurückgesprungen«, d.h. bereits gelesenes Material wird unbewusst oder bewusst noch einmal durchgegangen.

Ein weiterer Grund für Langsamlesen kann die Tendenz sein, die gelesenen Worte im Geist zu verbalisieren. Diesen Vorgang nennt man »Subvokalisierung«, und der stammt aus der Zeit, in der man lesen gelernt und dabei die gelesenen Worte tatsächlich laut wiederholt hat. Beim Subvokalisieren ist es kaum möglich, schneller zu lesen als man spricht – also etwa 150 Wörter pro Minute. Die Subvokalisierung lässt sich durch Übung stark verringern (vgl. /Caunt 00, S. 83 f/).

»Subvokalisieren«

Training
Grundsätzlich ist es möglich, mithilfe von Kursen oder autodidaktisch anhand von entsprechenden Büchern schnelleres Lesen zu lernen. Der vorliegende Text kann dies nicht leisten, deshalb sei an dieser Stelle auf die einschlägige Fachliteratur verwiesen. Mittlerweile werden einige verschiedene methodische Ansätze angeboten.

Beispiele für
Trainings-
konzepte

Die meisten Schnellleseprogramme versuchen, die Lesegeschwindigkeit mit Beschleunigungstechniken zu erhöhen,
die das Auge quasi zum Weitergehen zwingen und lange
Pausen oder das Zurückspringen verhindern, so z.B. indem man schnell mit dem Zeigefinger oder der Spitze eines
Stifts die Textzeilen entlang fährt, die man gerade liest
und am Ende der Zeile den Finger oder Stift schnell an
den Anfang der nächsten Zeile führt. Eine andere Methode geht davon aus, dass schnelle Leser die Mitte der Seite
entlang lesen, und dass man auf diese Weise jeweils eine
ganze Textzeile auf einmal erfassen kann (vgl. /Buzan 97/,
/Emlein, Kasper 00/, /Hörner 01/ und /Zielke 98/).

Sie sollten für sich entscheiden, welche der Methoden, die
Sie in der entsprechenden Literatur genau beschrieben finden, die für Sie richtige ist. Auf jeden Fall wurde nachgewiesen, dass schnellere Leser tatsächlich auch mehr verstehen,
weil sie den allgemeinen Inhalt der gelesenen Passage leichter erfassen, während langsamere Leser sich in den Details
verheddern.

Noch ein Hinweis zum Schluss: Natürlich müssen Sie Ihre
ggf. neu erworbene Schnelllesetechnik nicht auch auf Ihre
Unterhaltungsliteratur anwenden. Zuhause ein gutes Buch
in Ruhe zu lesen, gehört mit zur aktiven Gestaltung Ihres
privaten Lebensbereiches und kann der Entspannung und
der Regeneration dienen.

Coaching

1 Welchen wesentlichen Erkenntnisgewinn brachte mir der
vorliegende Text?
2 Welche Schlüsse ziehe ich aus dem Gelernten für meine
Situation?
3 Was werde ich in der Zukunft anders machen?

10.8 Soforterledigung *

Wenn Sie Dinge, deren Erledigung maximal 3 bis 5 Minuten dauern, sofort erledigen, werden Sie Ihren Tag mit vielen (kleineren) Erfolgserlebnissen beginnen. Außerdem vermeiden Sie damit, viele Aufgaben vor sich her zu schieben, bis diese sich irgendwann zu einem wahren Berg an Arbeit aufgetürmt haben.

Ein Instrument des Selbstmanagements, welches Ihnen schnell einen freien Schreibtisch und gleichzeitig viele (kleine) Erfolgserlebnisse verschaffen kann ist das Sofort-Prinzip.

Gemeint ist damit, alle zeitlich überschaubaren Aufgaben sofort zu erledigen. Andernfalls können diese Aufgaben mit an Sicherheit grenzender Wahrscheinlichkeit zu einer Belastung werden, weil sie allein durch ihr Vorhandensein mehr Zeit als ihre sofortige Erledigung in Anspruch genommen hätte. Sie lenken Sie ab, behindern Sie bei der Suche nach Vorgängen und verursachen ein Gefühl des Versagens, weil sie immer noch da liegen, wo sie liegen (vgl. /Koenig, Roth, Seiwert 01, S. 9 ff./, /von Rohr 99, S. 49 ff./ und /Dietze 04, S. 22 ff./).

Machen Sie es sich deshalb zur Grundhaltung, bei jeder Arbeit zumindest eine direkte Entscheidung zu treffen, was passieren soll.

Legen Sie die entsprechenden Vorgänge nicht vorher aus der Hand. Vergessen Sie dabei die Idee von der »sicheren Entscheidung«. Hierbei handelt es sich um einen Mythos. Jede Entscheidung wird grundsätzlich unter Unvollständigkeit der notwendigen Informationen und unter Unsicherheit getroffen. Die Informationsmengen, die Sie für regelmäßige »sichere« Entscheidungen verarbeiten müssten, sind heu-

der Mythos der »sicheren Entscheidung«

te kaum mehr überschaubar. Entscheidungen können daher nur »nach bestem Wissen und Gewissen« getroffen werden.

Das Erfolgsrezept des berühmten amerikanischen Generals George Patton soll wie folgt gelautet haben:

»Wenn Sie sich zu 80 Prozent sicher sind, dass Ihre Handlung zum gewünschten Erfolg führt, gibt es keinen Grund, nicht sofort zu handeln.«
(vgl. /Koenig, Roth, Seiwert 01, S. 11/ und /Dietze 04, S. 40 f./)

Alle Aufgaben, deren Erledigung nicht mehr als drei Minuten Ihrer Zeit in Anspruch nimmt, können Sie also ab jetzt sofort bearbeiten. Die Vorteile liegen auf der Hand: Das Sofort-Prinzip hilft Ihnen gerade zu Beginn des Arbeitstages, erfolgreich anzufangen. Wenn Sie bereits in der ersten Stunde fünf bis zehn kleinere Aufgaben aus Ihrem Zeitplaninstrument als »erledigt« markieren können, werden Sie motivierter auch an die größeren Tagesaufgaben herangehen.

Wenn Sie eine Aufgabe nicht nur sichten sondern sie auch sofort bearbeiten, dann sparen Sie Zeit, weil Sie dann die bei der Sichtung i.d.R. automatisch entstehenden Lösungsansätze nutzen. Würden Sie die Arbeiten liegen lassen, verpuffen die entstehenden Lösungen und müssen später noch einmal »neu gedacht« werden. Darüber hinaus sparen Sie beim Sofort-tun die Zeit für das Notieren der Aufgabe in einem Planungsinstrument.

Denken Sie daran: Was immer sie gleich erledigen, können Sie nicht mehr vergessen. (Eine praktische Anwendung des Sofort-Prinzips finden Sie im Kapitel »Ordnung am Arbeitsplatz« (S. 169)).

Kontraproduktiv ist es übrigens, wenn Sie sich immer nur ein wenig mit den anstehenden Aufgaben befassen. Es gilt: Tun Sie es sofort *und richtig.*

Beispiel

Wenn Sie z.B. gar nicht vorhaben, Ihre Papierstapel gründlich zu bearbeiten, verschwenden Sie bitte keine Zeit damit, sie nur durchzusehen. Wenn Sie die Nachrichten auf Ihrem Anrufbeantworter nicht beantworten möchten, verschwenden Sie bitte keine Zeit damit, sie abzuhören. Vergeuden Sie Ihren Tag also nicht mit Dingen, die Sie nicht erledigen, sondern befassen Sie sich lieber damit, was Sie tatsächlich tun werden, und tun Sie es dann auch!

Zum Sofort-Prinzip gehört auch die umgehende Information. Teilen Sie daher stets den entsprechenden Vorgesetzten, Kollegen, Mitarbeitern und Geschäftspartnern alle Informationen mit, welche diese von Ihnen benötigen.

das Sofort-Prinzip auch in den anderen Lebensbereichen anwenden

Übertragen Sie das Sofort-Prinzip auch auf Ihre anderen Lebensbereiche. Kümmern Sie sich um einfache Fragen Ihrer Kinder, wenn Sie von Ihnen angesprochen werden. Sagen Sie nicht automatisch, dass Sie dafür keine Zeit haben. Auch ihr Lebenspartner hat einen Anspruch darauf, umgehend informiert zu werden, z.B. wenn es heute Abend im Büro mal wieder länger dauern wird oder wenn ein privater Termin ggf. verlegt werden muss. Ihre Kinder müssen rechtzeitig erfahren, ob der Familienausflug am Wochenende stattfinden wird oder nicht. Die gleiche Grundhaltung im Informationsverhalten gilt natürlich auch für die Kommunikation mit Ihrem sonstigen sozialen Umfeld.

Das Sofort-Prinzip können Sie auch nutzen, um – über die sofortige Erledigung von Teilaufgaben – mit größeren Projekten zu beginnen. Die erledigten Aufgaben bringen dann die größeren Projekte sozusagen ins Rollen.

Hierzu ist es wichtig, zu wissen, dass man bei größeren geplanten Vorhaben innerhalb von 72 Stunden mit der Umsetzung beginnen sollte, da ansonsten die Chance der Durchführung auf weniger als 1 Prozent sinkt (sogenannte 72-Stunden-Regel).

Schauen Sie sich an Ihrem Arbeitsplatz um. Was könnten Sie jeweils innerhalb von 5 Minuten alles wegarbeiten? Tun Sie es sofort!

Coaching   **1** Welchen wesentlichen Erkenntnisgewinn brachte mir der vorliegende Text?

2 Welche Schlüsse ziehe ich aus dem Gelernten für meine Situation?

3 Was werde ich in der Zukunft anders machen?

10.9   Zeit einsparen durch weniger Perfektionismus ***

Wer immer perfektionistisch arbeitet, verbraucht i.d.R. unnötig Energien und Zeit. Darüber hinaus gefährdet übertriebener Perfektionismus Ihre Gesundheit. Meist reicht es aus, wenn bestimmte Aufgaben gut statt perfekt gelöst werden. Dies gilt vor allem für die weniger wichtigen Aufgaben.

Einer der größten Zeitfresser bei Fach- und Führungskräften ist der Versuch, alle Arbeiten bis in das kleinste Detail immer perfekt erledigen zu wollen. Übertriebener Perfektionismus kann eine ansonsten gute Arbeitstechnik behindern statt zu unterstützen, vor allem wenn der Mehraufwand an Arbeit in keinem angemessenen Verhältnis zum Ergebnis steht.

Perfektionismus als »innerer Antreiber«   Meist resultiert das Bestreben nach Perfektion aus der eigenen Persönlichkeitsstruktur. In der Psychologie ist der Perfektionismusdrang – als gewisse zwanghafte Charakterstruktur – unter der Bezeichnung »innerer Antreiber« bekannt: Die Betroffenen erleben eine Befriedigung in der Arbeit nur dann, wenn sie ihre Ziele hundertprozentig erreichen. Dabei ist der Aufwand für den Betroffenen im Ex-

tremfall völlig unerheblich. Ursachen für dieses Verhalten
können ein übersteigerter Anspruch an sich, ein überhöhter
Geltungsdrang, die Angst vor Unsicherheiten und vor Miss-
erfolgen sein (vgl. /Dietze 04, S. 43 ff./ und /Kitzmann 94,
S. 92/).

Das Fatale beim Perfektionisten liegt darin, dass er seine
Ansprüche i.d.R. höher und höher schraubt und sich damit
immer weiter unter Druck setzt. Hinzu kommt die Gefahr
der Detailbesessenheit, durch die sich der Perfektionist in
seiner Arbeit allzu sehr in Einzelheiten verliert und dann
möglicherweise das Gesamtproblem nicht mehr im Blick
hat. Schon hieran zeigt sich, dass man mit Perfektionismus
nicht immer das beste Ergebnis erreicht (vgl. /Kitzmann 94,
S. 96 f./).

Gefahren des Perfektionismus

Es gibt durchaus Möglichkeiten, einen übersteigerten Perfektionismus abzubauen. Allerdings ist es hierzu notwendig,
selbst zu beurteilen, ob man zur Kategorie der Überperfek-
ten gehört. Hier hilft am besten eine kritische Selbstreflek-
tion.

Stellen Sie sich also einmal die folgenden Fragen:

- Haben Sie (oder andere) manchmal das Gefühl, dass der
  von Ihnen getriebene Aufwand in keinem Verhältnis zur
  eigentlichen Zielsetzung steht?
- Sind Sie oft übergenau?
- Können Sie Fehler nur schwer ertragen?
- Merken Sie (oder andere) zuweilen, dass Sie über Ihre De-
  tailarbeit das Ziel bzw. das Hauptproblem aus den Augen
  verlieren?
- Glauben Sie, dass nur die perfekte Erledigung einer Aufgabe »der richtige Weg« sein kann?
- Setzen Sie sich selbst stärker unter Druck, als es die Außenwelt tut?

Wenn Sie bereits einige der Fragen mit einem klaren Ja beantworten konnten, sollten Sie an Ihrer inneren Einstellung arbeiten. Letztlich kann Perfektionismus im Beruf nämlich sogar zur Erfolgsbremse werden, die Sie Gelassenheit und Selbstvertrauen kostet.

 Außerdem wirkt sich beruflicher Perfektionismus meist auf die anderen Lebensbereiche aus, da Perfektionisten nur schwer abschalten können, und so mit ihren beruflichen Problemen die privaten Sozialbeziehungen belasten können.

Ehrgeiz und Burnout

Perfektionismus kann seine Ursachen auch in ausgeprägtem Ehrgeiz haben. Gerade bei beruflich sehr erfolgreichen Menschen geschieht es, dass diese ihre Leistungen immer höher schrauben, weil die ständige Herausforderung auf sie einen starken Reiz ausübt. Dies kann dazu führen, dass die eigenen Erwartungen (und die der Umwelt) immer weiter wachsen, sodass die Ziele immer höher gesteckt werden. Der immer höhere Schwierigkeitsgrad führt zur kontinuierlichen Verstärkung der eigenen Anstrengungen.

Burnout-Gefahr   Dieses ständige Arbeiten am oberen Leistungsniveau ist aber weder sinnvoll noch gesund. Es besteht die Gefahr, dass die eigenen Reserven dauerhaft ausgeschöpft werden. Das ständige Ausschöpfen der maximalen Leistungsfähigkeit kann sehr schnell zu Frustration, Erschöpfung und Überreiztheit führen. Der sogenannte Burnout-Effekt ist vorprogrammiert.

Der Preis von Perfektionismus und übersteigertem Ehrgeiz kann also sehr hoch sein. Schrauben Sie daher Ihre Anforderungen an sich selbst zurück. In der Regel reicht es nämlich aus, wenn Sie im Durchschnitt 80 Prozent Ihrer eigenen Leistungsfähigkeit erreichen.

Genauso reicht es meistens aus, eine Aufgabe (nur) gut statt perfekt zu erledigen. Ab einem bestimmten Punkt stehen weder die Kosten noch der Zeitaufwand in einem vernünftigen Verhältnis zum möglicherweise perfekten Ergebnis.

statt perfekt: gut

Übrigens: Überlegen Sie einmal, wer überhaupt die restlichen 20 Prozent zu Ihrer perfekten Leistung erkennt, anerkennt und anschließend gebührend würdigt (vgl. /Koenig, Roth, Seiwert 01, S. 19 ff./).

Denken Sie auch an das Pareto-Prinzip (siehe hierzu »Instrumente zur Prioritätensetzung« (S. 70)). Möglicherweise ist es ja auch bei Ihnen so, dass bereits 20% Ihrer Arbeitsleistung für 80 Prozent der zu erzielenden Ergebnisse ausreichen. Der Aufwand für den »Rest« ist dann kaum noch zu rechtfertigen.

Unperfektionismus trainieren
Weniger perfekt zu arbeiten lässt sich trainieren. Ein erster Schritt besteht darin, sich realistische Ziele und realistische Qualitätsstandards zu setzen. Auch Ihre Zeitplanung sollten Sie überdenken. Gehen Sie Ihre Termine entspannter an. Natürlich darf man von Ihnen erwarten, dass Sie pünktlich sind. Vermeiden Sie es aber überpünktlich zu sein. Niemand dankt es Ihnen, und letztlich auch nicht Sie selbst, wenn Sie immer vor der vereinbarten Zeit fertig sind. Wenn Sie übertrieben pflichtbewusst sein sollten, lassen Sie ruhig mal die sprichwörtlichen Fünfe gerade sein. Möglicherweise lassen sich Dinge delegieren und Sie können sich Zeit für die wichtigen und/oder schönen Dinge nehmen. Akzeptieren Sie auch, dass Sie und andere Fehler machen können, und versuchen Sie nicht zwanghaft, Ihre Arbeit immer fehlerfrei zu erledigen, bzw. immer wieder sich selbst oder andere auf Fehlerfreiheit zu überprüfen.

Es reicht, wenn Sie sich den Leitsatz zueigen machen:
Fehler kann man machen, aber nicht wiederholen!

Tipp

angemessene
Reaktion auf
Fehler
Denken Sie auch daran, wie wenig ein Fehler im Gesamt-
bild all Ihrer bisherigen Leistungen wirkt. Selbstverständlich sollen Sie Fehler beheben und haben auch bei Ihren
Mitarbeitern Anspruch darauf, dass diese ihre Fehler beheben. Reagieren Sie aber angemessen auf eigene Fehler und
die der anderen. Alles andere verbraucht unnötig Energien
und demotiviert Ihre Kollegen, Mitarbeiter und Sie selbst.
Auch pedantisches Ordnung-halten am Arbeitsplatz ist unnötig. Schränken Sie Ihre Aufräumtätigkeiten ein, und legen
Sie eine bestimmte kurze Zeit dafür fest, z.B. zehn Minuten
zum Tagesende.

Wenn Sie in Zukunft weniger perfekt arbeiten, werden Sie
Ihre Aufgaben schneller erledigen und mehr Zeit zur Verfügung haben für andere Dinge.

Coaching
1 Welchen wesentlichen Erkenntnisgewinn brachte mir der
vorliegende Text?
2 Welche Schlüsse ziehe ich aus dem Gelernten für meine
Situation?
3 Was werde ich in der Zukunft anders machen?

10.10 Zeit gewinnen durch effiziente Meetings *

**In vielen Meetings wird die Zeit der Teilnehmer ver-
schwendet. Mangelhafte Vorbereitung, Leitung/ Mode-
ration und Nachbereitung sind hierfür die Gründe.
Wenn Sie selbst Meetings planen, sollten Sie darauf
Wert legen, Ihren Teilnehmern nicht die Zeit zu stehlen. Aber auch als Teilnehmer von Meetings haben Sie
die Möglichkeit, diese für sich selbst effizienter zu gestalten.**

Ein sehr beliebtes Instrument der innerbetrieblichen Kommunikation stellt die Besprechung – oder neudeutsch: das Meeting dar. Leider haben Meetings den Ruf bekommen, zu den größten beruflichen Zeitverschwendern zu gehören. Viele Mitarbeiter von Unternehmen verbringen jede Woche mehrere Stunden in diversen Sitzungen, in denen aber letztlich nur wenig erreicht wird.

Ein kluger Mann hat deshalb einmal eine Definition für Meetings ausgesprochen:

»Meetings = Der Triumph des Sitzfleisches über das Gehirn«

Verräterisch ist schon der Ausdruck an sich: beim Meeting scheint es wortgemäß zu reichen, dass man sich überhaupt *trifft*, während der deutsche Begriff *Besprechung* immerhin erahnen lässt, was dort passiert.

Warum Meetings weiterhin durchgeführt und besucht werden, hat verschiedene Gründe.

Gründe für Meetings

■ Meetings stellen eine Plattform für das Austauschen von offiziellen und inoffiziellen Informationen dar.
■ Sie haben daneben sozialisierende Funktion.
■ Meetings dienen oft der Erholung: Als Teilnehmer kann man sich, wenn man nicht selbst einer der verantwortlichen Vortragenden oder Moderatoren ist, bequem zurücklehnen und sich geistig berieseln lassen.
■ Die Teilnahme an Meetings kann auch das Gefühl geben, wichtig zu sein. Einladung bzw. Nicht-Einladung sind dann Indikatoren für das soziale Prestige.

Meetings und ihre Zeitfresser
Warum aber wird bei Meetings so unendlich viel Zeit verschwendet? Zunächst einmal werden in der Regel einfach zu viele Meetings durchgeführt. Die Zahl der regelmäßigen

und unregelmäßigen Besprechungen lässt sich in den meisten Fällen erheblich reduzieren.

Betrachtet man die Meetings selbst, so können folgende Gründe für ihre mangelnde Effizienz verantwortlich sein (vgl. /Dietze 04, S. 317/):

- Der Besprechungsort und die Besprechungszeit sind schlecht gewählt.
- Das Meeting hat kein Ziel und/oder den Teilnehmern ist das Ziel nicht bekannt.
- Es sind nicht die richtigen Teilnehmer anwesend.
- Die Teilnehmer sind ungenügend vorbereitet.
- Es gibt keine abgestimmte Tagesordnung.
- Die bestehende Tagesordnung wird nicht eingehalten.
- Die Besprechungen beginnen verspätet.
- Es wird zu viel auf Nebenschauplätzen diskutiert.
- Bestimmte Themen werden immer wieder neu diskutiert.
- Für die einzelnen Tagesordnungspunkte sind keine Zeitvorgaben festgelegt.
- Es werden sinnlose Diskussionen geführt.
- Die Teilnehmer plaudern über Privates.
- Es werden Machtkämpfe ausgetragen anstatt die festgelegten Themen zu behandeln.
- Der Besprechungsleiter kann sich gegenüber den Teilnehmern nicht durchsetzen.
- Die Besprechung wird ständig gestört bzw. unterbrochen.
- Die Besprechung verläuft und endet ohne Entscheidung(en).
- Es werden keine Ergebnisse gesichert.
- Niemand führt ein Protokoll.
- Die Besprechung endet verspätet.

 Versuchen Sie sich an die letzten Besprechungen zu erinnern, an denen Sie teilgenommen haben. Welche der o.g. Zeitverschwender trafen auf diese Sitzungen zu?

Möglichkeiten für effizientere Meetings

Um effizientere Meetings durchzuführen, müssen Sie eigent-   Tipps
lich nur die o.g. Zeitverschwender vermeiden. Wenn Sie also
selbst der verantwortliche Leiter der Besprechung sind, sollten Sie folgende Punkte beachten:

- Wählen Sie die Teilnehmer sorgfältig aus. Wer muss auf jeden Fall teilnehmen?
- Geben Sie den Teilnehmern genügend Zeit für die Vorbereitung der Besprechung.
- Wählen Sie Termin und Besprechungsort so, dass sie für die meisten Teilnehmer günstig liegen.
- Bereiten Sie den Raum und die Technik vor.
- Formulieren Sie ein klares Ziel für die Besprechung und stimmen Sie dies ggf. mit den Teilnehmern ab.
- Sammeln und formulieren Sie Besprechungspunkte und erstellen Sie eine Agenda. Beteiligen Sie ggf. hierzu im Vorfeld auch die Teilnehmer.
- Legen Sie die Zeiten fest und halten Sie sich daran.
- Planen Sie Pausen ein (nach ca. 60 bis 90 Minuten ein).
- Machen Sie die Agenda während der Besprechung für alle transparent.
- Formulieren Sie ggf. Regeln für die Vorgehensweise.
- Beginnen Sie pünktlich (die Anwesenden haben ein Recht darauf).
- Bemühen Sie sich um ein positives Gesprächs- und Arbeitsklima, indem Sie z.B. statt der geläufigen Vorträge und Monologe dialogische Elemente einplanen und Moderationstechniken verwenden.
- Greifen Sie ein bei Vielrednern, Beleidigungen, Abweichungen vom Thema, Privatgesprächen, Unterbrechungen und Störungen.
- Halten Sie Zwischenergebnisse für alle Teilnehmer sichtbar fest.

■ Lassen Sie ein je nach Art und Zielsetzung des Meetings ein Verlaufs- oder ein Ergebnisprotokoll erstellen.

■ Hören Sie rechtzeitig auf.

Tipp | Eine gute Methode ist es übrigens, kurze Meetings im Stehen (ggf. an Stehtischen) durchzuführen. Probieren Sie es aus! (vgl. /Koenig, Roth, Seiwert 01, S. 43 ff./, /Caunt 00, S. 94 ff./ und /Dietze 04, S. 118 ff./)

Beispiel   Emil Oesch erzählt in seinem Buch die Geschichte von dem österreichischen Ministerialdirektor, der der Sitzungsseuche in seinem Ministerium damit begegnete, dass er bei allen Sitzungen einen besonderen Beamten teilnehmen ließ, der alle Gehälter der Teilnehmer kannte. Sobald die Sitzung so lange dauerte, dass der Betrag der Gehälter, umgerechnet auf die Sitzungsteilnahme, einen bestimmten Betrag überstieg, verlangte er die Beendigung der Sitzung durch Resultat oder Aufhebung innerhalb der folgenden zehn Minuten (/Oesch 04, S. 55 f./.

Verhalten als Teilnehmer

Tipps für Teilnehmer von Meetings   Auch wenn Sie »nur« Teilnehmer eines Meetings sind, haben Sie verschiedene Möglichkeiten, für eine höhere Effizienz Ihrer Teilnahme zu sorgen (vgl. /Caunt 00, S. 95 ff./):

■ Fragen Sie nach dem Ziel und dem geplanten Ablauf der Besprechung.

■ Bringen Sie frühzeitig eigene – für Sie wichtige – Besprechungspunkte in die Agenda ein.

■ Fragen Sie nach, ob es ein Protokoll geben wird.

■ Drängen Sie auf einen pünktlichen Beginn und ein pünktliches Ende.

■ Klären Sie zwischendurch, an welchem Punkt der Diskussion Sie sich gerade befinden.

■ Beteiligen Sie sich nicht an unsinnigen Diskussionen und der Behandlung von Nebenschauplätzen.

■ Wenn aus Ihrer Sicht die wesentlichen Punkte besprochen wurden, fragen Sie ggf. nach, ob Ihre Anwesenheit noch notwendig ist.

■ Nutzen Sie Diskussionen, die für Sie unwichtig sind, ggf. für die Bearbeitung von mitgebrachten Lesematerial.

Alternativen

Grundsätzlich können Informationen oft auch auf anderem Wege ausgetauscht werden, als mit Hilfe eines Meetings. Angesichts des Aufwandes sollten Sie sich also immer fragen, ob ein Meeting wirklich das richtige Mittel ist. Leider wird diese Frage viel zu selten gestellt, sodass in vielen Organisationen regelmäßig Meetings stattfinden, egal ob sie notwendig sind oder nicht.

Alternativen zu Meetings sind grundsätzlich alle anderen Formen der Kommunikation, wie E-Mail, Telefon, Post oder Einzelgespräche.

Die gleichzeitige Beteiligung mehrerer Teilnehmer an einem Meinungsaustausch lässt sich auch auf elektronischen Wege erreichen. Für Internet-, Intranet- und Videokonferenzen steht in der Zwischenzeit die erforderliche Hard- und Software zu vertretbaren Preisen zur Verfügung.

Überlegen Sie, zu welchen der bei Ihnen anstehenden Meetings Alternativen denkbar wären.

1 Welchen wesentlichen Erkenntnisgewinn brachte mir der vorliegende Text?   Coaching

2 Welche Schlüsse ziehe ich aus dem Gelernten für meine Situation?

3 Was werde ich in der Zukunft anders machen?

11 Beharrlichkeit in der Umsetzung guter Vorsätze ****

Für viele bedeutet die Umsetzung neuer Ideen und Vorsätze eine erhebliche Kraftanstrengung. Der Kampf gegen den eigenen »inneren Schweinehund« beginnt bereits mit dem notwendigen ersten Schritt und setzt sich fort in der beharrlichen Weiterverfolgung der angepeilten Ziele. Für die Umsetzung ist ein gehöriges Maß an Selbstdisziplin nötig. Bringen Sie den Stein ins Rollen, in dem Sie die ersten Schritte fixieren und sich selbst vertraglich zur Umsetzung verpflichten.

Sie sollten die Kapitel zu den Themen »Eigene Werte« (S. 56), »Die vier Lebensbereiche« (S. 39), »Ziele setzen« (S. 77), »Prioritäten bilden und Ziele setzen« (S. 63) und »Planung« (S. 131) gelesen haben.

Was Sie wissen sollten

Wenn Sie sich entschlossen haben, einige der vorgeschlagenen Tipps für das eigene Selbstmanagement und die effizientere Zeitnutzung umzusetzen, sollten Sie es nicht mit guten Vorsätzen bewenden lassen. Die Umsetzung erfordert i.d.R. Selbstmotivation und Beharrlichkeit, Selbstdisziplin und einen oft nicht einfachen Kampf mit dem eigenen »Inneren Schweinehund«.

Zum Thema Selbstmotivation wurde bereits einiges im entsprechenden Kapitel gesagt. Dem ist eigentlich auch nichts hinzuzufügen. Grundlage sind die eigenen (Lebens-)Ziele und Ihre persönlichen Prioritäten für Ihren Berufsalltag und die anderen Lebensbereiche. Setzen Sie das um, was Sie sich fest vorgenommen haben, was mit Ihrem beruflichen und privaten Umfeld abgestimmt und wozu Sie Ihre Planungen gemacht haben.

Abb. 11.0-1: Innerer Schweinehund .

Von einem unbekannten Autor stammt der Satz:

»Wir fahren am besten damit, wenn wir sagen, was wir tun, und wenn wir tun, was wir sagen.«

Die Amerikaner sagen dazu **»Walk the Talk!«**
(vgl. /Frädrich 05, S. 183/)

Beharrlichkeit
Erfolgreich im Leben sind meist diejenigen, die begriffen haben, dass vor allem harte Arbeit der Schlüssel hierfür ist. Diese Menschen *wollen*, dass ihnen etwas gelingt, und sie versuchen es beharrlich immer weiter. Mit Beharrlichkeit ist hier das wirklich unbeirrbare Nichtlockerlassen gemeint. Ziele werden erreicht, weil der Betreffende den Erfolg geradezu herbeizwingt, auch wenn dies sehr lange dauern kann.

Erkennen Sie deshalb, dass nicht alles von heute auf morgen geht und in der Regel auch niemals alles reibungslos verläuft. Trotz des andauernden Auf-und-Ab, trotz der Rückschläge und der Steine, die man Ihnen möglicherweise in den Weg legt, sollten Sie Ihren eingeschlagenen Weg weiter verfolgen.

Beharrlichkeit auch bei Rückschlägen

Betrachten Sie dabei Hindernisse nicht als unüberwindbare Mauern, sondern als Herausforderungen, hinter der ein gutes Stück freie Strecke liegen wird.

Es geht darum – trotz des erlebten Gegenwindes – einmal mehr aufzustehen als hinzufallen. Das ist zwar meist nicht gerecht, aber genau das ist das Leben. Erfolgskurven verlaufen leider nicht geradewegs steil nach oben (siehe Abb. 11.0-2). Sie werden auf ihrem Weg voraussichtlich Enttäuschungen und Rückschläge erleiden. Es kann Monate und Jahre dauern, bis Ihr Erfolg in den verschiedenen Lebensbereichen in Sichtweite gelangt (vgl. /Kassorla 84, S. 47 ff./ und /von Rohr 99, S. 11 ff./).

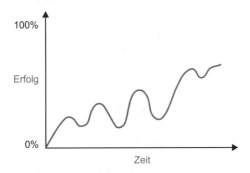

Abb. 11.0-2: Normale Erfolgskurve.

Die Erfolgsformel lautet: Sie müssen wissen, was Sie möchten, planen, wie man es bekommt, und entsprechend handeln. Ziehen Sie Ihren formulierten Plan bis zum angestrebten Ergebnis durch, um Ihr anvisiertes Ziel zu erreichen. Lassen Sie dabei nicht locker. Wie gut Ihnen das gelingt, hängt davon ab, wie gut Sie sich selbst organisieren und wie Sie Ihre Zeit nutzen.

»Ein Versuch ist nichts – es zählt nur das Ergebnis.«

Ken Blanchard sagte zum Thema Beharrlichkeit:

»Nichts kann an die Stelle der Beharrlichkeit treten. Begabung nicht. Nichts ist häufiger als erfolglose Menschen mit großer Begabung. Genie nicht. Das unbelohnte Genie ist schon fast zum Sprichwort geworden. Bildung nicht. Die Welt ist voll von gebildeten Nichtsnutzen. Allein Beharrlichkeit und Entschlossenheit sind ausschlaggebend.«

Einfach anfangen und es tun
Um im eigenen Tun überhaupt beharrlicher zu werden, ist es notwendig mit dem Tun auch zu beginnen, also tatsächlich anzufangen, die Vorsätze in die Tat umzusetzen. Es gilt nun für Sie, die Lücke zwischen Theorie und Praxis zu füllen, denn sonst bringen Sie Ihre Erkenntnisse kein bisschen näher an Ihren Lebenserfolg heran. Da nichts von selbst geschieht, müssen Sie etwas unternehmen. Sie müssen sich bemühen und für den eigenen Erfolg arbeiten (vgl. /Dietze 04, S. 27 f./).

»Es ist nicht genug zu wissen, man muss auch anwenden. Es ist nicht genug zu wollen, man muss auch tun.«
(Johann Wolfgang von Goethe)

Sie sollten dabei nicht darauf warten, bis Sie in der »richtigen Stimmung« sind. Gehen Sie umgehend an die Arbeit. Natürlich soll es Ihnen gut gehen, und Sie sollen Ihre wichtigen Vorhaben nicht unter schwersten Bedingungen beginnen. Aber lassen Sie Ihre Aktivität nicht von dem »Klima« beeinflussen, in dem sich ihre Gefühle befinden. Probieren geht über studieren, und das heißt, dass der Erfolg mit dem Tun kommt.

Nehmen Sie für den Start unbedingt auch die Hilfe anderer an. Nutzen Sie die guten Kontakte und die Absprachen, aus der Abstimmung Ihrer Ziele mit Ihrem Umfeld (siehe hierzu »Umfeldorientierung« (S. 87)). Bitten Sie Menschen Ihres Vertrauens darum, Sie regelmäßig an Ihre Vorhaben zu erinnern.

Die ersten Schritte
Die ersten Schritte werden Ihnen leichter fallen, wenn Sie sich noch einmal Ihre Ziele und Prioritäten für die unterschiedlichen Lebensbereiche vor Augen halten. Wählen Sie nun aus jedem der vier Lebensbereiche einen oder zwei Punkte aus, bei denen Sie in den nächsten drei Tagen beginnen wollen.

Denken Sie an die 72-Stunden-Regel (siehe »Soforterledigung« (S. 237)) und erinnern Sie sich an das alte Sprichwort »Was du heute kannst besorgen, das verschiebe nicht auf morgen«.

72-Stunden-Regel

Es ist wichtig, dass Sie anfangen. Nutzen Sie das vorbereitete Formular: Schreiben Sie auf, was Sie vorhaben und wie und bis wann Sie es tun möchten. Fügen Sie zum Schluss das Datum hinzu und unterschreiben Sie diesen Vertrag mit sich selbst. Dieser Vertrag wird zu Ihrem persönlichen Erfolgs-Beschleuniger.

Vertrag mit mir selbst

Das werde ich in den folgenden drei Tagen anfangen/verändern (Tab. 11.0-1).

Beruflich

Tätigkeit/Veränderung	So werde ich es machen	Erledigt bis

Mit meinem Partner/meiner Familie

Tätigkeit/Veränderung	So werde ich es machen	Erledigt bis

Im sonstigen sozialen Umfeld

Tätigkeit/Veränderung	So werde ich es machen	Erledigt bis

Für mich selbst

Tätigkeit/Veränderung	So werde ich es machen	Erledigt bis

Datum / Unterschrift:	

Tab. 11.0-1: Vertrag mit sich selbst.

11.1 Raus aus der eigenen Komfortzone ***

Um mit den Veränderungen in den eigenen Lebensbereichen zu beginnen, müssen Sie aus der Zone herauskommen, in der Sie es sich möglicherweise behaglich gemacht haben – die Komfortzone. Überdenken Sie alle Gründe, warum Sie bisher nichts an der bestehenden Situation geändert haben, reflektieren Sie Ihre Zielsetzung und Planung für Ihre Lebensbereiche und wagen Sie die ersten Schritte, nun etwas anderes zu tun. Achten Sie auch darauf, es nicht bei guten Vorsätzen zu belassen und den Neustart nicht aufzuschieben. Beginnen Sie sofort!

Sie sollten die Kapitel zu den Themen »Ziele setzen« (S. 77) und »Planung« (S. 131) gelesen haben.

Was Sie wissen sollten

Wenn Sie – nach der eigenen Zielsetzung und Planung – wissen, was Sie wollen, und was Sie zu tun haben, könnte es ja eigentlich losgehen. Konkrete Umsetzungsschritte fallen aber oft schwer, befindet man sich doch auf der Schwelle zwischen Veränderung und Beharrung – man könnte auch sagen, zwischen Einsicht und dem »innerem Schweinehund«. Empfohlen sei hier das amüsante Buch von Marco von Münchhausen »So zähmen Sie Ihren inneren Schweinehund« /von Münchhausen 06/.

»Zwei Seelen wohnen, ach in meiner Brust«,
ließ schon Goethe den Faust sagen.

Angesichts des steigenden Arbeitsdrucks zeigen viele Menschen ein Verlangen nach Ruhe, Bequemlichkeit und Geborgenheit. Veränderungen bedeuten i.d.R. aber einen zusätzlichen Arbeitsaufwand, sie bedeuten nicht selten Ärger, und sie bedeuten, bekannte Dinge und Gewohnheiten aufzugeben.

Beispiel

Besonders schwer dürfte es den Menschen fallen, die bereits sehr lange im Berufsleben stehen und jetzt ihr Verhalten (in Richtung Effizienz?) ändern sollen. Sie werden sich fragen, ob sie denn in den letzten zwanzig oder dreißig Berufsjahren tatsächlich so viel »falsch« gemacht haben. Schließlich waren sie ja erfolgreich.

Selbstreflexion, Selbstkritik und Einsicht in die Notwendigkeit der Veränderungen sind hier die Grundvoraussetzungen für anderes Verhalten (vgl. /Kitzmann 94, S. 55/).

Stillstand in der Komfortzone

Sich zu verändern bedeutet, die eigene Komfortzone zu verlassen, und das kann für Ängste sorgen, denn schließlich kennt man sich hier aus und man fühlt sich sicher. Selbst wenn man genau weiß, dass die alten Gewohnheiten nicht mehr nützlich sind und keinen Vorteil mehr bringen, verlassen viele ihre Komfortzone nur ungern. Auf den »**eingefahrenen Gleisen**« zu fahren heißt, automatisch das weiter zu machen, was man immer schon getan hat. Das ist einerseits sehr praktisch, weil man nicht so viel nachdenken muss. Andererseits bedeutet es in der Regel Stillstand (vgl. /Frädrich 05, S. 41/ und /von Münchhausen 06, S. 8 f./).

Zur Komfortzone gehört die eigene bisherige Verhaltensweise im Umgang mit der Zeit. Zu ihr gehören auch die bisherige Aufteilung Ihrer Energien in den verschiedenen Lebensbereichen, Ihr Umgang mit Störungen, das Abfinden mit scheinbar unveränderlichen Rahmenbedingungen, das Beschäftigen mit interessanten Kleinigkeiten, anstatt sich um die wichtigen Dinge zu kümmern, das Zulassen von Fremdbestimmung und, und, und...

Neues Verhalten löst natürlich oft Ängste vor dem Unbekannten aus, und daher neigt man dazu, den Status quo zu erhalten bzw. schnellstmöglich wieder herzustellen. Das Verlassen der Komfortzone erfordert also eine gehörige Portion Mut und Entschlossenheit (vgl. /Kast 02, S. 84 ff./). Aber denken Sie daran:

»Wenn du willst, was du noch nie gehabt hast, dann tu, was du noch nie getan hast.« (Nosrat Peseschkian)

Erst die Überwindung der Grenzen der eigenen Komfortzone ermöglicht persönliches Wachstum und Weiterentwicklung.

Überlegen Sie noch einmal, warum Sie sich für das Thema Selbstmanagement interessieren. In welchen Bereichen haben Sie Veränderungsbedarf gesehen? Wo ist der Leidensdruck besonders hoch? Wollen Sie hier weiter leiden?

»Leiden ist leichter als handeln«

sagt der erfolgreiche Unternehmensberater und Autor Reinhard K. Sprenger, und leider ist es tatsächlich so, dass es oft unbequemer ist Dinge zu ändern, als sie weiterhin hinzunehmen.

Es ist aber auch wichtig zu wissen, dass Sie jede (von Ihnen gewählte) Situation verändern können, wenn Sie wollen. Rütteln Sie sich hierzu wach, und rütteln Sie ggf. auch Ihre Umwelt wach. Eigentlich ist es ja ganz einfach:

- Erstens: Legen Sie Ihre Ziele klar fest,
- Zweitens: Bestimmen Sie den Preis, den Sie zahlen müssen
- Drittens: Zahlen Sie den Preis.

Wie heißt es so schön:

»Zum Erfolg gibt es keinen Lift. Man muss schon die Treppe benutzen.«

Kampf gegen die Aufschieberitis

Die Komfortzone sorgt auch dafür, dass man bestimmte gute Vorsätze gerne zugunsten des Tagesgeschäftes zurückstellt.

Wer kennt nicht die guten Vorsätze zum Jahreswechsel: Man möchte mehr Sport treiben, sich gesünder ernähren, endlich mit dem Rauchen aufhören usw. Was aber wird davon tatsächlich umgesetzt? Die Neigung, Dinge vor sich her zu schieben, ist weit verbreitet (vgl. /Seiwert 02, S. 66 f./ und /Dietze 04, S. 38/).

»Aufschub heißt der Dieb der Zeit.« (Edward Young)

Aber was steckt eigentlich dahinter? Viele Menschen scheuen sich vor einem möglichen Misserfolg, der mit dem neuen Verhalten verbunden sein könnte. Erfahrungen aus der Vergangenheit können hier die Ursache sein. Das Selbstvertrauen ist dann möglicherweise zu gering, etwas vorbehaltlos zu beginnen. Natürlich spielt auch die eigene Bequemlichkeit und eine normale Faulheit eine große Rolle bei der Einstellung, neue Vorhaben erst einmal vor sich herzuschieben (vgl. /Kitzmann 94, S. 54/).

Beispiel

Ein gutes Erkennungszeichen für Vorsätze, die nicht in die Tat umgesetzt werden, sind die Formulierungen im Konjunktiv: »Ich sollte öfter mal Nein sagen«; oder »Ich könnte mich bemühen, morgens gleich mit den wichtigsten Dingen anzufangen.«

Unterlassen Sie also den Konjunktiv und formulieren Sie Ihre Vorhaben immer konkret! (vgl. /Frädrich 05, S. 199/ und /von Münchhausen 06, S. 44 f./)

Misserfolgs-erfahrungen durch Aufschieben

Aufschieben führt übrigens selbst zu Misserfolgserfahrungen, weil es bewusst oder unbewusst als Niederlage wahrgenommen wird. Versagensgefühle können sich einstellen, wenn etwas, das für veränderungsbedürftig gehalten wird, nicht begonnen wird. Damit zerrt ständiges Aufschieben an den eigenen Kräften, und der Druck wird immer größer.

Erhöhen Sie also Ihre Selbstdisziplin und beginnen Sie mit den Veränderungen entsprechend Ihrer selbst erstellten Liste. Bleiben Sie dabei bei der Umsetzung Ihrer Zeitpläne konsequent.

Eine gute Hilfe ist es, sich schnell neue Routinen und Gewohnheiten in der neuen Verhaltensweise anzueignen. Studien über das menschliche Verhalten haben gezeigt, dass etwas zur Gewohnheit wird, wenn man es dreißig Tage lang täglich tut. Probieren Sie es aus! *Tipp*

»Die Gewohnheit ist ein Seil. Wir fügen jeden Tag einen Faden hinzu, und schließlich können wir es nicht mehr zerreißen.« (Nossrat Peseschkian)

1 Welchen wesentlichen Erkenntnisgewinn brachte mir der vorliegende Text? *Coaching*

2 Welche Schlüsse ziehe ich aus dem Gelernten für meine Situation?

3 Was werde ich in der Zukunft anders machen?

12 Nutzung der eigenen Leistungsfähigkeit ***

Voraussetzung für das eigene Selbstmanagement ist die Kenntnis, Nutzung und Erhaltung der eigenen Leistungsfähigkeit. Ihre tägliche Arbeit sollten Sie auf Ihren biologischen Rhythmus abstimmen. Berücksichtigen Sie darüber hinaus die Pausengestaltung, Sportangebote, Ihre Ernährung und ganz allgemein Ihre Gesundheit.

Die Kapitel zu den Themen »Prioritäten bilden und Ziele setzen« (S. 63) und »Planung« (S. 131) sollten Sie kennen.

Was Sie wissen sollten

Im eigenen Rhythmus bleiben: Wann sind Ihre besten Zeiten?

Eine wichtige Regel für das effiziente Arbeiten lautet, die wichtigen Dinge in den Stunden zu erledigen, in denen Ihre Leistungsfähigkeit auf dem Höhepunkt ist. Viele Menschen sind gewöhnt, sich allgemein als »Morgenmenschen« oder als »Abendmenschen« zu bezeichnen.

Schauen Sie sich aber einmal Ihre Arbeitsmuster genauer an. Wenn Sie ganz allgemein Schwierigkeiten haben, sich Ihren Tag gut einzuteilen, kann es sein, dass Sie sich eine Arbeitsweise angewöhnt haben, die nicht optimal auf Ihren Körperrhythmus abgestimmt ist. Vielleicht glauben Sie, dass Sie nach der Mittagspause gut Planungs- und Problemlösungsaufgaben bewältigen können, während Sie sie aber tatsächlich nur deshalb zu diesem Zeitpunkt erledigen, weil Sie zu den anderen Zeiten zu sehr gestört werden. Wenn Sie begonnen haben, sich besser zu organisieren, Störungen und Unterbrechungen einzudämmen, öfter Nein zu sagen und unwichtigere Arbeiten zu delegieren, werden Sie möglicherweise feststellen, dass Ihre Annahmen, wann Ihre besten Zeiten für die Erledigung bestimmter Aufgaben sind, in Wahrheit gar nicht zutreffen. Jeder menschliche Organismus weist einen eigenen Rhythmus auf, verfügt über eine eigene biologische Uhr. Für effizienteres Arbeiten ist es notwendig, seinen persönlichen Tagesrhythmus herauszufinden und sich dann entsprechend zu verhalten (vgl. /Caunt 00, S. 53 ff./).

 Langfristig zu versuchen, gegen seinen biologischen Rhythmus anzukämpfen, ist zwecklos. Versuchen Sie daher erst gar nicht, regelmäßig während Ihres Leistungstiefs die wichtigste Aufgabe des Tages zu erledigen. Handelt man wider die Gesetzmäßigkeiten der eigenen Natur, benötigt man zur Zielerreichung einen höheren Energieaufwand für nur mittelmäßige Leistungen.

»typischer« Biorhythmus

Die gleichmäßigen, sich immer wiederholenden biologischen Rhythmen liegen bei jedem Menschen zeitlich anders, auch wenn sich in der Durchschnittbetrachtung gewisse Gemeinsamkeiten bei den meisten Menschen zeigen (siehe Abb. 12.0-1). Alle Menschen sind nur eine beschränkte Zeit des Tages zu Spitzenleistungen fähig, und auch wenn Sie versuchen, mit leistungssteigernden Mitteln oder anregenden Getränken den Leistungshöhepunkt zu verlängern, der anschließende Tiefpunkt wird sich nach solchen Manipulationen umso intensiver und einschneidender in seinen Auswirkungen einstellen (vgl. /Transfer 04, S. 37/).

Insgesamt zeigt Ihre Leistungskurve Höhen, wenn Sie voller Energie sind, und Tiefen, wenn Sie müde sind.

 Um Ihre Arbeitsbelastung sinnvoll zu planen, sollten Sie durch systematische Beobachtung über mehrere Tage Ihren persönlichen Tagesrhythmus herausfinden, indem Sie Ihre Leistungskurve durch gezieltes Beobachten Ihres Verhaltens erstellen. Notieren Sie die Zeiten, in denen Sie sich besonders fit oder erschöpft fühlen.

Wenn Sie herausgefunden haben, wie Ihre Leistungskurve verläuft, sollten Sie Ihre Arbeiten folgendermaßen einteilen:

- Planen Sie für Ihre Energietäler ein, C-Aufgaben zu erledigen oder Pausen zu machen.
- Die Zeiten, in denen Sie Ihr größtes Leistungshoch registriert haben, sollten Sie für A-Aufgaben mit hohem Anspruch reservieren.
- In der Phase, in der Sie ein weiteres (vielleicht nicht ganz so ausgeprägtes) Leistungshoch vermerkt haben, sollten Sie B-Aufgaben angehen.
- Wenn Sie nun noch zusätzlich eine Kurve Ihrer persönlichen (unvermeidbaren) Störungen erstellen und diese Ihrer persönlichen Leistungskurve gegenüberstellen können Sie bei Ihrer Tagesplanung alle wichtigen Aufgaben in jene Tageszeiten legen, die ein Leistungshoch und eine geringe Störhäufigkeit aufweisen.

Pausen

Wenn Sie müde sind, wird Ihr Konzentrationsvermögen und Ihre Produktivität abnehmen. Bei der Aufstellung Ihres Tagesplans sollten Sie daher immer auch Pausen vorsehen, um sich zu regenerieren.

sich regenerieren

Wer ständig unter Strom steht, riskiert es, krank zu werden. Achten Sie deshalb auf einen Wechsel zwischen Anspannung und Entspannung, zwischen Aktivität und Ruhezeiten, in denen Sie wieder auftanken können.

Tipp

Wichtig ist, dass Sie Ihre Leistungsfähigkeit nicht überschätzen – das führt nur zu überflüssigen Frustrationen. Kalkulieren Sie also realistisch und denken Sie an Ihre Bedürfnisse.

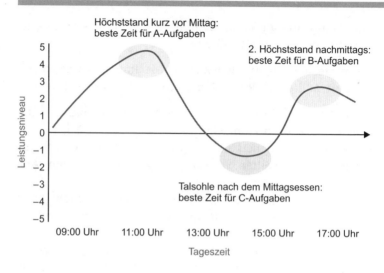

Abb. 12.0-1: Typische Tagesleistungskurve.

 Ihre Ruhezeiten bekommen Sie aber nur, wenn Sie sie auch einplanen!

Gestaltung von kurzen Pausen

Ein normaler Mensch kann sich nur etwa eine Stunde lang intensiv konzentrieren, dann braucht er eine (kleine) Pause. Neben den kurzen Pausen, die Sie mit ein wenig Bewegung, Entspannungsübungen, dem Essen eines (gesunden) Snacks oder einfach nur mit Dösen verbringen können, sollten Sie außerdem mindestens eine längere Pause pro Tag einplanen. Um im Arbeitsalltag wirklich zu entspannen, hilft es Ihnen möglicherweise auch, sich von den Kollegen zeitweilig abzuschotten. Ein Spaziergang allein an der frischen Luft, eine ruhige Stunde mit einem guten Buch oder ein kurzes Nickerchen auf der Parkbank können sehr entspannend sein.

Grundsätzlich gilt, dass man mindestens eine Stunde pro Tag zur aktiven Erholung einsetzen sollte, wobei dies nicht unbedingt in der Mittagspause geschehen muss. Diese Erholung kann durch sportliche Aktivitäten ausgefüllt sein. Sie kann aber auch aus Entspannungsübungen bestehen oder über die Beschäftigung mit Musik und kulturellen Anregungen zum Abschalten führen. Die Berieselung durch den Fernseher – dem gegenwärtigen Zeitdieb Nr. 1 – ist damit allerdings nicht gemeint. (Eine vertiefende Darstellung zu Entspannungsübungen finden Sie im Kapitel »Entspannung« (S. 270).)

Atmen

Zur Aufrechterhaltung der körperlichen und geistigen Leistungsfähigkeit gehört auch die Versorgung mit Sauerstoff: Nur mit ausreichend Sauerstoff können Sie sich dauerhaft auf Ihre Aufgaben konzentrieren. Gerade wenn Sie stundenlang in ein und demselben Raum arbeiten, sollten Sie regelmäßig lüften oder sogar (zumindest in den wärmeren Monaten) durchgehend bei offenem Fenster arbeiten. Zur Sauerstoffversorgung trägt auch das bewusste, regelmäßige und tiefe Ein- und Ausatmen bei. Dreimal hintereinander tief ein- und ausatmen tut gut, erfrischt und macht locker.

Wo wir schon beim Atmen sind: Sehr entspannend können Düfte, wie Lavendel, Vanille oder Basilikum wirken. | Tipp

Bewegungspausen und aktive Entspannung

Stundenlanges Sitzen am Schreibtisch kann zu Verkrampfungen führen. Ihre Pausen sollten Sie daher als Bewegungspausen gestalten (vgl. auch /Asgodom 02, S. 136/ und /Rogge 00, S. 225 ff./): | Bewegungspausen

- Am besten gehen Sie dazu an die frische Luft, und/oder Sie laufen ein bisschen auf der Stelle. Dehnen Sie Ihre verspannten Muskeln und strecken Sie sich ausgiebig. Räkeln Sie sich und gähnen Sie herzhaft. So beginnt Ihr Kreislauf wieder zu arbeiten.
- Sie können auch verschiedene Tätigkeiten mit Bewegungen verbinden: Telefonieren lässt sich z.B. im Stehen recht

gut. Außerdem klingt durch die damit einhergehende bessere Atmung die Stimme klarer und selbstbewusster.

■ Ihre Arbeitsutensilien, die Sie im Laufe des Tages benötigen, können Sie außerhalb der Griffnähe positionieren, sodass Sie einige Schritte tun müssen, um Ablage, Kopierer, Faxgerät oder Aktenregal zu erreichen.

■ Statt den Kollegen im Büro nebenan anzurufen, können Sie auch zu ihm gehen und die Angelegenheit persönlich besprechen. Wenn Sie über schwierige Fragen nachdenken müssen, bleiben Sie nicht sitzen, sondern laufen Sie in Ihrem Büro oder auf dem Flur auf und ab.

■ Besprechungen mit Kollegen können auch im Stehen durchgeführt werden, und anstatt den Fahrstuhl zu benutzen, sollten Sie lieber Treppen steigen.

Sport

Auch regelmäßiger Sport kann wesentlich zum Erhalt der eigenen Leistungsfähigkeit beitragen. Dabei soll die körperliche Betätigung aber keinesfalls zusätzlichen Stress mit sich bringen. Suchen Sie sich also eine Sportart aus, die Ihnen wirklich zusagt und Spaß macht. Versuchen Sie aber eine Sportart zu finden, die möglichst alle Körperpartien und die Ausdauer trainiert (vgl. /Linneweh 06b, S. 84 ff./).

Beispiele Joggen, Schwimmen, Tanzen, Inline-Skaten, Skifahren oder auch verschiedene Ballsport- und Kampfsportarten berücksichtigen den gesamten Bewegungsapparat. Auch flottes Gehen unter Einsatz der Arme (wie beim Walking bzw. Nordic Walking) – quasi als Erweiterung des Mittagsspaziergangs – bringt den gesamten Kreislauf in Bewegung.

Tipp Übrigens: Sport kann auch als Ventil für aufgestaute Aggressionen wirken. Vielleicht versuchen Sie es in diesem Fall mal mit abendlichem leichtem Boxtraining am eigenen Sandsack oder Sie nutzen ein Angebot, wie es der

Verfasser bei einem norddeutschen Fitness-Center gesehen hat (siehe Abb. 12.0-2).

Abb. 12.0-2: Plakat zum Feierabend-Boxen.

Gesundheit

Die körperliche Leistungsfähigkeit beruht ganz entschieden auf der eigenen Gesundheit und der Gesunderhaltung. Nehmen Sie sich mindestens einmal jährlich die Zeit für eine gründliche ärztliche Untersuchung und schieben Sie Ihren Arztbesuch nicht auf.

regelmäßige ärztliche Untersuchung

Achten Sie in diesem Zusammenhang auch auf Ihre Ernährung und auf Ihr Gewicht. Für Ihre Mahlzeiten sollten Sie sich Zeit lassen. Kauen und genießen Sie Ihr Essen und achten Sie auf eine ausgewogene Ernährung und ausreichende Flüssigkeitsaufnahme. Eine gesunde und bewusste Ernährung – mit Vitaminen und Vitalstoffen – kann Stress erheblich vermindern. Lassen Sie sich von Ihrem Arzt oder einem Ernährungsberater beraten und durchforsten Sie Ihre Bücherei oder die Buchhandlung nach entsprechenden Ratgebern (vgl. auch /Sieck 04, S. 16/).

Denken Sie auch daran, dass ein gemeinsames Essen in Ruhe auch der Beziehungspflege dienen kann. Nehmen Sie sich daher morgens Zeit für das Frühstück im Kreis der Familie.

Coaching
1 Welchen wesentlichen Erkenntnisgewinn brachte mir der vorliegende Text?
2 Welche Schlüsse ziehe ich aus dem Gelernten für meine Situation?
3 Was werde ich in der Zukunft anders machen?

12.1 Entspannung *

Für die eigene Entspannung gibt es mittlerweise eine fast unüberschaubare Anzahl an Angeboten verschiedener Schulen und Denkrichtungen auf dem Buch- und Seminarmarkt. Testen Sie verschiedene Angebote, um die für Sie passende zu finden und nutzen Sie die Möglichkeiten der Kurzentspannung durch einfache Tipps.

Was Sie wissen sollten
Die Kapitel zu den Themen »Prioritäten bilden und Ziele setzen« (S. 63), »Ziele setzen« (S. 77) und »Planung« (S. 131) sollten bekannt sein.

»**Ein Mensch sagt – und ist stolz darauf – er geh' in seinen Pflichten auf. Bald aber, nicht mehr ganz so munter, geht er in seinen Pflichten unter.**« (Eugen Roth)

Um eben nicht in den eigenen Pflichten unterzugehen, ist es ratsam, sich zwischendurch immer wieder Auszeiten zu verschaffen, um sich zu regenerieren.

Mittlerweile gibt es eine ganze Reihe sehr effektiver Entspannungstechniken, die auf wohldurchdachten Systemen und theoretischen Ansätzen beruhen.

Zu nennen wären hier die **progressive Muskelentspannung nach Jacobson** (zielt auf die Muskeln), **Atemübungen** und **autogenes Training** (zielen auf das vegetative Nervensystem), **Tai-Chi, Feldenkrais** und **Yoga** (zielen auf den Bewegungsapparat ab) sowie **Meditation, Hypnose** und **Visualisierungen** (sind auf geistige Prozesse gerichtet) (vgl. /Sieck 04, S. 68 ff./).

Beispiele

Die Darstellung der einzelnen Methoden würde den Umfang des vorliegenden Textes sprengen. Die Methoden lassen sich jedoch auf verschiedenen Wegen kennen lernen und einüben.

Nutzen Sie entsprechende Kursangebote (z.B. des Deutschen Roten Kreuzes) und die umfangreichen Buch, Video-, DVD- und Audioprodukte zu den Themenbereichen. Sie sollten durch eigenes Üben herausfinden, welche der Methoden die für Sie passende ist.

Tipp

Entspannung lässt sich auch mit kleinen Übungen erreichen. Nehmen Sie sich hierzu jeden Tag einige Minuten Zeit, um zur Ruhe zu kommen. Mit regelmäßigen Übungen finden Sie langfristig zu mehr Gelassenheit und fühlen sich so den Anforderungen eher gewachsen (vgl. /Kitzmann 94, S. 65/).

12 Tipps zum Entspannen

1. Sich Zeit nehmen
Planen Sie in der Hektik der Woche einen Tag oder einen Abend fest im Terminkalender ein und reservieren Sie diesen für sich. Tun Sie nur Das, wonach ihnen der Sinn steht.

2. Die Uhr abschalten
Sehen Sie bei der Planung jedes Tages und jeder Woche bestimmte Zeitfenster vor, die ohne Uhr ablaufen. Nehmen Sie Ihre Uhr ab.

3. Nichtstun und Dösen
Planen Sie Zeit zum Nichtstun ein. Genießen Sie Tagträumereien, Männchen malen, ein Nickerchen machen.

4. Sich bewegen
Sport bzw. Bewegung, die Ihnen Spaß macht, baut Stress ab, setzt Glückshormone frei und schafft Distanz zum Alltag.

5. Bunt sehen
Achten Sie einmal auf die Wirkung von Farben in Ihrer Umgebung und nutzen Sie diese bewusst. Farben strahlen Energie aus und beeinflussen auch die Gefühle. Blau wirkt beruhigend, Rot und Orange bringen Energie, Grün führt zu guter Laune und Gelb macht kreativ.

6. Clever essen
Lebensmittel wie zum Beispiel Nüsse, Bananen oder Schokolade stecken voll mit Stoffen, die echte Glücksbringer sind.

7. In den Gefühlen aufrichtig sein
Stehen Sie einmal mehr zu Stimmungen wie spontaner Freude, Wut und Trauer. Wer sich hinter einer Maske versteckt, wirkt gekünstelt – und ist angespannt.

8. Tief und ruhig atmen

Tiefes und bewusstes Ein- bzw. Ausatmen beruhigt den Puls und die Gedanken von selbst.

9. Lächeln und lachen

Sich einmal mehr im Spiegel anzulächeln beruhigt die Gesichtsmuskeln, entspannt und bringt gute Laune – selbst wenn das Lächeln nur aufgesetzt ist. Noch besser ist natürlich: Mit Freunden und Bekannten ausgelassen lachen.

10. Musik hören

Stress, Traurigkeit, miese Laune – die richtige CD (oder Kassette) vertreibt die Wolken etwas schneller und lässt Sie Abstand gewinnen.

11. Düfte schnuppern

Riechen Sie wieder einmal bewusst an einer Rose, nutzen Sie Zitronenöl in einer Duftlampe. Oder Träufeln Sie etwas Lavendel auf Kissen – mit Aromen lässt sich die Entspannung gezielt steuern.

12. Stille suchen

Planen Sie ganz bewusst Perioden der Ruhe und des Schweigens ein. Manchmal ist es einfach wichtig, für ein paar Minuten gar nichts zu tun, einfach ins Leere zu schauen, die Gedanken kommen und gehen zu lassen.

13. Locker bleiben

Realistische Erwartungen an sich und das Leben sind die Basis für Glück. Wer nie zufrieden ist blockiert positive Gedanken.

14. Baden und abtauchen

Nirgends versinkt der Nerv des Alltags so sinnlich wie beim Dahintreiben in der Badewanne (vgl. /Sieck 04, S. 66 ff./).

Literatur
Christa G. Traczinski hat ein lesenswertes und sehr anschauliches Buch nur über die sinnvolle Gestaltung von Büropausen geschrieben /Traczinski 03/.

Coaching

1 Welchen wesentlichen Erkenntnisgewinn brachte mir der vorliegende Text?

2 Welche Schlüsse ziehe ich aus dem Gelernten für meine Situation?

3 Was werde ich in der Zukunft anders machen?

12.2 Stress **

Stress ist mittlerweile ein Alltags- und Massenphänomen. Der Begriff bezeichnet eine subjektiv empfundene Belastungssituation, die nicht mehr beherrschbar erscheint. Dauerhafter Stress macht krank und lässt sich an zahlreichen Symptomen erkennen. So zahlreich wie die Symptome sind auch die Auslöser von Stress, die in der eigenen Arbeitsweise, den Rahmenbedingungen der Arbeit, den privaten Lebensbedingungen und im Umgang mit der zur Verfügung stehenden Zeit begründet sein können.

Was Sie wissen
sollten

Die Kapitel zu den Themen »Eigene Werte« (S. 56), »Prioritäten bilden und Ziele setzen« (S. 63) und »Ziele setzen« (S. 77) sollten Sie gelesen haben.

»Wie geht es dir?« – »Ach, ich bin im Stress!« Ein solcher Kurzdialog ist in Deutschland mittlerweile zur Normalität geworden. Fast jeder scheint »im Stress« zu sein; Stress ist mittlerweile ein Alltags- und Massenphänomen. Jede dritte Führungskraft kommt heute mit dem Stress im eigenen Leben nicht mehr zurecht, und ein weiteres Drittel hat damit mehr oder minder deutliche Schwierigkeiten (vgl. /Linneweh 06b, S. 62/).

Was aber genau ist Stress eigentlich?

Wörtlich heißt Stress nichts anders als »Druck« oder »Spannung« /Linneweh 06b, S. 62/. Der Stressbegriff wurde vor über 50 Jahren eingeführt und bezeichnet ganz allgemein eine Belastung oder ein Spannungsverhältnis. Dabei diskutieren Wissenschaftler, ob es sich bei Stress um ein Phänomen unserer Zeit handelt oder ob er einfach als Modebegriff für alle möglichen Unpässlichkeiten verwendet wird. Immerhin: Der Stressbegriff wird schon im 14. Jahrhundert von dem englischen Dichter Robert Mannyng in seiner heutigen Bedeutung gebraucht. Stress ist also sozusagen ein alter Hut (vgl. /Kitzmann 94, S. 190 ff./).

Stress ist ein »alter Hut«

Schon lange wird bei dem Stressbegriff zwischen positiven und negativen Stress – zwischen **Eustress** und **Distress** - unterschieden.

Eustress – der sogenannte gute Stress

Der sogenannte Eustress verdankt seinen Namen der griechischen Silbe »Eu«, die »gut« bedeutet. Eustress ist demnach ein eher als wohltuender, geistig anregender Zustand; eine gewisse prickelnde innere Erregung. In gewisser Weise können alle notwendigen Auseinandersetzungen mit der Umwelt Eustress bewirken. Ohne diese Reize wäre das Leben tatsächlich und im wahrsten Sinne reizlos. Zu diesen Reizen sind auch berufliche Herausforderungen zu zählen, bei denen man sich trotz der Anforderungen letztlich für kompetent genug hält, die Situation zu meistern. Die Grundannahme der Erfolgsvermutung lässt diesen Stress als positiv erscheinen (vgl. /Linneweh 06b, S. 63 f./).

Distress – der sogenannte schlechte Stress

Wenn in Alltagssituationen von Stress gesprochen wird, schwingt i.d.R. aber der eher negative Unterton mit. Gemeint ist mit Stress normalerweise ein negativer Zustand oder eine belastende Situation. Mit dem Stressbegriff werden dann oft Probleme mit anderen Menschen beschrieben: Ärger, Wut und Hass. Ebenso wird damit die erlebte Arbeitssituation ausgedrückt: Hektik, Druck und Zeitnot. Diese Art von Stress wird »Distress« genannt (dis (lat.) = schlecht) (vgl. /Linneweh 06b, S. 62 f./).

Stress als »Druckerfahrung«

In neueren Ansätzen der Stressforschung wird von einigen Autoren die Unterscheidung zwischen Eustress und Distress zugunsten einer anderen Vorstellung aufgegeben. Letztere besagt, dass das subjektive (negative) Stressempfinden an einem bestimmten Zeitpunkt wachsenden Drucks einsetzt. War man vor diesem Zeitpunkt noch der Meinung, dass man dem Druck standhalten kann, so stellt sich mit Erreichen des Zeitpunktes ein Gefühl der Überforderung ein. Die Situation wird als unangenehm und belastend empfunden. Man glaubt nicht mehr daran, die Aufgabe meistern zu können, fühlt sich als Opfer und quasi hilflos (vgl. /Kreutzmann 06a, S. 2/).

Eine entsprechende gegenwärtige Definition von Stress lautet:

Definition

»Organismuszustand, der aus der Interaktion eines Individuums mit seiner Umgebung resultiert, relativ extrem ausfällt, auf erlebte Bedrohung verweist, die Integrität und das Wohlergehen der eigenen Person berührt und mit den zur Verfügung stehenden Bewältigungsstrategien tatsächlich oder vermeintlich nicht ausgeglichen werden. Ausgangspunkt ist das Erkennen eines Ungleichgewichts zwischen Anforderung und Bewältigungskapazität« (/Fröhlich 87/).

Verbreitung von Stress

Stress kann auf Dauer das körperlich-seelische Gleichgewicht stören, und andauernder Stress macht nachweislich krank. Nach einer Studie der Internationalen Arbeitsorganisation der UNO (ILO) sind über 2/3 aller Krankheiten stressbedingt. In Japan gibt es mittlerweile einen Begriff für den **»Tod durch Stress durch zu viel Arbeit« »Karoshi«.**

Es wurde nachgewiesen, dass Stress in einem starken Zusammenhang zu möglichen Herzerkrankungen steht: Bei 91 Prozent aller Menschen mit einer Herzkrankheit konnte man vor dessen Auftreten eine verlängerte Stressreaktion beobachten. Auch ließ sich bei den Herzkranken eine Unzufriedenheit in ihrem Beruf nachweisen. Die Verbreitung des Krankheitsbildes Stress kostet die Wirtschaft jährlich Milliarden – durch Fehlzeiten und verringerte Leistung derer, die zwar körperlich anwesend, aber geistig abwesend sind. Im Umkehrschluss bedeutet dies: **Alles was die schädliche Wirkung von Stress verringern kann, macht die Beschäftigten zufriedener und produktiver – und die Unternehmen erfolgreicher.**

Gefahren durch Stress

Im Umgang mit Stress lassen sich drei Aspekte unterscheiden:

Ursachen, Symptome, Bekämpfung

- Was löst Stress aus?
- Wie ist Stress zu erkennen?
- Welche Möglichkeiten der Stressbewältigung gibt es? (siehe hierzu »Stressbewältigung« (S. 281))

Stressauslöser
Stress kann durch ganz unterschiedliche Faktoren ausgelöst werden. Ganz wesentlich sind aber ein erlebter Mangel an der zur Verfügung stehender Zeit sowie die Überforderung im Beruf. Beide Erscheinungen lösen beim Betroffenen Druck aus, und meistens hängen sie dabei eng miteinander zusammen.

Friedel John und Gabriele Peters-Kühlinger unterscheiden in diesem Zusammenhang sechs allgemeine Auslöser von Druckerfahrungen

- wenn Motive auf Realisierung drängen (Motivation),
- wenn die verfügbare Zeit begrenzt ist (Planung),
- wenn gegensätzliche Wünsche, Ziele oder Bedürfnisse zur gleichen Zeit am gleichen Ort erreicht werden sollen (Konflikt),
- wenn Theorie und Praxis bzw. Wunsch und Realität auseinander fallen (Integration),
- wenn es um Über- und Unterlegenheit geht (Machtkampf), oder
- wenn es um individuelle Bedrohung geht (Angst).

Enge Terminvorgaben und das gleichzeitige Betreuen mehrerer verschiedener Projekte führen dazu, dass hastig etwas fertig gemacht wird, worunter letztlich aber die Qualität leidet, was wiederum zu einem schlechten Gewissen oder einer negativen Reaktion von außen führen kann (Beschwerden, Reklamationen, Zurechtweisung durch Vorgesetzten etc.).

Weitere Auslöser von Stress können der Umwelt des Betroffenen entstammen. So führen fehlende oder unklare Zielvorgaben, schlechtes Betriebsklima, unklare Zuständigkeiten, Störungen und Unterbrechungen, eine schlechte Informationsführung und Kommunikation, Belästigungen durch Emissionen und eine Mangel an Ressourcen (Personal, Material, Finanzen) schnell zu Gefühlen der Orientierungs- und Hilflosigkeit. Hinzu kommen Aspekte der wahrgenommenen mangelnden Wertschätzung durch andere sowie die Merkmale, Komplexität und Rahmenbedingungen der eigenen fachlichen Tätigkeit.

weitere Stress-
auslöser

Weitere mögliche (auch nichtberufliche) Stressauslöser können sein (vgl. /Sieck 04, S. 60 f./ und /Kreutzmann 06a, S. 15 f./):

- Mangelnder Handlungsspielraum,
- Versagensangst,
- Konflikte mit Kollegen oder Vorgesetzten,

- ungerechtfertigte Kritik,
- neue Aufgabenbereiche,
- Unterforderung und Langeweile,
- Arbeitsplatzwechsel,
- beengter, unordentlicher Arbeitsplatz,
- Hitze, Kälte, schlechte Beleuchtung oder Emissionen am Arbeitsplatz,
- zur Arbeit pendeln müssen,
- starke Ausprägung »innerer Antreiber« (Sei immer perfekt!, Sei immer stark! etc.),
- Streit mit dem Ehepartner,
- Probleme mit den Kindern,
- Überlastung im Haushalt,
- Verlust eines Angehörigen,
- Ärger mit Nachbarn,
- unerfüllte Wünsche,
- Schmerzen und Krankheit,
- Schulden,
- schlechte Wohnverhältnisse,
- Verkehrsstau.

Stresssymptome
Wie bereits gesagt, werden bei anhaltenden belastenden Situationen Krankheitssymptome auftreten. Es kann dann zu leichten, aber auch zu schweren Krankheiten kommen. Dauerstress ist Gift für den Körper und für die Seele.

Wie man Stress erkennt: Hinweise gibt Aufzählung in der Tab. 12.2-1, die jedoch keinen Anspruch auf Vollständigkeit erhebt (vgl. /Kreutzmann 06a, S. 12 f./).

Gehen Sie die Liste der Tab. 12.2-1 einmal Punkt für Punkt durch und überlegen Sie, welche der beschriebenen Symptome Sie an sich bereits bemerkt haben. Überlegen Sie auch, in welchen Situationen dies geschieht und was Sie selbst tun können, um diese Situationen zu vermeiden bzw. anders zu gestalten.

	akut/zeitlich begrenzt	langfristig/permanent
körper-lich	Heißhunger, Aufstoßen, Sodbrennen, Völlegefühl, Blähungen, Magen-Druck bei unbekannter Ursache, Schluckauf, schnelles Atmen, Luftnot, Kloß im Hals, Zittern, Muskel-Krämpfe, Verspannungen, Herzrasen, Hände und Füße unangenehm kalt oder warm, Juckreiz	starke Veränderung des Appetits, schnelle und massive Veränderung des Gewichts, Veränderung des Blutdrucks, Veränderung des Blut-Zucker-Spiegels, häufige Müdigkeit, allgemeine Erschöpfung, häufiges nächtliches Aufwachen-Einschlaf-Schwierigkeiten, die nicht durch äußere Einflüsse herrühren (Lärm), reduzierte sexuelle Erregbarkeit, gehäuftes Auftreten von Infektionen
geistig	geringe Konzentrationsfähigkeit, Wortfindungsstörungen, übertriebenes Beschäftigen mit möglichen negativen Folgen, verlängerte Reaktionszeit, Entscheidungen schwer treffen können	Grübel-Nachdenken, grundsätzlich negatives Denken, massive irrationale Entscheidungen, Selbstvorwürfe, ständige Vorstellung des eigenen Versagens, geringes Selbstwertgefühl, ständige Hilflosigkeits-Gedanken, Neid, Eifersucht, Angst, Ärger, Rache, Kontrolle im übertriebenen Maße, irrationale Wünsche (z.B. ich will stärker sein als....)
seelisch	sich hin- und hergerissen fühlen, Panik-Gefühle, Unsicherheit, Einsamkeit, Wut, Hass, innerer Druck, Resignation, sich völlig ausgeliefert fühlen	Minderwertigkeitsgefühle, Unzufriedenheit, innere Antriebslosigkeit, Blockiertsein, starke Überempfindlichkeit bei sonst normalen Sinneswahrnehmungen, Interessenlosigkeit, Lustmangel beim Sex, sich deprimiert fühlen, Freudlosigkeit, ständige Trauer
Ver-halten	massive Veränderung des Essverhaltens, Mahlzeiten stehend/ hektisch zu sich nehmen, Ruhelosigkeit, ständiges Zuspätkommen oder Überpünktlichsein, trotz Krankheit zur Arbeit gehen, Nägelkauen, häufiges Weinen, ständig bereits bei kleinen Anlässen weinen, schnelles Sprechen, Kaufrausch, übertriebenes Handeln	Vernachlässigung notwendiger Diäten, keine Sorgfalt beim Aussuchen der Nahrungsmittel, gesteigerter Drogenkonsum (Nikotin, Kaffee, schwarzer Tee, Alkohol etc.), steigende Anwendung von Schmerz-, Schlaf- und Beruhigungsmitteln, stark veränderte Rücksichtnahme gegenüber anderen (mehr oder weniger), selten Lachen, verstärkter Redefluss, sich nicht entspannen können, nicht genießen können

Tab. 12.2-1: Erkennen von Stresszuständen.

1 Welchen wesentlichen Erkenntnisgewinn brachte mir der vorliegende Text?   Coaching

2 Welche Schlüsse ziehe ich aus dem Gelernten für meine Situation?

3 Was werde ich in der Zukunft anders machen?

12.2.1 Stressbewältigung ****

Für die Stressbewältigung eignen sich grundsätzlich alle Methoden des Selbstmanagements. Auch für die schnelle Hilfe am Arbeitsplatz haben sich einige Tipps bewährt, die schnelle Entlastung bringen können. Wesentlich für den Umgang mit Stress sind auch kommunikative Strategien, im Umgang mit sich selbst und anderen.

Das Kapitel zum Thema »Stress« (S. 274) sollte bekannt sein.   Was Sie wissen sollten

Früher: Kampf und Flucht

Stress ist der Alarmzustand des Körpers, seine Vorbereitung auf eine (körperliche) Auseinandersetzung. In grauer Vorzeit reagierte der Mensch in einer Stresssituation mit Kampf oder Flucht. Beides sind körperliche Reaktionen, die den Stress abbauten und das Erregungsniveau des Körpers auf das übliche Maß senkten. Die Wirkung im Körper: Gerät der menschliche Körper unter physischen oder psychischen Druck, erhöht er die Produktion der Hormone Adrenalin und Kortisol.

Diese beiden Hormone schlagen »Alarm« im Körper: Die Herzfrequenz steigt drastisch an, der Blutdruck erhöht sich und die Atmung wird schneller. Durch diesen uralten »Flucht- bzw. Kampfreflex« funktioniert der Körper besser, aber nur für kurze Zeit. Bleibt dieser Stresszustand länger erhalten, drohen Schäden.   Alarm im Körper

Heute ist den Menschen diese Möglichkeit der Stressbewältigung weitestgehend genommen. Kollegen, Vorgesetzte oder
Geschäftspartner schätzen es nicht, wenn man in Gesprächen hochfährt, um den Tisch herumspringt oder sie gar
angreifen würde. Die Folge ist allerdings, dass die natürliche, biologisch verankerte Stressreaktion nicht ausgelebt
werden kann. Der Stress ist da und muss abgebaut werden.
Geschieht dies nicht, bleibt der Druck aufgestaut und baut
sich immer weiter auf. Man wird nervös, gereizt, aggressiv
und erkrankt auf Dauer gesehen psychosomatisch.

Heute: Selbstmanagement
Stress und den Auslösern von Stresssymptomen lässt sich
heute meist mit den Methoden des Selbstmanagements und
den Instrumenten der effizienten Zeitnutzung begegnen.

Tipps   Die bewährten Selbstmanagement-Tipps zum Umgang mit
Stress lauten (vgl. /Seiwert 02, S. 15/ und /Kreutzmann 06a,
S. 18 ff./):

- Bringen Sie Beruf, Familie und Freizeit in ein Gleichge-
  wicht!
- Setzen Sie sich kurz-, mittel- und langfristige Ziele!
- Stimmen Sie Ihre Zielvorstellungen mit den Menschen
  Ihrer sozialen Umgebungen ab!
- Planen Sie den Weg zur Zielerreichung!
- Planen Sie auch jeden Arbeitstag!
- Beginnen Sie Ihren Tag in Ruhe!
- Lassen Sie sich nicht von dauernden Störungen frustrie-
  ren!
- Sagen Sie Nein und delegieren Sie!
- Arbeiten Sie stets mit Pufferzeiten, damit Sie nicht in Zeit-
  druck kommen!
- Schieben Sie Aufgaben nicht vor sich her!
- Arbeiten Sie konsequent mit einem Zeitplanungs-System!
- Sorgen Sie für sich selbst!

■ Gestalten Sie die eigene Arbeitsumgebung/ den eigenen Arbeitsplatz so angenehm wie möglich!

■ Erlernen Sie grundlegende Entspannungstechniken und wenden Sie diese an!

■ Nehmen Sie sich Zeit zum Tagträumen und Faulenzen!

■ Reden Sie mit Personen Ihres Vertauens über Stress und Stresssituationen und lassen Sie sich ein Feedback geben!

■ Pflegen Sie Ihren Humor, denn Lachen ist bekanntlich die beste Medizin!

■ Halten Sie sich fern von Menschen, Orten und Situationen, die Ihnen bei Ihnen Stress auslösen!

■ Runden Sie Ihren Tag durch etwas Angenehmes ab!

■ Achten Sie auf Ihren Körper!

☐ Bewegen Sie sich regelmäßig!

☐ Nutzen Sie Möglichkeiten sich abzureagieren!

☐ Treiben Sie (Ausdauer-)Sport!

☐ Ernähren Sie sich gesund und schränken Sie den Konsum von Genussmitteln ein!

☐ Schlafen Sie ausreichend!

☐ Nutzen Sie Wellness-Angebote!

Erste schnelle Hilfe

Akuten Stress können Sie während der Arbeit oft mit kleinen Notlösungen in weniger als 60 Sekunden abbauen.

60-Sekunden-Tipps

Hier zehn Beispiele:

Beispiele

○ Eine Minute Seilspringen

○ Ein langes Gedicht (im Stillen) aufsagen.

○ Eine Treppe zügig runter und wieder hinauf gehen.

○ Ein großes Glas Wasser zügig austrinken.

○ Am eigenen Arbeitsplatz aufstehen, umher gehen und dabei an einen schönen Augenblick in Ihrem Leben denken.

○ Überlegen, was Sie mit einem Lottogewinn von 2 Millionen Euro anfangen würden.

○ 10 mal sehr tief einatmen und jeweils sehr langsam ausatmen.

○ Den Papierkorb etwas weiter wegstellen und versuchen 20 Papierbälle hineinzuwerfen.

○ 20 Kniebeugen machen.

○ Das Alphabet mal rückwärts aufsagen.

Stressabbau durch positives Denken

Auch positives Denken kann dem Stressabbau dienen, da es hilft, negative Denkstrategien im Kopf zu löschen. Dies geschieht zum Beispiel dadurch, dass Sie sich einen bestimmten Satz immer wieder vorsagen oder dass Sie sich einen Zettel an einer für Sie mehrfach am Tag gut sichtbaren Stelle anbringen.

Wichtigste Regeln für das Formulieren solcher Sätze sind:

■ Sie sind positiv formuliert.

■ Sie sind Ich-bezogen formuliert.

■ Sie sind im Präsens formuliert.

■ Sie sind aktiv formuliert.

■ Sie enthalten keine Verneinungen.

Formulierungsbeispiele zeigt die Tab. 12.2-2 (vgl. /Kassorla 84, S. 166 f./).

bisherige Negativformulierung	neue Positivformulierung
Ich hasse es, heute wieder mit Meyer sprechen zu müssen.	Ich bin sehr gespannt darauf, mit welchen Vorschlägen Herr Meyer heute in das Gespräch kommt.
Hoffentlich komme ich nicht wieder in den Stau!	Vielleicht kann ich heute den Stau umfahren; ansonsten nutze ich die Zeit und höre meine Lieblingsmusik.
Hoffentlich werde ich heute nicht wieder dauernd gestört.	Ich kann heute die Gelegenheit nutzen, mit meinen Kollegen Regeln für die künftige Zusammenarbeit abzusprechen.

Tab. 12.2-2: Negativ vs. Positiv.

Stellen Sie sich drei typische Situationen vor, bei denen Sie an sich negative Grundhaltungen erkennen. Versuchen Sie für die drei Situationen im o.g. Sinne positive Formulierungen zu finden.

1a Bisherige Negativformulierung:

....

1b Ihre neue positive Formulierung:

....

2a Bisherige Negativformulierung:

....

2b Ihre neue positive Formulierung:

....

3a Bisherige Negativformulierung:

....

3b Ihre neue positive Formulierung:

....

HAIFA-Methode

Bevor Sie mit anderen in die Luft gehen: Kommunikation in Stress-Situationen mit der HAIFA-Methode

Im Stress fällt zuweilen das eine oder andere unbedachte Wort. Schnell können so auch langfristige Konflikte entstehen. Lassen Sie sich vom Stress und der daraus resultierenden Wut anderer nicht anstecken, sondern bleiben Sie ruhig. Hierzu hilft Ihnen die HAIFA-Methode. Stürzt also Ihr Chef, ein Kollege oder ein Kunde in Ihr Büro und beginnt damit, Sie anzuschreien, so reagieren Sie folgendermaßen:

- Halt! Luft holen und zuhören.
- Anerkennendes sagen. Dem Gesprächspartner signalisieren, dass man Verständnis hat.
- Interesse zeigen/Informieren: Nachfragen mit offenen W-Fragen, dann die eigene Sicht schildern.
- Fehler zugeben, wenn sich herausstellt, dass der Fehler bei Ihnen lag (inhaltlich oder im Verhalten).
- Angebot machen, um die Spannung zu lösen und das Gespräch in konstruktive Bahnen zu lenken: »Was halten Sie von folgendem Vorschlag?« oder Angebot machen lassen: »Was tun wir jetzt?«.

Coaching

1 Welchen wesentlichen Erkenntnisgewinn brachte mir der vorliegende Text?

2 Welche Schlüsse ziehe ich aus dem Gelernten für meine Situation?

3 Was werde ich in der Zukunft anders machen?

13 Lebenslanges Lernen ✲✲✲

Lebenslanges Lernen dient dem eigenen Selbstmanagement auf zwei Arten: Auf der einen Seite hilft begleitendes Lernen dabei, die eigene Zielerreichung über eine passgenaue Weiterqualifikation zu forcieren. Auf der anderen Seite bewirkt die Grundhaltung zum Lebenslangen Lernen eine prinzipielle Offenheit gegenüber äußeren Einflüssen, die dabei hilft, sich systemisch in den sich verändernden Rahmenbedingungen zurechtzufinden und sich zu behaupten.

Die Kapitel zu den Themen »Eigene Werte« (S. 56), »Prioritäten bilden und Ziele setzen« (S. 63), »Ziele setzen« (S. 77) und »Planung« (S. 131) sollten bekannt sein.

Was Sie wissen sollten

Lebenslanges Lernen ist ein Bestandteil des Selbstmanagements, der in gewisser Weise eine andauernde Abstimmung der eigenen Fähigkeiten mit der Umwelt bedeutet. Mit lebenslangem Lernen werden die eigenen Qualifikationen ständig angepasst.

Nach dem Konzept des lebenslangen Lernens hört Lernen nach Schule, Ausbildung oder Studium nicht auf, denn Lernen ist das wesentliche Werkzeug zum Erlangen von Bildung und damit für die Gestaltung individueller Lebens- und Arbeitschancen. Lebenslanges Lernen heißt daher auch das Schlüsselwort, wenn man auf dem Arbeitsmarkt mithalten, einen Berufs- oder Schulabschluss nachholen oder sich einfach nur weiterbilden will. Dahinter steht die Vorstellung des »permanent unfertigen Menschen« (vgl. /Linneweh 06a, S. 24 f./).

Lernen hört beim »permanent unfertigen Menschen« nicht auf

Damit durchbricht Lebenslanges Lernen die Grenzen herkömmlicher Bildungsstrukturen und die Einteilung in strikt aufeinander folgende Abschnitte eines Bildungsweges, der

nach dieser Vorstellung oft mit dem Schul-, Ausbildungs-
oder dem Hochschulabschluss beendet ist. Das Konzept des
Lebenslangen Lernens soll – als gesellschaftspolitische Aufgabe und nach bildungspolitischen Konzepten – die bisher stark segmentierten Bildungsbereiche verzahnen und
Vorschulbildung, schulische Bildung, Berufsbildung, Hoch-
schulbildung integrieren sowie allgemeine und berufliche
Weiterbildung zu einem kohärenten, das heißt aufeinander
aufbauenden, und vor allem durchlässigen Gesamtsystem
formen.

Lebenslanges Lernen bedeutet damit keine nur (kurzfristige
reaktive) Anpassung von Qualifikationen an neue Erforder-
nisse, die im Berufsleben aus dem technischen Fortschritt
erwachsen. Hierfür sind schon früh breite Angebot zur beruflichen Weiterbildung entwickelt worden. Veränderungen
zeigen sich eben nicht nur im technologischen, sondern
auch im gesellschaftlichen, ökologischen, rechtlichen und
politischen Bereich. Darüber hinaus kommt dem Lebenslangen Lernen eine sehr subjektive Funktion zu. Lebenslanges Lernen soll keinen Selbstzweck verfolgen, sondern muss
sich an den Erfordernissen – dem Bildungsbedarf des betroffenen Individuums – in seiner spezifischen Situation und
vor dem Hintergrund seiner spezifischen Zielsetzung orientieren.

**Im Rahmen des Selbstmanagements kann es über Le-
benslanges Lernen gelingen, Lebensziele angemessen
zu verfolgen, d.h. die Schritte auf dem Weg zu den
kurzfristigen, mittelfristigen und langfristigen Zielen
durch einen angemessenen begleitenden Know-How-
Erwerb zu unterstützen.**

Tipp | Wenn Sie also mithilfe der beschriebenen Kreativitäts-
werkzeuge eine Lebensvision geschaffen und daraus wiederum (zeitliche Unter-)Ziele für Ihre Lebensbereiche ab-

geleitet haben, könnten Sie nun überlegen, welches Wissen, welche Fähigkeiten und praktischen Fertigkeiten Sie eigentlich erwerben oder ausbauen müssen, um die Zielerreichung wahrscheinlicher zu machen. Mit der Vorstellung vom Lebenslangen Lernen werden Sie Ihr eigener Personalentwickler auf dem Weg zu Ihren strategischen Zielen (siehe Abb. 13.0-1).

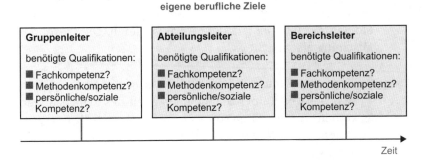

Abb. 13.0-1: Zielorientierung beim lebenslangen Lernen.

Neben dieser sehr zielgebundenen Begründung für das Lebenslange Lernen, gibt es auch allgemeinere Gründe, um für Neues offen zu sein: In der heutigen Informationsgesellschaft ist Wissen so wertvoll wie nie. Niemals zuvor in der Geschichte der Menschheit konnte man über ein solch großes Wissen verfügen wie heute – und dieses Wissen vermehrt sich geradezu explosionsartig weiter. Der effiziente Umgang mit den verfügbaren Erkenntnissen und Informationen hält Sie auf dem Laufenden und sichert in gewisser Weise Wettbewerbsvorteile (z.B. auf dem Arbeitsmarkt).

Erfolgreiche Menschen sind daran gewöhnt, ein Leben lang zu lernen; aus ihren Fehlern und dem Verhalten anderer, aus Seminaren, Gesprächen, Beobachtungen, Büchern, Zeitschriften, und dem Internet. Sie tun dies nicht, weil es Ihnen jemand gesagt oder befohlen hat. Sie tun es vor allem deshalb, weil ihre Grundhaltung eine offene ist und weil sie erkannt haben, dass der Austausch von Wissen und Fähigkeiten eine wichtige Voraussetzung für ein erfülltes und spannendes Leben innerhalb sozialer Gemeinschaften ist (vgl. /Kitzmann 94, S. 51/).

Vorsicht bei Wissensüberfrachtung! Die besondere Kunst liegt natürlich darin, sich nicht selbst mit einer sehr offenen Grundhaltung zum Lernen mit Informationen zu überfrachten. Es besteht sonst die Gefahr, dass Sie das Wesentliche aus dem Auge verlieren. Die (gesunde) Mischung also macht es.

Tipp
> Wenn Sie es nicht schon tun, dann beginnen Sie damit, sich Gedanken über die Möglichkeiten des Lebenslangen Lernens für Ihre Situation zu machen. Nutzen Sie Gelegenheiten, etwas Neues dazuzulernen. Sie leben nur einmal, und zwar jetzt.

Tipp
> Beachten Sie dabei, dass Sie sich nicht nur auf theoretischen Wissensstoff beschränken, sondern stets auch an der Weiterentwicklung Ihrer Persönlichkeit arbeiten sollten.

Beispiel
Sie könnten zum Beispiel anfangen, regelmäßig zu lesen. Es ist fast unmöglich, ein Buch aufzuschlagen, ohne etwas daraus zu lernen. Viele Menschen, die sich über Lesen fortbilden, haben oft ein Fachbuch und ein belletristisches Werk auf Ihrem Nachttisch liegen, an denen Sie parallel lesen. Überlegen Sie, womit Sie anfangen wollen und machen Sie sich regelmäßiges Lesen zur Gewohnheit (vgl. /Frädrich 05, S. 45/).

Für die Planung des Lebenslangen Lernens sollten Sie unterscheiden, welche Lernwege und Methoden der Wissensaufnahme die für Sie geeigneten sind:

- Helfen Ihnen Bücher?
- Sind Sie Autodidakt?
- Gehen Sie lieber in Seminare?
- Lernen Sie lieber allein oder in Gruppen?
- Bevorzugen Sie interaktives Lernen oder den Frontalvortrag? Welche Erfahrungen haben Sie mit E-Learning gemacht?
- Wie sieht es mit Coaching für den Ausbau der eigenen Soft Skills aus?

Fraglich ist natürlich, ob die Lerninhalte, für die Sie sich interessieren, immer in der gewünschten Form oder Methode verfügbar sind. Halten Sie daher ab jetzt die Augen auf und studieren Sie regelmäßig einschlägige Bildungsangebote.

Tipp

Lebenslanges Lernen dient dem eigenen Selbstmanagement auf zwei Arten: Auf der einen Seite hilft begleitendes Lernen dabei, die eigene Zielerreichung über eine passgenaue Weiterqualifikation zu forcieren. Auf der anderen Seite bewirkt die Grundhaltung zum Lebenslangen Lernen eine prinzipielle Offenheit gegenüber äußeren Einflüssen, die dabei hilft, sich systemisch in den sich verändernden Rahmenbedingungen zurechtzufinden und sich zu behaupten.

14 Möglichkeiten des Arbeitgebers ✳✳✳

Auch der eigene Arbeitgeber kann Ihnen bei Ihrem Selbstmanagement zahlreiche Unterstützungen bieten. Mittlerweile kommen viele Arbeitgeber ihren Mitarbeitern mit Angeboten entgegen, die eine Vereinbarkeit von Familie und Berufsleben vereinfachen sollen. Auf der anderen Seite gibt es noch ein weitreichendes Potenzial arbeitswissenschaftlicher Maßnahmen, die z.T. auf gesetzlichen Regelungen basieren, aber noch nicht in allen Unternehmungen umgesetzt wurden. Prüfen Sie, was vorhanden ist und wo es sich lohnen könnte, nachzuhaken.

Die Kapitel zu den Themen »Eigene Werte« (S. 56), »Prioritäten bilden und Ziele setzen« (S. 63), »Ziele setzen« (S. 77), »Umfeldorientierung« (S. 87) und »Stress« (S. 274) sollten Sie gelesen haben.

Was Sie wissen sollten

Viele Teilnehmer in Selbstmanagementseminaren beklagen, dass sie die verschiedenen Möglichkeiten, die ein persönliches Selbstmanagement bieten könnte, nicht anwenden können, da die betrieblichen Rahmenbedingungen dies nicht zuließen. Tatsächlich gibt es in Unternehmen förderliche und hinderliche Bedingungen für funktionierendes Selbstmanagement und für eine effiziente Zeitnutzung.

Ein Beispiel hierfür ist die Projektarbeit: So passiert es bei unternehmensinternen Projekten sehr häufig, dass der Projektleiter nicht immer die Planungs- und Handlungsfreiheit hat, die ihm anfangs zugestanden wurde. Regelmäßiges Hineindirigieren durch die nächst höhere Hierarchieebene, das Herausziehen von Personal und die sonstige (oft willkürlich erscheinende) Veränderung anderer Rah-

Beispiel 1: Rahmenbedingungen von Projektarbeit

menbedingungen lässt so manchen Projektleiter verzweifeln; und das trotz – oder gerade wegen – einer differenzierten Zielsetzung, einer durchdachten Zielvereinbarung mit dem Projektteam und einer wohlüberlegten Planung.

Beispiel 2:
Flexible
Arbeitszeiten

Ein anderes Beispiel ist die Freiheit in der eigenen Zeitnutzung: Mitarbeiter, die Ihrer Familie mehr Zeit widmen möchten und daher Ihre Arbeitszeit flexibler gestalten wollen, finden hierfür nicht immer ein offenes Ohr bei ihrem Arbeitgeber.

Vereinbarung von Beruf und Privatleben

Eigentlich sollten Unternehmen in eigenem Interesse dafür sorgen, dass ihre Mitarbeiter Familie und Beruf besser vereinbaren können. Die Maßnahmen verursachen zwar Kosten, zahlen sich aber langfristig aus. (Hierzu hat das Bundesministerium für Familie, Senioren, Frauen und Jugend 2005 einen Praxisleitfaden herausgegeben /Bundesministerium 04/).

Da Arbeitnehmer in Deutschland, sobald sie Eltern werden, bewusst entscheiden, ob die Fortsetzung der Karriere zukünftig in der Familie oder im Unternehmen erfolgen soll, besteht für Unternehmer die Gefahr, regelmäßig das entsprechende Potential zu verlieren (Das Problem stellt sich auch heute noch bei berufstätigen Frauen stärker als bei Männern. Siehe hierzu auch /Regnet 06/).

Nutzen für den
Arbeitgeber

Wollen Unternehmen ihr Potenzial qualifizierter Mitarbeiter aber behalten, führt im Grunde kein Weg an einer familienfreundlichen Unternehmenspolitik vorbei. Gewinnerzielung funktioniert schließlich nur mit qualifizierten und vor allem mit vorhandenen Mitarbeitern (vgl. /Asgodom 02, S. 89 f./).

Andererseits hat sich in den Unternehmen schon einiges getan, und die tatsächlichen oder potentiellen Möglichkeiten durch den Arbeitgeber kommen in vieler Hinsicht den Ideen des Selbstmanagements entgegen.

Praxisbeispiele für gute Modelle

- Flexible Arbeitszeiten,
- Jobsharing,
- Essen für Mitarbeiterkinder in der Kantine,
- Freizeitangebote für Mitarbeiterfamilien,
- flexibler Arbeitsort (zum Beispiel Heim- bzw. Telearbeit),
- Kinderbetreuung im Unternehmen,
- Unterstützung bei der Pflege älterer Angehöriger,
- Beratung zu möglichen Krisenthemen (zum Beispiel Scheidung, Erziehung oder Schulden),
- Serviceleistungen (Einkaufs- oder Bügeldienste; Babysitterpool für Mitarbeiter),
- interne Angebote zur Stressbewältigung,
- interne Gesundheitsangebote (z.B. Rückenschule),
- Sportangebote (Fitnessraum, Jogginggruppe, Betriebsfußballmannschaft etc.),
- Wiedereingliederung nach der Kinderpause,
- Sabbatical (vgl. /Sieck 04, S. 19/, /Asgodom 02, S. 98 f./ und /Personalmagazin 06b, S. 22/)

Das Institut für Mittelstandsforschung in Bonn schätzt, dass 68 Prozent aller Unternehmen mindestens eine solche Maßnahme anbieten /Personalmagazin 06b, S. 23/.

- Welche der genannten Möglichkeiten finden Sie in Ihrem Unternehmen?
- Welche Möglichkeiten werden noch nicht angeboten, erscheinen Ihnen aber sinnvoll auch für die Optimierung der eigenen Situation?
- ☐ Welche dieser Möglichkeiten werden Sie intern einmal vorschlagen?
- ☐ Bei wem müssen Sie sich hierzu erkundigen? Wen müssen Sie ansprechen?
- ☐ Wann werden Sie das tun?

Arbeits(platz)gestaltung

Darüber hinaus gibt es z.T. schon recht lange gewisse normierte Vorgaben, inwieweit der Arbeitgeber auf die Gestaltung der Arbeitsbedingungen einzuwirken hat. Einige dieser Regeln sind juristisch einklagbar bzw. durch die Arbeitnehmervertretungen durchzusetzen. Diese Regelungen betreffen sehr sinnvolle Überlegungen bezüglich der praktischen Ausgestaltung des jeweiligen Arbeitsplatzes:

- Gut genutzter Raum lässt jedem etwas Privatsphäre, auch in einem Großraumbüro.
- Tageslicht kann die Stimmung heben und die Augen schonen.
- Gute Ablagesysteme vergeuden weniger Zeit für die Suche nach verschollenen Unterlagen.
- Topfpflanzen verbessern die Luftfeuchtigkeit in trockenen, klimatisierten Räumen.
- Verstellbare Stühle verhindern Rückenschmerzen, eine der Hauptursachen für Fehlzeiten von Bürokräften.
- Der Austausch fehlerhafter Bürogeräte verbessert die Leistungsfähigkeit und Produktivität.

Eine schlechte Arbeitsumgebung kann Stress verursachen. Sie hat nicht nur Einfluss darauf, wie Sie arbeiten, sie kann auch Ihre Gesundheit angreifen. Ein angenehmes Arbeitsumfeld zeigt, dass das Unternehmen an seine Beschäftigten denkt.

Den wissenschaftlichen Hintergrund der Arbeitsgestaltung bildet die Arbeitswissenschaft. Sie beschäftigt sich mit der Analyse, Ordnung und Gestaltung der technischen, organisatorischen und sozialen Bedingungen von Arbeitsprozessen mit dem Ziel, dass die arbeitenden Menschen

- in **produktiven** und **effizienten Arbeitsprozessen**
- **schädigungslose, ausführbare, erträgliche und beeinträchtigungsfreie Arbeitsbedingungen** vorfinden,

- **Standards sozialer Angemessenheit** nach Arbeitsinhalt, Arbeitsaufgabe, Arbeitsumgebung sowie Entlohnung und Kooperation erfüllt sehen,
- **Handlungsspielräume** entfalten, Fähigkeiten erwerben und
- in Kooperation mit anderen ihre **Persönlichkeit erhalten und entwickeln** können (/Kubitscheck, Kirchner 05, S. 4/).

Das vorliegende Buch bietet nicht den Raum, um auf die umfangreichen arbeitswissenschaftlichen Regelungen eingehen zu können. Hierzu sei auf die entsprechende Fachliteratur verwiesen (z.B. /Kubitscheck, Kirchner 05/), in der sich auch die wesentlichen gesetzlichen Normen wiederfinden, an denen man sich orientieren kann.

Die Frage ist natürlich, inwieweit es opportun erscheint, bestimmte gesetzliche Regelungen zur Ausgestaltung der eigenen Arbeit tatsächlich notfalls einzuklagen. Hier liegt die Entscheidung wohl bei jedem selbst. Denken Sie an Ihre Zielsetzung und an die notwendige Abstimmung der Ziele und Ihrer Vorgehensweise mit dem Umfeld. Bedenken Sie aber auch, dass, wenn Sie sich mit bestimmten (eigentlich nicht tragbaren) Arbeitsbedingungen stillschweigend abfinden (um keine Konflikte zu erzeugen), Sie damit eine bewusste eigene Entscheidung treffen. Beklagen Sie sich dann nicht weiter über die schlechten Bedingungen (die Sie ja akzeptiert haben); dies würde nur Ihre Leistungsfähigkeit hemmen.

Man muss aber auch nicht gleich vor Gericht ziehen, um Rechtsfragen bzw. Ansprüche zu klären. Manchmal reicht es aus, mit den entsprechenden Entscheidern einmal über das Vorhandensein bestimmter Normen zu sprechen, um eine gewisse Sensibilität für die Themenbereiche zu erzeugen. Möglicherweise kennt der Chef ja die eine oder andere Regel noch gar nicht.

Coaching   **1** Welchen wesentlichen Erkenntnisgewinn brachte mir der vorliegende Text?

2 Welche Schlüsse ziehe ich aus dem Gelernten für meine Situation?

3 Was werde ich in der Zukunft anders machen?

15 Exkurs: Selbstmanagement als Projektleiter ✳✳✳✳

Projektmanagement hat viele Ähnlichkeiten mit dem Vorgehen im persönlichen Selbstmanagement. Es geht um Zielsetzungen, Abstimmungen mit dem Umfeld, um Planungen und Kommunikation. Die externe Zieldefinition, die Verantwortung für Personal sowie die Beschränkung der zeitlichen, personellen und sachlichen Ressourcen machen den Unterschied aus.

Für diejenigen Fach- und Führungskräfte, denen die Position einer Projektleitung übertragen wurde, bieten sich viele spezifische Instrumente der (Selbst-)Organisation, um auch hier erfolgreich zu sein.

Projektarbeit gewinnt in Unternehmen mehr und mehr an Bedeutung, und in vielen Großunternehmen ist die Zahl der Projekte mittlerweile fast unüberschaubar geworden.

Unter **Projektmanagement** versteht man nach der DIN »die Gesamtheit von Führungsaufgaben, -organisation, -techniken und -mittel für die Abwicklung eines Projekts.« /Steinbuch 98, S. 27/

Definition

Typisch für das Projektmanagement ist der immer wiederkehrende und ineinander geschachtelte Zyklus aus Planung, Umsetzung und Abgleich zwischen geplantem und erreichtem Ziel mit gegebenenfalls anschließender, korrigierter Planung.

Ähnlichkeiten und Unterschiede zwischen Selbst- und Projektmanagement

Von den grundsätzlichen Prinzipien her ähneln sich die Vorgehensweisen von Projektmanagement und Selbstmanagement sehr. Eine Fach- oder Führungskraft, die sich in einem der beiden Gebiete gut auskennt, wird wenig Probleme haben, sich in das andere Gebiet hineinzudenken. Die Prinzipien des Projektmanagements sind

- Strukturierung
- Klare Ziele und Vorgaben, die den Beteiligten bekannt sind
- Starke Betonung der Planungsphase
- Transparenz über den jeweiligen Projektstand
- Frühes Erkennen von Risiken
- Schnelle Reaktion auf Projektstörungen
- Personifizierte Verantwortung
- Projektspezifische Organisation

Auch beim Projektmanagement geht es um kurz-, mittel- und langfristige Zielsetzungen, um Prioritäten, Arbeitsplanung und die Abstimmung mit dem Umfeld.

Unterschiede zwischen Selbst- & Projektmanagement

Der wesentliche Unterschied zwischen Selbstmanagement und Projektmanagement liegt darin, dass Sie als Projektmanager Führungsverantwortung haben und nicht nur sich selbst, sondern auch Personal (= das Projektteam) zu Zielen führen sollen. Darüber hinaus ist die systemische Abstimmungs- und Koordinationsleistung im Sinne eines »Kybernetes« (Steuermann) auch hinsichtlich der teilweise sehr engen Zeitvorgaben, den knappen Ressourcen und einer Zielsetzung, die i.d.R. nicht von Ihnen selbst stammt, wesentlich schwieriger.

Aufbau und Ablauf von Projekten

Zielsetzung, Abstimmung mit dem Umfeld und Planung

Am Anfang eines Projektes steht eine klare und eindeutige, für alle Projektbeteiligten verständliche Zieldefinition. Diese Zieldefinition ist mit den Rahmenbedingungen und den in irgendeiner Weise beteiligten Gruppen und Personen (*Stakeholder*) abzustimmen. Auf der Basis der Zieldefinition ist dann im nächsten Schritt eine gründliche Ablaufplanung zu erstellen, aus der die einzelnen (inhaltlichen/zeitlichen) Teilziele und Arbeitspakete/Arbeitsschritte zu entnehmen sind. Hier geht es darum Zielsetzungen und Teilzielsetzungen mit den betroffenen Mitarbeitern des Projektteams zu vereinbaren und ganz konkrete Aufgaben und Aufgabenbündel (= sog. »Arbeitspakete«) zu verteilen (siehe Abb. 15.0-1).

Abb. 15.0-1: Aufbau der Projektarbeit.

Diese Vorgehensweise entspricht im Übrigen auch dem Managementstil *Management-by-objectives*, der sich etwa gleichzeitig mit dem Projektmanagement als Führungsinstrument etabliert hat.

Gegen einen sehr wichtigen Grundsatz darf bei der Zielfestlegung auf keinen Fall verstoßen werden: Projektmanager und Projektmitarbeiter müssen die vorgegebenen Ziele für richtig und erstrebenswert halten. Ziele sollen deswegen nicht nur verordnet werden, sondern alle Projektmitarbeiter müssen entweder überzeugt sein oder überzeugt werden, dass die Projektziele richtig und erstrebenswert sind.

Gelingt das bei einem Mitarbeiter nicht, so ist dieser Mitarbeiter für dieses Projekt ungeeignet.

 Haben Sie schon einmal an Projekten teilgenommen? Bitte überlegen Sie, wie diese Projekte organisiert waren. Waren Sie nach dem beschriebenen Schema organisiert? Welche Schwierigkeiten traten auf, und welche Ursachen hatten diese?

Projekte als soziale Systeme
Projekte sind immer eingebunden in eine Projektumwelt und in ein Geflecht verschiedener Interessenten und den jeweiligen Beziehungen zu diesen. Diese Beziehungen können sich (z.B. als Ergebnis einer Stärken-Schwächen-Analyse) als hinderlich oder förderlich für den Projektausgang erweisen. Die theoretische Grundlage für die Analyse der Umweltbeziehungen im Projektmanagement bietet die Systemforschung.

Wer oder was behindert und wer oder was fördert das Projekt?

Für die systemische Betrachtung von Projekten gilt es, das System-Umwelt-Verhältnis zu Zielgruppen und Zielräumen, Bündnisbereichen und Sympathisantenfeldern, zu Förderquellen und Blockierpotential, Feinden und Freunden in den Blick zu nehmen.

Einbindung des Projekts in Gesamt-strategien

Für den Projektleiter (und auch sein Team) ist es auch höchst hilfreich, zur Orientierung eine Vorstellung davon zu haben, wie das aktuelle Projekt mit seiner Zielsetzung sich in die Gesamt-Strategie des Unternehmens einordnet. Außerdem ist diese Orientierung, durch die deutlich wird, welchen Beitrag die an dem Projekt beteiligten Personen zum Erfolg des Unternehmens leisten, ein nicht zu unterschätzender Motivierungsfaktor (siehe Abb. 15.0-2).

Neben den Rahmenbedingungen, die auch auf das Unternehmen und damit indirekt auf das Projekt einwirken, gibt es weitere Faktoren, die das Handeln im Projekt determinieren.

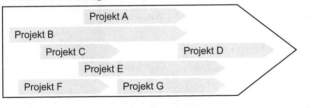

Unternehmensstrategie

Projekt A

Projekt B

Projekt C   Projekt D

Projekt E

Projekt F   Projekt G

Zeit

Projekte werden bestimmt von der Strategie des Unternehmens.
Sie helfen, die Unternehmensziele zu erreichen.

Abb. 15.0-2: Projekte in der Unternehmensumwelt.

So wirken neben den allgemeinen Rahmenbedingungen und bestimmten *Stakeholdern* des Unternehmens, die Unternehmensstrategie, seine Kultur und die *Corporate Identity* auf die Projektplanung und -durchführung ein. Auch die Art und Weise, wie das Projekt organisatorisch im Unternehmen verankert ist, kann sich auf die Projektarbeit auswirken.

> Beispiele für beeinflussende Faktoren

Ganzheitliches Projektmanagement integriert die betroffenen Systeme, Verfahren und Methoden mit den psychosozialen Prozessen der Projektarbeit. Es berücksichtigt gleichzeitig die strukturellen Voraussetzungen der Organisation, die Anwendung der richtigen Methoden, die Fachkenntnisse der Projektbeteiligten und die Kenntnisse um die Verhaltensaspekte der Teammitglieder.

> ganzheitliches Projekt-management

Folgende Fragen sollte sich der Projektleiter im Rahmen der Vorbereitung des Projektes stellen:

- Welche wichtigen Stellen nehmen Einfluss auf unser Projekt?
- Wer ist in welcher Form durch das Vorhaben betroffen?
- Wer sind die »Kunden« des Projektes?
- Welche Personen können Informationen liefern?

In einem weiteren Schritt sollten auch die **möglichen Konfliktfelder** ins Auge gefasst werden.

Beispiele

○ Unklarer Projektauftrag
○ Unerreichbare/zu hoch gesteckte Ziele
○ Mangelnde Ressourcen
○ Mangelnde Unterstützung durch Geschäftsführung, Linie oder Auftraggeber (Kunde)
○ Nachträgliche Änderung der Rahmenbedingungen/des Projektauftrages
○ Sympathie, Antipathie, persönliche Vorurteile zwischen den Beteiligten
○ Mangelnde Führungs- und/oder Fachkompetenz des Projektleiters
○ Mangelnde Fachkompetenz und Teamfähigkeit der Mitarbeiter
○ Mangelnde Identifikation mit dem Projektauftrag
○ Unklarheit über Aufgaben und Kompetenzen
○ Schlechte Projekt-Planung
○ Nachträgliche Änderungen in der Teamzusammensetzung
○ Art der Teambildung (freiwillig/Zwang)
○ Schlechte Sachmittelausstattung (PC/Räume...)
○ Unstimmigkeiten über den Weg der Zielerreichung

Die **Einbindung von Betroffenen** dient der angemessenen Beteiligung aller betroffenen Stellen und Bereiche. Die Analyse zur Einbindung der Betroffenen wird in der Regel vom Projektleiter ggf. zusammen mit dem Projektteam durchgeführt. Sie umfasst die folgenden Schritte:

■ Bestimmen der zu berücksichtigenden organisatorischen Einheiten bzw. Personen (-Kreise),
■ Bestimmen der Art der Einbindung,
■ Abschätzen des Kommunikationsaufwandes.

Mit einer zusätzlichen **Risiko-Analyse** können vertiefte Einsichten in die mit dem Projekt verbundenen Chancen und Risiken gewonnen werden. Hieraus lassen sich dann Anregungen für frühzeitige Präventivmaßnahmen ableiten um anschließend entsprechende Notfallpläne auszuarbeiten.

Planung

Nach der Zielsetzung und der Abstimmung der Ziele mit dem Umfeld folgt – wie beim Selbstmanagement – auch beim Projektmanagement die Planung. Die Planung umfasst die Formulierung von zeitlichen und inhaltlichen Teilzielen und die abschnittsweise Aufteilung des Gesamtprojekts. Diesen Abschnitten werden dann Arbeitspakete zugeordnet, bei denen wiederum die jeweiligen Anfangs- und die Endtermine und ein entsprechender Zeitpuffer errechnet werden.

Ein weit verbreiteter Fehler in der Praxis ist, dass Mitarbeiter mit 100% ihrer verfügbaren Arbeitszeit für Projekte verplant werden, obwohl bekannt ist, dass sie oft erhebliche Anteile ihres Zeitbudgets für nicht projektbezogene Tätigkeiten verwenden müssen. Beispiel

Dem Projektleiter steht heute ein ganzes Arsenal moderner Planungsinstrumente zur Verfügung. Allerdings sieht er sich immer wieder vor die Frage gestellt, welcher Planungsaufwand für ein gegebenes Projekt gerechtfertigt ist. Die Planung bezieht sich auf die Zeit, die Aufgaben, die Kosten, das Personal, die Sachmittel und die Qualität.

Berichtswesen

Projektmanagement beinhaltet auch immer ein angemessenes Berichtswesen. Berichtet wird in Projekten über

- den Projektstand,
- den Mitarbeitereinsatz,
- den Sachmitteleinsatz,

- den Kostenanfall und
- Termindaten.

Aufgaben des Projektleiters

Dem Projektleiter kommen im Projekt alle wesentlichen Führungs-, Koordinations- und Kommunikationsaufgaben zu. Diese sind

- das Abstimmen der Zielsetzung mit dem Auftraggeber,
- das Herbeiführen von Entscheidungen, die seine Kompetenzen übersteigen, z. B. Budget,
- Klärung der Projektzielsetzung,
- Auswahl des Personals und das Führen des Projekt-Teams,
- Erstellen des Projektplans und Klärung der Verantwortlichkeiten,
- Implementierung einer funktionsfähigen Projektorganisation und Koordination,
- Einberufung und Leitung von Teamsitzungen,
- Steuerung und Kontrolle hinsichtlich der Kosten, Termine, Teilziele,
- Erkennen von Problemen bzw. Abweichungen und Einleitung von Gegenmaßnahmen,
- Informationsführung, Berichterstattung und Dokumentation und
- die Vertretung des Projekts nach außen.

Tipp | Der Projektleiter ist für das Projektergebnis aber auch für die Mitarbeiter seines Teams verantwortlich. In diesem Spannungsverhältnis muss er seinen Führungsstil finden. Mit einer grundsätzlichen kooperativen Haltung erzielen Führungskräfte i.d.R. die besten Ergebnisse.

Literatur | Vertiefte Einblicke in das Arbeitsfeld Projektmanagement bieten die Bücher von /Steinbuch 98/, /Schelle 96/ vom Autorentrio /Boy, Dudek, Kuschel 94/, die Ausführungen von /Dietze 04, S. 148 ff./ und mit neueren systemischen Ansätzen das Buch von /Tumuscheit 04/.

16 Exkurs:
Prüfungsvorbereitung ****

Die Vorbereitung auf eine Prüfung kann als Lern-Projektmanagement definiert werden. Für die Erreichung des festgesetzten Lernzieles (= Bestehen der Prüfung) bietet sich die Anwendung vieler Methoden und Instrumente des Selbstmanagements und der effizienten Zeitnutzung an.

Eine besondere Herausforderung an das eigene Selbstmanagement stellt die Vorbereitung auf Prüfungen dar. Hierzu gehört die effiziente Organisation des Lernens.

Für einen Prüfungskandidaten bedeutet die Vorbereitung auf die Prüfung i.d.R.

Umfang der Vorbereitung

- das gezielte Beschaffen der Informationen (Besuch von Seminaren, Literaturstudium, Arbeitsgruppen etc.),
- das rationale Verarbeiten der Informationen (aktives und zielorientiertes Lesen, aktive Teilnahme am Unterricht, Auswerten von Texten und exzerpieren etc.),
- das Einprägen von Informationen (Lerntechniken),
- das Umsetzen der Informationen (Anwendung in Probeklausuren und »echten« Prüfungen).

Das Lernprojekt
Die Vorbereitung auf Prüfungen kann man sich als Lernprojekt vorstellen. Man steht an irgendeinem Ausgangspunkt und hat eine ungefähre Vorstellung davon, wie der Zielzustand aussehen soll (Bestehen der Prüfung). In der (Lern-)Planung ist nun festzulegen, auf welchem Weg und mit welchen Schritten man dem Zielzustand näher kommen kann.

Zielsetzung

Zur Vorbereitung des Lernens gehört eine klare Festlegung der Lernziele, denn nur wenn man weiß, wofür man lernt, kann eine adäquate Motivation aufgebaut werden und man kann die entsprechenden Lernschritte ableiten.

Denken Sie daran:

»Wer nicht weiß, wohin er will, braucht sich nicht zu wundern, wenn er ganz woanders ankommt.«

Setzen Sie sich also für den zu erreichenden Endzustand ein Lernziel als Fernziel. Sie sollten sich darüber klar werden und schriftlich fixieren, was (welches Wissen / welche Inhalte) Sie in welchem Maße / in welchem Umfang bis wann (Zeitpunkt) beherrschen möchten.

Legen Sie konkret fest:

- Wann ist der Prüfungstermin?
- Welchen Lernstoff müssen Sie zum Prüfungstermin beherrschen?
- Welche thematischen Teilziele lassen sich hieraus ableiten.
- Welche zeitlichen Teilziele lassen sich ableiten? Wenn Sie in zwei Monaten den Lernstoff X zu 100 Prozent beherrschen müssen, wie viel sollten Sie dann in einem Monat bereits beherrschen?

Um ein klares Bild von dem zum Zeitpunkt X zu beherrschenden Stoff zu bekommen, ist es wichtig sich einen entsprechenden Überblick zu verschaffen.

Tipp | Versuchen Sie sich rechtzeitig darüber zu informieren, wie der zu erwartende Lernstoff hinsichtlich seiner Bedeutung für die Prüfung, hinsichtlich seines Umfangs und hinsichtlich seines Schwierigkeitsgrades einzustufen ist. Es gelingt Ihnen dann leichter Prioritäten zu setzen.

Fragen Sie sich bei den einzelnen Themen der Gesamtprüfung:

- Was ist es? Um was geht es?
- Kernaussage und inhaltliche Schwerpunkte?
- Gesamtumfang?
- Was sollte man auch wissen?
- Was ist zu vernachlässigen?
- Wie aktuell ist das Thema? Welche neuen Entwicklungen sind zu beachten?
- Welche Verbindungen gibt es zu anderen Wissensgebieten / Gesetzen?
- Wie ist der Stoff aufbereitet? Ist der Stoff bereits gegliedert? Wie sieht der »rote Faden« aus?
- Wie kann man das Thema / den Lehrstoff graphisch darstellen?

Planung

Um Ihre Lernziele zu erreichen, sollten Sie im nächsten Schritt festlegen, wie Sie vorgehen wollen. Wichtig ist, dass das tatsächliche Lernen erst nach der erfolgten Planung beginnen soll.

Es ist eine altbekannte, aber im täglichen Lernbetrieb immer wieder ignorierte Tatsache, dass kurzfristiges »Pauken« unmittelbar vor einer zu erwartenden Prüfung selten den erhofften Erfolg bringt. Nicht die kurzfristige Vorbereitung bestimmt wesentlich das Prüfungsergebnis, sondern:

- aktives Lernen,
- regelmäßiges Lernen und die
- sorgfältige Anlage, Sammlung und Ordnung von Unterlagen.

Eine gute Lernplanung setzt daher voraus, dass von Vornherein festgelegt wird, zu welchem Zeitpunkt gelernt, wiederholt und erholt wird. Legen Sie deshalb

fest, wie viele Tage pro Woche und wie viele Stunden am Tag Sie lernen wollen.

Eine in dieser Weise vorgenommene Lernplanung erfordert:

- Rechtzeitigen Planungsbeginn,
- genaue Definition der geforderten Themenbereiche,
- ehrliche Diagnose des Kenntnisstandes,
- sorgfältige Zusammenstellung des benötigten Prüfungsmaterials,
- realistische Zeitbedarfsschätzungen.

Denken Sie also bei der Planung an die zur Verfügung stehende Zeit (in Wochen), den Zeitpunkt des Lernbeginns und den ggf. pro Fach unterschiedlichen Stoffumfang.

Beispiel für die
Abstimmung
mit der Umwelt

Falls Sie sich mit Hilfe eines Bildungsanbieters (z.B. Repetitorium) auf die Prüfung vorbereiten, sollten Sie Ihre Planung auf dessen Lehrplan abstimmen.

Stellen Sie eine Reihenfolge der Maßnahmen auf und ermitteln Sie den voraussichtlichen Aufwand für alle Teilschritte. Danach kann der Monats- und Wochenplan festgelegt werden. Denken Sie daran, auch Pufferzeiten (10 Prozent), Freizeit, Erholung und Sozialkontakte zu berücksichtigen. (Ziel der Zeitplanung ist nicht der verplante Mensch, sondern der sinnvolle Einsatz der Zeit.)

In der kurzfristigen Planung, die in detaillierten Wochen- und Tagespläne mündet, sollte der Zeitumfang für einzelne Tätigkeiten, die notwendigen Pausen und ggf. die Lern- und Leistungskurven aufgenommen werden.

Es ist sinnvoll, für die Planung verschiedene schriftliche Pläne zu erstellen, an denen man sich immer wieder orientieren kann.

Die Tab. 16.0-1 zeigt ein Beispiel für einen grundsätzlichen Wochenlernplan eines Kandidaten, der sich auf die Prüfung zum Steuerberater vorbereitet und hierzu vom Arbeitgeber freigestellt wurde. Dieses Examen kann als sehr schwierig und der Lehrstoff als auch die notwendige Vorbereitung als sehr umfangreich eingeschätzt werden.

Der M.A.S.T.E.R.-Plan

Colin Rose und Malcolm J. Nicholl haben in Ihrem Buch »Der totale Lernerfolg« ein System verschiedener sehr effektiver Lerntechniken zusammengestellt /Rose, Nicholl 98/. Mit Hilfe eines 6-stufigen MASTER-Plans lernt der Lerner wie Lernphasen zu gestalten sind, um den Lernstoff nachhaltig zu lernen. In ihrem Konzept haben die Autoren auch viele Techniken des Selbstmanagements und der effizienten Zeitnutzung verarbeitet. Der MASTER-Plan wird im Folgenden beschrieben:

M wie Mentale Vorbereitung

- Visionen und Ziele für das Lernen entwickeln
- Entspannung einplanen
- Einstimmung auf den Erfolg durch Motivationstechniken
- To-do-Listen und Prioritäten entwickeln
- Sich selbst Termine setzen und die Zeit kontrollieren
- Leerzeiten zum Lernen nutzen
- Den inneren Schweinehund berücksichtigen und ihn überwinden
- Stresskontrolle

A wie Aufnahme des Wissens

- Das große Bild vom Lehrstoff und die Grundgedanken erfassen
- Skizzieren, was man schon weiß
- Schritt für Schritt vorgehen

- Fragen an den Lehrstoff formulieren
- Den eigenen Lernstil nach dem VAK-Ansatz berücksichtigen (visuell, auditiv, kinästhetisch)

S wie Suchen nach Sinn und Bedeutung

- Sprachliche Erkundung des Lehrstoffs
- Logisch-mathematische Erkundung des Lehrstoffs
- Visuell-räumliche Erkundung des Lehrstoffs
- Körperlich-kinästhetische Erkundung des Lehrstoffs
- Musikalische Erkundung des Lehrstoffs
- Interpersonale Erkundung des Lehrstoffs

T wie Treibstoff fürs Gehirn

- Die eigene Vergessensrate berücksichtigen
- Anfang und Ende von Lernsequenzen festlegen
- Dreidimensionales Lernen
- Lernen durch Assoziationen
- Die Aktivierung des Langzeitgedächtnisses
- Die Arbeit mit Gedächtnisstützen
- Die Arbeit mit Lernkarten und der Lernkartei

E wie Einsatz des Gelernten

- Sich selbst testen
- Anwenden des Gelernten (Lernen ist kein Zuschauersport!)
- Unterstützung einholen (Lernen mit Familie, Lernpartner, Lernzirkel, Mentoren)

R wie Reflexion über das Lernen

- Selbstkontrolle
- Selbsteinschätzung bezüglich des Lernfortschritts
- Sind die Teilziele erreicht?
- War die Lernstrategie sinnvoll?
- Was kann verbessert werden?

Zeit	Montag	Diens-tag	Mitt-woch	Don-nerstag	Freitag	Sams-tag	Sonn-tag
08.00	L zu Hause	L an Uni	L zu Hause	L an Uni	L zu Hause	Privat	L zu Hause
09.00	L zu Hause	L an Uni	L zu Hause	L an Uni	L zu Hause	Privat	L zu Hause
10.00	L zu Hause	L an Uni	L zu Hause	L an Uni	L zu Hause	Privat	L zu Hause
11.00	Sport	L an Uni	L zu Hause	L an Uni	Sport	Privat	Privat
12.00	Privat	Privat	Privat	Privat	Privat	Privat	Privat
13.00	L zu Hause	L zu Hause	AG bei Tim	L zu Hause	AG bei Susanne	L zu Hause	Privat
14.00	L zu Hause	L zu Hause	AG bei Tim	L zu Hause	AG bei Susanne	L zu Hause	L zu Hause
15.00	L zu Hause	L zu Hause	AG bei Tim	L zu Hause	AG bei Susanne	L zu Hause	L zu Hause
16.00	AG bei mir	L zu Hause	AG bei Tim	L zu Hause	AG bei Susanne	L zu Hause	L zu Hause
17.00	AG bei mir	L zu Hause	L zu Hause	L zu Hause	L zu Hause	L zu Hause	LP für nächste Woche
18.00	AG bei mir	Privat	Privat	Privat	Privat	Privat	Privat
19.00	Privat	L zu Hause	Sport	L zu Hause	Privat/ Einkau-fen	Privat	Sport
20.00	Privat	L zu Hause	Sport	L zu Hause	Privat	Privat	Privat

Tab. 16.0-1: Beispiel für einen Wochenlernplan (L = Lernen, AG = Arbeits-gruppe, LP = Lernplanung).

Es lohnt sich sehr, das Buch von Rose und Nicholl für die Planung der eigenen Lernarbeit hinzuzuziehen. Drüber hinaus sind die Bücher von /Kleber 98/, /Mündemann 00/ und /Dahmer 98/ für das »Lernen des Lernens« zu empfehlen.

Literatur

Selbstmanagement bei der Prüfungsvorbereitung

Neben den Tipps, die Ihnen nun schon allgemein und nach dem MASTER-Plan vorliegen, sei daran erinnert, dass grundsätzlich bei der Prüfungsvorbereitung alle Methoden und Instrumente des Selbstmanagements und der effizienten Zeitnutzung angewandt werden können.

Über Zielsetzungen und Planungen wurde bereits einiges gesagt. Achten Sie darauf, welche Prioritäten das Lernen in den Monaten und Wochen der Prüfungsvorbereitung für Sie haben wird und wie Sie Ihre sonstigen Tätigkeiten entsprechend verteilen müssen.

 Wie beim (allgemeinen) Selbstmanagement kommt es auch bei der Vorbereitung auf (größere) Prüfungen darauf an, seine Vorgehensweise mit dem sozialen Umfeld abzustimmen.

 Überlegen Sie hierzu einmal:

○ Wer könnte Sie bei der Prüfungsvorbereitung unterstützen?

○ Wen müssten Sie darum bitten, Ihnen »den Rücken für das Lernen freizuhalten«?

○ Welche Absprachen bezüglich notwendiger »ruhiger Zeiten« zum Lernen müssen erfolgen?

○ Wie müssen Sie sich ggf. mit Ihrem Chef abstimmen, für den Fall, dass die Prüfungsvorbereitung parallel zum Job erfolgt (Wochenenden von Arbeit freihalten, abends (zum Lernen) rechtzeitig Feierabend machen können; ggf. Freistellungen zum Lernen aushandeln)?

 Im Rahmen des Selbstmanagements für Ihre Prüfungsvorbereitung sollten Sie weiterhin überlegen,

○ wie Sie sich zum Lernen immer wieder motivieren können,

○ wie Sie mit Störungen umgehen wollen (Absprachen mit dem sozialen Umfeld),

○ wie Sie (Lern-)Informationen sinnvoll verarbeiten können,

○ wie Sie Ihren Arbeitsplatz einrichten und organisieren können (keine Ablenkungen und Störungen, nur Lernmaterialien in Griff- und Sichtweite, ggf. in Universität oder Bibliothek lernen),

○ wie Sie andere Arbeiten ggf. delegieren können,

○ wann Sie zu anderen Themen, die Sie beim Lernen behindern, Nein sagen müssen,

○ wie Sie Ihre Lesefähigkeit ggf. steigern können bzw. müssen,

○ wie Sie das Lernen entsprechend Ihrer Leistungskurve organisieren und wie Sie Ihre Leistungsfähigkeit erhalten können,

○ welche Planungsmethoden und -instrumente sich zur Lernplanung eignen und

○ wie Sie mit (Lern-)Stress umgehen können.

Schlagen Sie zu den genannten Punkten in den entsprechenden Kapiteln dieses Buches nach.   Tipp

Selbstkontrolle

Um Ihr Lernen tatsächlich zielorientiert zu gestalten, sollten Sie sich Möglichkeiten der Selbstkontrolle überlegen, um zwischenzeitlich immer wieder zu prüfen, ob Sie auf dem richtigen (Lern-)Weg sind.

Eine Möglichkeit hierzu ist ein Selbstbeobachtungsbogen für die tägliche Lernkontrolle (Tab. 16.0-2).

Start-zeit	End-zeit	Tätigkeit	Effek-tivität hoch	Effek-tivität mittel	Effek-tivität niedrig	Bemerkungen

Tab. 16.0-2: Selbstbeobachtungsbogen.

17 Exkurs: Berufliche Umorientierung ****

Selbstmanagementfähigkeit ist auf der einen Seite eine Kompetenz, um bei wichtigen Lebensentscheidungen, wie bei der beruflichen Umorientierung, handlungsfähig zu bleiben. Andererseits kann Selbstmanagement selbst dazu führen, dass die neu gefundenen Werte, Prioritäten und Lebensziele einen bewussten Arbeitsplatzwechsel (quasi logisch ableitbar) nach sich ziehen. Für die berufliche Neuausrichtung bietet sich eine Vorgehensweise analog zum sogenannten Selbstmarketing an.

Selbstmanagement wird immer dann besonders wichtig, wenn man sich in einer Krisen- oder einer Veränderungssituation befindet. Vielen fehlt in solchen Situationen die Orientierung. Sie wissen nicht, wie es weitergehen soll, die augenblickliche Situation erscheint belastend, und Hilfe scheint nicht in Sicht zu sein.

Die Phase der beruflichen Umorientierung kann eine solche Situation sein. Der Wille zur Veränderung geschieht meist nicht ohne Grund. Entweder ist die augenblickliche Situation für den Betroffenen nicht mehr zufriedenstellend und/oder es ergeben sich bessere Angebote auf dem Arbeitsmarkt. Möglicherweise steht auch der Schritt in die Selbstständigkeit an. Andererseits kann eine berufliche Umorientierung auch innerhalb des eigenen Unternehmens stattfinden.

Manchmal resultiert der Wunsch, seine berufliche Situation verbessern zu wollen, aber gerade aus dem eigenen verbesserten Selbstmanagement.

Auch wenn das vorliegende Buch kein Aufruf sein sollte, seine berufliche Situation per se zu verändern, so ist dem

Verfasser doch bewusst, dass die Überlegungen im Bereich der eigenen Werte und Visionen dazu geführt haben können, dass man seine derzeitige berufliche Situation in Frage stellt.

Beispiel

Möglicherweise hat auch die Bewusstwerdung der Vernachlässigung der anderen Lebensbereiche dazu geführt, dass man nun einen Job sucht, der es ermöglicht, Beruf und Privatleben besser in Einklang zu bringen. Vielleicht bietet der derzeitige Job auch nicht die Möglichkeit, sich im Sinne eines Lebenslangen Lernens weiter zu entwickeln.

Wenn sich also die Entscheidung zur beruflichen Umorientierung als »logische Konsequenz« eines besseren Selbstmanagement ergeben hat, sieht sich der Verfasser gewissermaßen in der Pflicht, für den weiteren Weg Hilfestellungen zu leisten.

Selbstmanagement und Selbstmarketing

Bei der beruflichen Neuausrichtung wird man sich auf dem Arbeitsmarkt neu positionieren müssen. Nun soll der vorliegende Text kein Bewerbungsratgeber sein. Hierzu gibt es genug Bücher, Seminar- und Beratungsangebote.

Ein Ansatz, der aber vielleicht noch nicht jedem bekannt ist, ist der des sogenannten Selbstmarketings (an dieser Stelle seien die Bücher von /Kurth 97/ und /Plüskow 00/ empfohlen; vgl. auch /Hesse, Schrader 00, S. 67 ff./). Es geht um die umfassende Ausrichtung der Person und der eigenen Fähigkeiten auf den Arbeitsmarkt (ob er nun im derzeitigen Unternehmen oder außerhalb liegt).

Der wesentliche Vorteil dieses Ansatzes (insbesondere in Abgrenzung zu anderen) ist die Zielorientierung und strukturierte Vorgehensweise. Außerdem lassen sich viele Erkenntnisse des Selbstmanagements mit dem Ansatz verbinden.

Der Selbstmarketingansatz baut auf den Theorien zum strategischen Marketing auf und umfasst:

- Die eigene Standortbestimmung,
- die eigenen Ziele,
- die Orientierung auf dem Arbeitsmarkt,
- die Planungen und Entscheidungen
  - ☐ zum Ausbau und Einsatz der eigenen Fähigkeiten,
  - ☐ zum Gehalt,
  - ☐ zur Kommunikation mit potenziellen Arbeitgebern,
- die Umsetzung der Planung,
- die Kontrolle.

Auf die einzelnen Schritte soll nun näher eingegangen werden. Die Darstellung orientiert sich am Beispiel der beruflichen Neuorientierung auf dem externen Arbeitsmarkt.

Die eigene Standortbestimmung

Bei der Standortbestimmung handelt es sich um eine Klärung der derzeitigen beruflichen Ist-Situation. Hierzu sollte zunächst einmal die derzeitige **wirtschaftliche Situation auf dem Arbeitsmarkt** bzw. den möglichen Arbeitsmärkten reflektiert werden.

Fragen Sie sich und ermitteln Sie:

- ○ Wie sieht die allgemeine Wirtschaftslage aus?
- ○ Wie sieht die allgemeine Arbeitsmarktlage aus?
- ○ Wie steht es um die Lage der Ziel-Branche(n)?
- ○ Wie ist die Lage vor Ort, in der Stadt, bzw. in der (Ziel-) Region?

Im zweiten Schritt sollten Sie sich fragen, was Ihre eigene Person ausmacht. Was ist Ihnen wichtig? Hier werden Ihnen Ihre Überlegungen zu Ihren Werten, zu Prioritäten und zu beruflichen und anderen Zielen weiterhelfen.

Fragen Sie sich:

○ Wer bin ich und wofür stehe ich?
○ Wo will ich hin?
○ Warum will ich mich beruflich umorientieren? Was gibt den Ausschlag für den Veränderungswunsch?
○ Wie sehen mich die anderen?
○ Was kann ich? Was sind meine Stärken und Schwächen?
○ Was sind meine Lebensvisionen?
○ Habe ich den Willen, mich zu bewerben?

Berücksichtigen Sie nun auch Ihre direkten Umfeldfaktoren:

○ Wie sehen Ihre eigenen strukturellen und finanziellen Rahmenbedingungen aus?
○ Welche Faktoren Ihres sozialen Umfelds sind zu berücksichtigen bei der Bewerbung?
○ Mit wem werden Sie Ihre berufliche Umorientierung abstimmen müssen?

Eigene Ziele setzen

Nach der Bestimmung der Ist-Situation geht es um die Soll-Vorstellung. Der folgende Fragenkatalog soll Ihnen eine Zielklarheit verschaffen, die Ihnen hilft, Ihre anschließenden Planungen auszurichten.

Fragen Sie sich:

○ In welchem Beruf möchte ich am liebsten arbeiten?
○ Welche berufliche Tätigkeit könnte ich mir auch vorstellen?
○ Will ich »mehrgleisig« fahren (bezüglich der Bewerbung für »Traum-Job« und »Kann-ich-auch-Job«)?
○ Welche Rahmenbedingungen haben Einfluss auf meine zukünftige Situation?
○ Ab wann will (bzw. kann) ich woanders arbeiten?
○ Welche kurzfristigeren Ziele muss ich dann ggf. vorher erreichen (Umschulung)?

Hinsichtlich Ihrer Zielsetzung sollten Sie auch eine Vorstellung davon haben, wie zielorientiert Sie eigentlich handeln (können). Fragen Sie sich daher zusätzlich:

○ Arbeite ich stets zielorientiert oder fällt es mir schwer?
○ Wie hartnäckig bin ich in der Zielverfolgung?
○ Habe ich meine Ziele mit meinem sozialen Umfeld abgestimmt?
○ Gibt es Zielkonflikte?
○ Welche Prioritäten muss ich setzen?
○ Kann ich meinen inneren Schweinehund überwinden?
○ Wie gut funktioniert mein eigenes Selbst- und Zeitmanagement?

Die Orientierung auf dem Arbeitsmarkt
Um Ihre berufliche Zielvorstellung fixieren zu können, müssen Sie sich Fragen zum potentiellen Arbeitsmarkt stellen.

Fragen Sie sich:

○ Welche Stellen, Branchen, Betriebsgrößen kommen in Frage?
○ Wo finde ich Informationen zu den zukünftigen Arbeitgebern?
○ Wie sieht die wirtschaftliche Lage der in Frage kommenden Branche aus?
○ Was ist über das bisherige Einstellungsverhalten der potentiellen Arbeitgeber bekannt?
○ Was möchte mein zukünftiger Arbeitgeber? Welche Leistungen, Erfahrungen, Kenntnisse und Fähigkeiten verlangt er?

Auf dem Arbeitsmarkt – wie auf jedem anderen Markt – haben Sie auch die Konkurrenz zu beachten. Fragen Sie sich:

○ Wo finde ich Daten zu Mitbewerbern?
○ Welche Mitbewerber habe ich und was können die Mitbewerber?

○ Wie viele Mitbewerber habe ich wohl?

○ Wie unterscheide ich mich von Mitbewerbern?

Ausbau und Einsatz der eigenen Fähigkeiten

Es geht nun um Ihre derzeitigen (und ggf. später noch zusätzlich notwendigen) Fähigkeiten.

Fragen Sie sich:

○ Was habe ich dem Arbeitgeber zu bieten (was kann ich, was habe ich gelernt, was habe ich in der Praxis bewiesen)?

○ Wie zufrieden/ unzufrieden waren meine bisherigen Arbeitgeber mit mir? Sind die Daten abrufbar (Arbeitszeugnisse)?

○ Mit welchen meiner Erfahrungen, Kenntnisse, Fähigkeiten kann ich die Bedürfnisse der potentiellen Arbeitgeber befriedigen?

○ Welche meiner Fähigkeiten passen zu welchen Arbeitgebern?

○ Welche Qualität kann ich anbieten (Abgrenzung zur Konkurrenz)?

○ Muss ich meine Fähigkeiten weiterentwickeln (Weiterbildung, Training, Praktika etc.) und habe ich Motivation sowie die zeitlichen und finanziellen Ressourcen hierzu?

Die Frage des Gehaltes

Bezüglich Ihrer Gehaltsvorstellungen sollten Sie sich folgendes fragen:

○ Was benötige ich auf jeden Fall? (zur Deckung meiner laufenden Kosten)

○ Was hätte ich gerne?

○ Wie sieht mein Marktpreis aus (Tarif, Auskunft Arbeitsagentur und von anderen, Vergleiche etc.)?

○ Mit welchem Preis sollte ich in die Verhandlung gehen?

○ Mache ich aus bestimmten Gründen Preisdifferenzierungen (gutes Klima, gute Sozialleistungen, kurzer Anfahrtsweg, Aussicht auf Gehaltssteigerung nach Probezeit etc.)?

Für Bewerbungsgespräche sollten Sie im Hinterkopf behalten:

○ Erlernen und Üben von Verhandlungen.
○ Ich weiß, was mein Preis ist!
○ Auch wenn ich mit der Gehaltvorstellung *runtergehe*, bleibe ich glaubwürdig.

Kommunikation mit potentiellen Arbeitgebern
Ein wesentlicher Punkt (wenn nicht der wesentlichste) bei der Planung der beruflichen Umorientierung ist die Kommunikation. Betrachten Sie Ihre gesamte Kommunikation mit potentiellen Arbeitgebern als Ihre persönliche Werbung und Öffentlichkeitsarbeit. Ihre »Werbemedien« sind das Telefon, Ihre Bewerbungsunterlagen (= persönlicher Verkaufsprospekt), Briefe und Kurzbewerbungen und Emails.

Hilfreiche Fragen für die Anwendung der verschiedenen Medien sind:

○ Warum sollte der potentielle Arbeitgeber (gerade) meine Leistung einkaufen wollen?
○ Wie kann dieses Bedürfnis in den verwendeten Medien begründet sowie schriftlich und graphisch umgesetzt werden?
○ Ist meine Kommunikation teilnehmerorientiert aufgebaut?
○ Führt mein Lebenslauf zum neuen Arbeitgeber?
○ Kenne ich alle Daten aus meiner schriftlichen Bewerbung?
○ Wie differenziere ich mich in meiner (Be-)Werbung von der Konkurrenz (nur weil sie originell ist)?
○ Wie kann man die Aufmerksamkeit wecken?
○ Soll ich Hinweise auf Qualität und Gehalt geben?

○ Stimmt meine (Be-)Werbung mit dem von mir angestrebten Image überein?

○ Passt meine (schriftliche/ mündliche) Kommunikation zu mir (meinen Zielen), meinem Verhalten und meinem sonstigen Erscheinungsbild, so dass meine Persönlichkeit insgesamt richtig abgebildet ist?

Denken Sie auch daran: Das Wort Bewerbung kommt von Werbung. Eine alte Regel lautet, dass eine Werbemaßnahme nach der A.I.D.A.-Formel aufgebaut sein soll:

○ *Attention*: Womit erregen Sie Aufmerksamkeit?

○ *Interrest*: Wie können Sie den Arbeitgeber für sich interessieren?

○ *Desire*: Wie kann beim potentiellen Arbeitgeber das Verlangen geweckt werden, Sie einzustellen?

○ *Action*: Wie kann der potentielle Arbeitgeber zur Handlung gebracht werden (also z.B. Sie anzurufen)?

Versuchen Sie daher Ihre Botschaften entsprechend zu verpacken. Information zu Ihrer Person sind im Übrigen keine »Holschuld« des potentiellen Arbeitgebers.

Umsetzung der Planung

Was Sie planen, sollten Sie auch umsetzen. Hierzu finden Sie einige hilfreiche Tipps in den Kapiteln zu den Themen »Umsetzung guter Vorsätze« (S. 251), »Raus aus der eigenen Komfortzone« (S. 257) und »Konzentration der Kräfte und Selbstmotivation« (S. 121).

Denken Sie daran:

»Es ist nicht genug zu wissen, man muss auch anwenden. Es ist nicht genug zu wollen, man muss auch tun.« (Johann Wolfgang von Goethe)

Kontrolle

Die Kontrolle dient der Überprüfung der Zielerreichung. Diese ist recht einfach, wenn es nur darum geht, festzustellen, ob Sie den Job bekommen haben oder aber nicht. Im Sinne eines begleitenden »Controllings« könnten Sie aber an folgendes denken:

○ Nachhalten, ob schriftliche Bewerbung angekommen ist und wie der Stand des Bewerbungsverfahrens aussieht.
○ Nachhalten bei schriftlichen Absagen und versuchen den Grund zu erfahren (Woran lag es? Was hätte man erwartet? Was hätte man anders machen können?)
○ Nach der Zusage: Sind die Ziele erreicht worden? Wie geht es weiter? Welche Bewerbungen sind noch offen und wo lohnt es sich noch dranzubleiben?

Denken Sie gerade auch bei der beruflichen Umorientierung daran, das Sie beharrlich bleiben. Der Erfolg kommt i.d.R. nicht sofort und von selbst! (vgl. /Kassorla 84, S. 453 ff./)

Literatur

/Asgodom 02/
   Asgodom, Sabine; *Balancing - das ideale Gleichgewicht zwischen Beruf und Privatleben*, München, Econ, 2002.

/Berne 05/
   Berne, Eric; *Spiele der Erwachsenen*, Reinbek, Rowohlt, 2005.

/Boy, Dudek, Kuschel 94/
   Boy, J.; Dudek, C.; Kuschel, S.; *Projektmanagement*, Offenbach, Gabal, 1994.

/Bundesministerium 04/
   Bundesministerium für Familie, Senioren, Frauen und Jugend; *Führungskräfte und Familie*, Bonn, Bundesministerium für Familie, Senioren, Frauen und Jugend, 2004, http://eaf.vcat.de/content/0/392/393/432/448/329_EAF_Fuehrungskraefte_und_Familie.pdf.

/Buzan 97/
   Buzan, Tony; *Speed Reading*, Landsberg, mvg, 1997.

/Caunt 00/
   Caunt, John; *Gut geplant ist halb gewonnen*, Landsberg, verlag moderne industrie, 2000.

/Dahmer 98/
   Dahmer, Helle; Dahmer, Jürgen; *Effektives Lernen*, Bindlach, Gondrom, 1998.

/Dietze 04/
   Dietze, Katharina Dietze; *Mit Pep an die Arbeit*, Frankfurt a. M., Campus, 2004.

/Emlein, Kasper 00/
   Emlein, Günther; Kasper, Wolfgang; *FlächenLesen: Die Vielfalt der Schnell-Lesetechnik optimal nutzen*, Kirchzarten, VAK, 2000.

/Frädrich 05/
   Frädrich, Stefan; *Günter, der innere Schweinehund*, Offenbach, Gabal, 2005.

/Fröhlich 87/
   Fröhlich, Werner D.; *Wörterbuch zur Psychologie*, München, Deutscher Taschenbuch Verlag, 1987.

/Geißler 06/
   Geißler, Karlheinz A.; *Wart´mal schnell*, Freiburg, Herder, 2006.

/Harris 75/
   Harris, Thomas A.; *Ich bin o.k, Du bist o.k*, Reinbek, Rowohlt, 1975.

/Hawking 05/
Hawking, Stephen; *Die kürzeste Geschichte der Zeit*, Reinbek, Rowohlt, 2005.

/Hesse, Schrader 00/
Hesse, Jürgen; Schrader, Hans Christian; *Der erfolgreiche Arbeitsplatzwechsel*, Frankfurt a.m., Eichborn, 2000.

/Hofmann 02/
Hofmann, Eberhardt; *Die Kraft der Gedanken*, in: Management & Training, 4/2002, 2002, S. 20.

/Horn, Brick 03/
Horn, Klaus-Peter; Brick, Regine; *Netzwerk der Macht*, Offenbach, Gabal, 2003.

/Hörner 01/
Hörner, Gerhard; *Professionelles Speed Reading*, Landsberg, mvg, 2001.

/Hussendörfer 03/
Hussendörfer, Elisabeth; *Der stumme Schrei nach Anerkennung*, in: Management & Training, 4/2003, 2003, S. 24-27.

/Kälin, Müri 98/
Kälin, Karl; Müri, Peter; *Sich selbst und andere führen*, Thun, Ott, 1998.

/Kassorla 84/
Kassorla, Irene C.; *Tun Sie´s doch!*, München, Knaur, 1984.

/Kast 02/
Kast, Verena; *Lass dich nicht leben - lebe*, Freiburg, Herder, 2002.

/Kitzmann 94/
Kitzmann, Arnold; *Persönliche Arbeitstechniken*, Renningen, expert verlag, 1994.

/Kleber 98/
Kleber, Barbara; *Lernen mit Erfolg*, Niedernhausen i. Ts, Falken, 1998.

/Koenig, Roth, Seiwert 01/
Koenig, Detlef; Roth, Susanne; Seiwert, Lothar J.; *30 Minuten für optimale Selbstorganisation*, Offenbach, Gabal, 2001.

/Kreutzmann 06a/
Kreutzmann, Reiner; *Stress ade!*, 2006, http://www.schoenherr.de/download/dateien_free/rk/rat_stress_ade.pdf.

/Kreutzmann 06b/
Kreutzmann, Reiner; *Zeit-Management & Ziele*, 2006, http://www.schoenherr.de/download/dateien_free/rk/rat_zeitmanagement_ziele.pdf.

/Krieger 98/
Krieger, David J.; *Einführung in die allgemeine Systemtheorie*, München, Wilhelm Fink Verlag, 1998.

/Kubitscheck, Kirchner 05/
Kubitscheck, Steffen; Kirchner, Johannes-H.; *Kleines Handbuch der praktischen Arbeitsgestaltung*, München, Hanser, 2005.

/Kurth 97/
Kurth, Flavian; *Erfolgreiches Selbst-Marketing*, Kilchberg/ Schweiz, Smart Books, 1997.

/Leicher 06/
Leicher, Rolf; *Arbeitssucht erkennen und vermeiden*, in: Personalmagazin, 12/06, 2006, S. 76.

/Linneweh 06a/
Linneweh, Klaus; *Die Herausforderung: Führung als personale Autorität*, in: Erfolgsfaktor Persönlichkeit, München, dtv, 2006, S. 7-31.

/Linneweh 06b/
Linneweh, Klaus; *Stresskompetenz*, in: Erfolgsfaktor Persönlichkeit, München, dtv, 2006, S. 62-76.

/Linneweh 06c/
Linneweh, Klaus; *Risikofaktoren im Lebens- und Arbeitsstil*, in: Erfolgsfaktor Persönlichkeit, München, dtv, 2006, S. 112-127.

/Luhmann 02/
Luhmann, Niklas; *Einführung in die Systemthorie*, Heidelberg, Carl-Auer-Verlag, 2002.

/Mündemann 00/
Mündemann, Belen Mercedes; *Leichter, schneller, besser lernen*, Landsberg, mvg, 2000.

/Oesch 04/
Oesch Emil; *Die Kunst, Zeit zu haben*, Zürich, Oesch Verlag, 2004.

/Personalmagazin 06a/
Personalmagazin; *Ein Drittel der Arbeitszeit verschwendet*, in: Personalmagazin, 09/06, 2006, S. 22.

/Personalmagazin 06b/
Personalmagazin; *Familienfreundlichkeit als neues Markenzeichen*, in: Personal Magazin, 4/2006, 2006, S. 22-37.

/Peseschkian 06/
Peseschkian, Nossrat; *Wenn du willst, was du noch nie gehabt hast, dann tu, was du noch nie getan hast*, Freiburg, Herder, 2006.

/Plüskow 00/
Plüskow, Hans-Joachim; *Karriere ohne Firmenwechsel*, München, Mosaik, 2000.

/Regnet 06/
Regnet, Erika; *Frauen im Unternehmen: Chancengleichheit - eine Utopie?*, in: Erfolgsfaktor Persönlichkeit, München, dtv, 2006, S. 142-158.

/Rogge 00/
Rogge, Julia; *Den Alltag in den Griff bekommen*, München, dtv, 2000.

/Rose, Nicholl 98/
Rose, Colin; Nicholl, Malcolm J.; *Der totale Lernerfolg*, Landsberg a. Lech, mvg-Verlag, 1998.

/Schelle 96/
Schelle, Heinz; *Projekte zum Erfolg bringen*, München, Deutscher Taschenbuch Verlag, 1996.

/Schulz von Thun 06/
Schulz von Thun, Friedemann; *Miteinander Reden (Bd. 1-3)*, Reinbek, Rowohlt, 2006.

/Seiwert 02/
Seiwert, Lothar; *Kursbuch Lebens-Zeit*, Heidelberg, Seiwert-Institut, 2002.

/Sieck 04/
Sieck, Annerose; Sieck, Jörg-Rüdiger; *Work-Life-Balance*, Bindlach, Gondrom, 2004.

/Steinbuch 98/
Steinbuch, Pitter A.; *Projektorganisation und Projektmanagement*, Ludwigshafen, Friedrich Kiehl Verlag, 1998.

/Streich 06a/
Streich, Richard K.; *Führungskräfte als Changemanager - Lust und Frust in Veränderungsprozessen*, in: Erfolgsfaktor Persönlichkeit, München, dtv, 2006, S. 34 - 50.

/Streich 06b/
Streich, Richard K.; *Work-Life Balance*, in: Erfolgsfaktor Persönlichkeit, München, dtv, 2006, S. 129-141.

/Tenzer 05/
Tenzer, Eva; *Zwischen Tempolust und Tempolast*, in: Psychologie heute, Januar 2005, 2005, S. 70-71.

/Traczinski 03/
Traczinski, Christa G.; *Office Break*, Reinbek, Rowohlt, 2003.

/Transfer 04/
Transfer; *Zeitmanagement*, Offenbach, Gabal, 2004.

/Tumuscheit 04/
Tumuscheit, Klaus T.; *Erste-Hilfe-Koffer für Projekte*, Zürich, orell füssli, 2004.

/Vaas 06/
Vaas, Rüdiger Vaas; *Ein ganzes Universum als Zeitmaschine,* in: Bild der Wissenschaft, I/2006, 2006.

/Völgyfy 02/
Völgyfy, Johannes; *Reißen Sie sich zusammen!,* in: managerSeminare, Heft 53/ Februar 2002, 2002, S. 30-36.

/von Münchhausen 06/
von Münchhausen, Marco; *So zähmen Sie Ihren inneren Schweinehund,* München, Piper, 2006.

/von Rohr 99/
von Rohr, Wulfing; *Alltagsprobleme kreativ lösen,* Niedernhausen, Falken, 1999.

/Watzlawik 00/
Watzlawik, Paul; *Menschliche Kommunikation,* Bern, Huber, 2000.

/Willke 00/
Willke, Helmut; *Systemtheorie I,* Stuttgart, Lucius & Lucius, 2000.

/Zielke 98/
Zielke, Wolfgang; *Schneller lesen, intensiver lesen, besser behalten,* Landsberg, verlag moderne Industrie, 1998.

Namens- und Organisationsindex

Sachindex

Die ideale Ergänzung zu diesem Buch:

Heureka, ich hab's gefunden
Kreativitätstechniken, Problemlösung & Ideenfindung
von Marion Schröder

Dieses Trainingsbuch und Nachschlagewerk liefert Ihnen einen Überblick über wirksame Kreativitäts- und Analysemethoden. Sie erleichtern Ihnen die Ideenfindung und die Entwicklung hochwertiger Problemlösungen. Jede Methode wird detailliert beschrieben. Zahlreiche Anwendungsbeispiele, Expertentipps, Schaubilder und über 100 Übungen befähigen Sie, das erworbene Wissen zügig in die Praxis umzusetzen.

Die behandelten Themen in diesem Buch:
- Die eigene Kreativität fördern und trainieren
- Regeln für die Ideensuche
- Heuristiken und Kreativitätsmethoden
- Ablauf kreativer Problemlösungsprozesse
- Methodenkatalog
- Grundlegende Visualisierungstechniken
- Brainstorming & Brainwriting-Methoden
- Reizwort-Methoden & synektische Verfahren
- Spezielle Methoden für den Perspektivenwechsel
- Das Problem(feld) erkunden
- Systematisch-analytische Methoden | Bionik
- Kreative Teamsitzungen moderieren
- Künstliche Kreativität erzeugen
- 93 Abbildungen, 41 Glossarbegriffe, über 100 Übungen
- Inklusive 5-stündigem kostenlosen E-Learning-Kurs

W3L – Web Life Long Learning
Holen Sie sich Ihr Zertifikat!

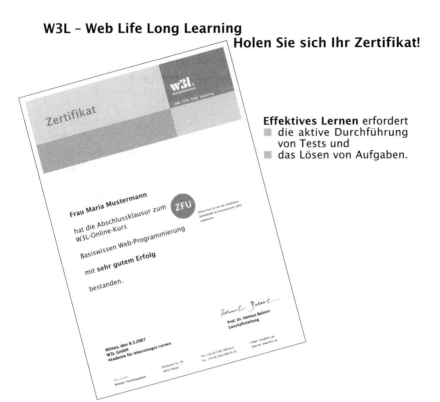

Effektives Lernen erfordert
- die aktive Durchführung von Tests und
- das Lösen von Aufgaben.

Zertifikatskurse gibt es in zwei Versionen:

mit Mentorunterstützung

Für jeden Wissensbaustein können Sie Ihren Lernerfolg mit Tests kontrollieren, die automatisch ausgewertet werden. Mit dem erfolgreichen Bestehen der Einzeltests erhalten Sie die Zulassung zum **Abschlusstest**. Das erfolgreiche Bestehen dieses Abschlusstests wird durch ein **Testzertifikat** dokumentiert. Beim E-Learning sind Sie trotz aller Automatisierung nicht allein – ein menschlicher Mentor steht Ihnen für allgemeine Fragen zur Seite.

mit Mentor- und Tutorunterstützung

Zusätzlich zu den Tests erhalten Sie Aufgaben, die von Ihnen bearbeitet werden. Ihre Lösungen werden von einem menschlichen Tutor korrigiert. Ihr Tutor hilft Ihnen auch bei speziellen Fragen zum Kursinhalt weiter. Nach erfolgreicher Bearbeitung der Einzelaufgaben erhalten Sie die Zulassung zur **Abschlussklausur**, die individuell korrigiert wird. Die bestandene Klausur wird durch ein weiteres Zertifikat – das **Klausurzertifikat** – dokumentiert.

Studierende können nach einer bestandenen Präsenzklausur ein Zertifikat mit **ECTS Credit Points** erhalten.
Lernen und studieren Sie an der W3L-Akademie!

Weitere Informationen: **www.W3L.de**

Job **und** Studium jetzt möglich mit E-Learning

Der Online-Bachelor-Studiengang »Web-& Medieninformatik«
in Zusammenarbeit mit der FH Dortmund
akkreditiert von der Akkreditierungsagentur AQAS

Wenn Sie heute einen Job in der IT-Branche haben, dann sind Sie sicher froh darüber und wollen ihn auf keinen Fall aufgeben. Dennoch würden Sie sich gerne weiterbilden, um beruflich voran zu kommen? Ein klassisches Studium kommt daher für Sie nicht in Frage, denn ein Vollzeit-Job und ein Präsenzstudium lassen sich nicht miteinander vereinbaren!

Die Lösung lautet Online-Studium. Sie studieren wann Sie wollen, wo Sie wollen und wie viel Sie wollen. Alle Ihre Vorlesungen stehen Ihnen Online auf der E-Learning-Plattfom W3L zur Verfügung. Sie werden durch Tutoren betreut und können mit anderen Studierenden kommunizieren und kooperieren. Pro Jahr gibt es mehrere Prüfungstermine, an denen Sie Ihre Präsenzklausuren schreiben. Zum gegenseitigen Kennenlernen gibt es pro Jahr zwei eintägige Präsenzveranstaltungen.

Der Studiengang **Web- & Medieninformatik** ist ein **Informatik-Studiengang**, der das Wissen, die Kenntnisse und die Fertigkeiten vermittelt, die heute in vielen Bereichen der IT-Branche benötigt werden.

Der Studiengang besteht aus **34 Modulen**, wobei ein Modul einer Vorlesung mit einer Arbeitsbelastung von ca. 120 bis 150 Stunden entspricht (je 5 Leistungpunkte). Die Module gehören zu folgenden Fachgebieten: Grundlagen der Informatik und Programmierung, Softwaretechnik, Web- und Medieninformatik, IT-Systeme, formale Grundlagen, BWL, außerfachliche Grundlagen, Vertiefung, Projektarbeit, Bachelorarbeit.

Der Studiengang ist **kostenpflichtig**. Die Inhalte stellt die W3L-Akademie auf der W3L-Plattform bereit. Den international anerkannten Bachelor-Grad B.Sc. (Bachelor of Science) vergibt die **FH Dortmund**.

Dieser Studiengang weist folgende Besonderheiten auf:
- Sie können mit Ihrem Studium **jederzeit beginnen**. Es gibt keine Semestereinteilung – auch wenn die Module nach Semestern angeordnet sind. Es gibt pro Jahr festgelegte Prüfungstermine – nur danach müssen Sie sich richten.
- Sie können **beliebig viele** oder beliebig wenige **Vorlesungen** (= Module) belegen – je nach Ihren Vorkenntnissen und Ihrem Zeitbudget. Zu jedem Modul ist angegeben, welche Voraussetzungen es erfordert.
- Durch die E-Learning-Plattform W3L wird eine **einheitliche Darstellung und Didaktik** über alle Module hinweg sichergestellt. Außerdem gibt es zu jedem Modul schriftliches Begleitmaterial – in der Regel in Form von Büchern (im Preis enthalten).

Weitere Informationen: www.W3L.de